Die Büronomadin

Inhalt

1

Prolog

Dieses Buch und was Joe damit zu tun hatte

Joe war es. Er brachte mich dazu, einen Teil meiner Geschichte aufzuschreiben. Joe ist mein Künstlerfreund und ein Alleskönner: Er schreibt Bücher, Theaterstücke, kann singen, beherrscht 9 Instrumente und ist Schauspieler. Außerdem ist er klug, witzig, gepflegt und kann Nudeln und Tee kochen, segeln, selber seine Hemden bügeln und Koffer packen.

Joe verehre ich seit dem 8.4.88. Es vergingen fast 17 ½ Jahre, bis ich mich traute, ihn anzusprechen. Nach fast 6.400 Tagen, am 5.10.2005, sollte es endlich so weit sein – so hatte ich es mir vorgenommen. Es kam aber andersrum: Nicht ich sprach ihn an, sondern er mich. Der große Meister Joe quatschte Miss No-Name an, die unbekannte Tippse aus der 1. Reihe.

Bevor es jemanden nervt, eins gleich vorweg: Ich stehe auf Zahlen. Und auf Graf Zahl aus der Sesamstraße stehe ich auch – seit ich denken kann. Er ist die Liebe meines Lebens. Warum ich Zahlen sexy finde und sie nicht in Buchstaben verhexe, erzähle ich gleich.

Joe sprach mich an, weil er mich verdächtigte, sein Instrument berührt zu haben.

»Hast du meine Gitarre verstimmt?«, fragte er mich, und ich sagte Nein.

Er stand auf einer Theaterbühne einer unterfränkischen Universitätsstadt und sah umwerfend gut aus mit seinem schmeißfliegengrünen Lidschatten und seinem metallic-pinken Lipgloss. Bevor ich mein schlagfertiges »Nein« mit etwas noch Witzigerem toppen konnte, drehte er sich schon wieder weg und sprach ins Mikro: »Hier unten steht Claudia Schiffer und verstimmt meine Gitarre!«

Das war mir unangenehm. Ich bin kleiner als die Schiffer und etwas ausladender um die Hüften, und ich habe braune glatte Haare statt blonder Engelslocken. Bis hier liegt sie vorn. Aber ich habe eindeutig die schöneren Zähne. Ich beschloss, Meister Joe später auf diesen Punkt hinzuweisen. Ich wollte ihm die Zusammenfassung zu einem meiner Manuskripte überreichen, damit er mich toll findet und mir bestenfalls auch noch Kreativtipps gibt. Nach der Show würde ich in seine Garderobe vordringen, koste es, was es wolle. Stalkerinnen schafften das schließlich auch.

Später stellte sich heraus, dass ich bei diesem Vorhaben weder Türsteher noch Bodyguards eliminieren musste, denn die Hauptattraktion des Abends, mein großes Vorbild, stand nach dem Konzert an einem Plattenverkaufsstand und signierte seine frisch gepressten Werke. Ich stellte mich absichtlich ganz hinten an und war somit die Letzte in der Reihe. Perfekt.

Meinen Satz hatte ich mir schon zurechtgelegt und 100 Mal vor mich hin geübt, und als ich vor dem für mich größten aller derzeit lebenden Künstler stand, sagte ich meinen Text fehlerfrei auf, nämlich so: »Ich bin zwar kleiner, dicker und brünetter als Claudia Schiffer, aber ich habe schönere Zähne.«

Zum Beweis grinste ich extrabreit und wartete darauf, dass er gleich wegkippen würde vor Lachen. Das tat er aber nicht. Ernst beugte er sich nach vorn und begutachtete meine Zähne.

»Stimmt«, sagte er unbeeindruckt.

Egal, ich war ja nicht hier, um ihm schöne Augen zu machen, geschweige denn schöne Zähne. Ich suchte seinen Rat, also fackelte ich nicht lange.

»Hier ist die Zusammenfassung von einem Manuskript, wäre schön, wenn Sie drüberläsen und mir Ihre Meinung mitteilten!«

Den Konjunktiv hatte ich mir vorher auch schon zurechtgebastelt, um gebildeter zu wirken. Ich kramte die an der oberen rechten Ecke zusammengetackerten Blätter aus meiner Tasche und drückte sie ihm in die Hand.

Mist, dachte ich, falsch getackert! Oder war der Meister etwa Linkshänder so wie ich?

Dann sagte ich Tschüss und verschwand. Auf dem Weg zum Bahnhof schimpfte ich mich wegen des Tacker-Fauxpas selbst aus, doch dann war ich davon überzeugt: Der Plot war so gut, dass Joe ihn auf jeden Fall zu Ende lesen würde, auch wenn er sich beim Umblättern etwas mehr würde anstrengen müssen als sonst.

Das war unsere erste Begegnung. In den darauf folgenden 9 Jahren, bis Juli 2014, schickte ich ihm 12 Plots. So richtig umgehauen hat ihn keiner. Aber am 15.7.2014 telefonierten wir, und er fasste meinen ausbleibenden Erfolg der letzten Jahre ziemlich ernüchternd zusammen, ungefähr so:

»Stephanie, du schreibst jetzt schon so lange, und kein Verlag interessiert sich für dein Zeug.«

»Das ist richtig«, pflichtete ich ihm bei.

»Jetzt hör mir mal genau zu: Vergiss Fantasia. Begrabe deine Fiktionen. Schreib deine Geschichte. Die will jeder lesen, glaub mir.«

»Meinst du?«, fragte ich unsicher (mittlerweile durfte ich »Du« sagen zu Joe), »Ich eiere rum, seit ich mit 16 von zu Hause ausgezogen bin. Das interessiert doch keinen.«

»Oh doch. Du hockst dich jetzt hin und schreibst deine Geschichte auf, und irgendwann wird ein gescheiter Lektor sie lesen und seinen Verlagschef rumkriegen. Dann kommt das Buch raus, und du verkaufst mehr als ich!«

Ich war noch nicht überzeugt von seiner Vision, doch an jenem Tag schlossen wir einen Pakt: Nach Fertigstellung der ersten 20 Seiten sollte ich ihm den Anfang »meiner« Geschichte schicken:

Die Geschichte der Büronomadin.

Danach würde er seinen Senf dazugeben und die Nomadin weiterziehen lassen – auf einem von ihr frei gewählten Lastentier.

Darauf ließ sie sich ein. In der Nacht vom 15. auf den 16.7.2014 begann sie, einen Teil ihrer Erlebnisse der letzten 3 Jahrzehnte aufzuschreiben, und das, was jetzt folgt, kam dabei heraus.

2

Vom Werden einer Nomadin

Was wirst du, wenn du groß bist?

Mein Name ist Stephanie König. Ich bin 39, alleinstehend und seit 15 Jahren Büronomadin. Das bedeutet, ich ziehe von Büro zu Büro, weil ich es nirgends länger als 2 Jahre aushalte. Bevor ich zur Büronomadin wurde, habe ich alles Vorstellbare ausprobiert. Manchmal auch das Unvorstellbare.

Ich war Angestellte, Selbstständige, Geringverdienerin und Vielverdienerin, Angemeldete und Unangemeldete.

Mal arbeitete ich tagsüber, mal nachts, und zwar als Putzfrau, Küchenhilfe, Bedienung in jedem vorstellbaren Zweig der Gastronomie, war Schneiderin, Verkäuferin, Dienstmädchen, Haushälterin, Baby-, Kinder- und Tiersitterin, Garten- und Grabpflegerin, Pralinenherstellerin, Altenpflegerin, Karatelehrerin, Stewardess und Beinahe-Prostituierte (den Unterschied zwischen Voll- und Halbhuren erkläre ich später).

Diese Vielfalt erwähne ich in meinem Lebenslauf nicht, auch nicht in Vorstellungsgesprächen. Das würde einem Harakiri gleichen. Mit einer solchen Litanei würde man jeden Personalchef überfordern. Bei einem Bewerbungsgespräch will ich mein Gegenüber dazu bringen, mich einzustellen. Niemand soll in Schockstarre verfallen, wenn er mich kennenlernt.

Wer mit 39 auf 39 Vorgesetzte in 19 Firmen zurückblickt, hat entweder einen psychischen Defekt oder hat sich verzählt. In Härtefällen trifft beides zu. »19« wäre als Wort besser lesbar, aber weil ich schon immer einen unkontrollierbaren Zahlenzwang habe, bevorzuge ich Ziffern. Mein Arzt sagt, ich leide unter der seelischen Behinderung F84.5, und zwar gewaltig. Asperger-Syndrom, eine Störung innerhalb des Autismusspektrums. Ich finde, er übertreibt. Ich mag Zahlen, das ist alles. Ich leide auch nicht, jedenfalls nicht unter F84.5.

Büronomadin war nie mein Traumberuf gewesen. Wenn mich als kleines Mädchen jemand fragte, was ich einmal werden will, sagte ich nicht »Büronomadin«, sondern antwortete feierlich: »Wenn ich groß bin, werde ich Schauspielerin oder Schriftstellerin!«

Die Erwachsenen sagten dann: »Schriftstellerin? Da musst du aber *richtig gut sein* und *viel üben*!« Dass auch Schauspieler *richtig gut sein* und *viel üben* müssen, sagte keiner. Das fiel mir schnell auf, obwohl ich erst 5 war. Ich wog ab: Geschichten zu erfinden und aufzuschreiben, stellte ich mir spannender vor, als sie nachzuspielen. Also entschloss ich mich noch im Kindergarten, Schriftstellerin zu werden.

Ich begann zu üben, so wie die Erwachsenen es mir geraten hatten. Schon vor der Einschulung kannte ich alle Buchstaben. Wenn mir einer nicht einfiel, malte ich Platzhalter in den Text, Margeriten zum Beispiel oder Rabenköpfe.

Meine erste Kurzgeschichte war ein Krimi, den ich meinem großen Bruder vorlas. Ich selbst war überzeugt von meinem Werk, mein Bruder weniger. Er lachte mich aus, weil ich den »Mordaufklärer«, wie ich meinen Kriminalbeamten nannte, im Dorf des Grauens von Tür zu Tür laufen ließ, um Fingerabdrücke zu sammeln. Ich dachte, Mordaufklärer machen das so. Klingeln, warten, bis die Hausfrau aufmacht, und dann: »Guten Tag, meine Dame, hier ist ein Mord passiert, darf ich um Ihre Fingerabdrücke bitten?«

Mein Bruder hatte gut lachen. Der war 9 und durfte schon Krimis anschauen, deshalb wusste er über die Sache mit den Fingerabdrücken Bescheid. Aber woher sollte ich mit meinen 5 Jahren wissen, wie das in echt abläuft? Von da an beschloss ich, nur noch Geschichten aufzuschreiben, die ich selbst erlebt hatte. Also schrieb ich beispielsweise über meine große Schwester, wie sie am 29. Februar 1980 mit einer Dauerwelle vom Friseur kam und aussah wie Diana Ross, nur viel bleicher und mit Sommersprossen. Diana Ross kannte ich schon, die hing als Poster im Zimmer meiner Brüder.

Mein Lieblingsprotagonist in meinen Vorschulgeschichten war Peter-Andreas, mein Wellensittich. Einmal beschrieb ich, wie ich ihm das Sprechen beibrachte (seinen Namen konnte er akzent- und dialektfrei ohne Stottern oder Nuscheln aufsagen), ein andermal, wie er die kleine Warze im Nacken meiner Mutter liebkoste. Die traurigste Geschichte war die, als Peter-Andreas sich in den Flur verirrte und durch die geöffnete Haustür von mir fort und aus meinem Leben flog.

Als ich an die 20 Geschichten gesammelt hatte, baute ich an einem Samstagmorgen vor unserem Haus in Hainfeld an der Südlichen Weinstraße unseren Campingtisch als Verkaufsstand auf. Meine Kurzgeschichten hatte ich zusammengerollt und mit Schleifchen zugebunden, sodass sie aussahen wie geheimnisvolle Schriftrollen. Die mit dem Titel »Ade, blauer Peter-Andreas« bekam ein schwarzes Bändchen. Mein Ziel war, erst dann Feierabend zu machen, wenn ich alle verkauft hatte.

Das gestaltete sich schwieriger, als ich dachte. Das erste Problem war, dass wir in einem Tausendseelenkaff wohnten und kaum jemand unterwegs war. Das zweite: Die wenigen, die unterwegs waren, saßen im Auto, auf dem Rad oder auf dem Traktor. Die paar Fußgänger, die unser Haus passierten, sahen das Mädchen mit dem Verkaufsstand schon von Weitem stehen und dachten bestimmt: Oh, ein Mädchen mit einem Verkaufsstand! Die will nur unser Geld!

Also gingen sie schnell auf die andere Straßenseite – auf der Flucht vor meinen literarischen Einzelstücken. Das fand ich doof und typisch erwachsen. Meine Schätze hätte ich supergünstig verkauft, ich wollte ja niemanden abzocken. Pro Stück wollte ich 40 Pfennig, und einen 3er-Pack hätte ich zum Sonderangebot von einer Mark rausgerückt. Aber es fragte nicht einmal jemand nach dem Preis. Nach fast 5 Stunden Ausharren begann es zu tröpfeln. Schnell rettete ich die königsblaue Tinte meiner Schriftrollen vor dem Regentod und packte alles ein. Dann lief ich trotz des Sturmes, der mittlerweile über die Felder peitschte, zum Bach am Fußballplatz, setzte mich auf die halb zerfallene Sandsteintreppe und beobachtete den Wassertanz. Das tat ich immer, wenn ich traurig war.

An jenem Tag, etwa 3 Wochen nach meinem 6. Geburtstag, beschloss ich, einen Brief an Astrid Lindgren zu schreiben und sie zu fragen, wie man am besten Geschichten verkauft. Das wollte ich aber erst dann tun, wenn das, was ich niederschrieb, frei sein würde von Margeriten und Rabenköpfen.

Romy Schneider ist tot

Mein erstes Geld verdiente ich mit 8 Jahren mit dem Austragen der *Bild am Sonntag*. Wenn am Sonntagmorgen um 4.30 Uhr der Wecker klingelte, schwebten meine Eltern und meine 5 Geschwister noch mit breiten Schwingen durchs Traumland. Verschlafen schälte ich mich aus dem warmen Bett, taumelte zum Fichtenholzschrank, den ich mit meiner kleinen Schwester teilte, und zog ein paar Kleidungsstücke heraus.

Dann musste ich leise am Schlafzimmer meiner Eltern vorbeihuschen. Meine Mutter litt unter Insomnie, die ich von ihr geerbt habe. Krankhafte Schlafstörungen hatte ich bereits mit 4. Wie schlimm das ist, wusste ich schon jahrelang, deshalb wollte ich sie auf keinen Fall wecken. Für etwa 10 Sekunden verwandelte ich mich dann in einen Indianer, schlich an ihrem Gemach vorbei und hoffte, daraus eine Atemmelodie zu vernehmen, die zufrieden und gleichmäßig klang.

Unser beheiztes Badezimmer lag neben dem elterlichen Schlafzimmer, also ging ich ins Souterrain auf die Gästetoilette. Dort hatte ich eine zweite Zahnbürste liegen – meine Sonntagszahnbürste sozusagen. Eine Katzenwäsche musste genügen, denn aufgrund der ungemütlichen Raumtemperatur musste es schnell gehen. Zwar hing an der Wand ein Heizstrahler, doch der glühte beängstigend wie ein Höllenschlund, sodass mir Gänsehaut beim Waschen lieber war. Einmal pro Woche war das auszuhalten.

»Das Arbeitsleben ist kein Zuckerschlecken.« Diesen Erwachsenensatz kannte ich schon, und jeden Sonntag bekam ich zu spüren, wie recht sie hatten. Wenn man Pech hatte, ging das Kein-Zucker-Schlecken um halb 5 in der Frühe schon los.

Ich war eine schlaue Zeitungsbotin und wusste schon, wie man sich auf einen harten Arbeitstag vorbereitet. Vor Kurzem hatte ich mir von einem meiner großen Brüder zeigen lassen, wie man sich eine Wärmflasche macht, Rühreier zubereitet und warme Milch für den Kakao.

So saß ich 2 ½ Jahre lang schon gegen 5 jeden Sonntag am Frühstückstisch: dampfender Kakao, duftende Rühreier, Wärmflasche im Schoß. Dabei guckte ich aus dem Fenster auf den Stapel zusammengeschnürter Zeitungen, die der Ausfahrer vorm Haus abgelegt hatte.

Einmal stand die Schrift Kopf, also musste ich langsamer lesen.

R … O … M … Y … S … C … H … N … E … I … D … E … R … T … O … T !!!

Romy Schneider tot? Moment mal, da fehlt was! Das hatten wir gerade in Deutsch. Die Überschrift hier war jedenfalls kein vollständiger Satz. Etwas fehlte. Genau: das Verb! Die hatten beim Drucken einfach so das Verb vergessen!

Da muss ein »ist« rein!, dachte ich aufgebracht.

Mir wurde unwohl zumute.

Hoffentlich merkt das keiner, ich kann ja nichts dafür, wenn die Bildzeitungsmenschen Wörter in der Überschrift vergessen.

Bei uns im Aufsatz gab das einen Punkt Abzug – war also schon keine glatte 1 mehr.

Nachdenklich schaute ich auf den kiloschweren Informationsberg da draußen. Die Überschrift konnte ich von meinem Platz unserer Sitzeckengarnitur immer lesen, auch wenn es noch dunkel war, da der graue Papierquader direkt unter der Straßenlaterne lag. Es waren so viele Zeitungen, dass alle auf einmal nicht in meine Satteltasche passten, also trug ich zuerst die eine Hälfte aus und fuhr anschließend zurück, um die zweite Ladung zu holen.

Gedankenverloren schlürfte ich an meinem Kakao. Plötzlich verschluckte ich mich fast. Was war das? Ich kniff die Augen zusammen und richtete mich auf. Was lugte denn da unter der Plastikfolie hervor, mit der die Zeitungen eingewickelt waren?

Von hier aus konnte ich nur ein grünes Dreieck mit schwarzweißen Flecken erkennen. Ich ließ mein Frühstück stehen und trat in Wollsocken vor die Tür. Die Kälte pikste sofort an den unbedeckten Stellen. Umgezogen hatte ich mich noch nicht. Mein weißes Nachthemd hatte beim Rühren einen Eierklecks abbekommen, doch das war jetzt nicht wichtig. Ich war neugierig, was neben dem Zeitungsstapel unter der Wickelfolie lag, die sich an einer Stelle gelöst hatte.

Als ich das Geheimnis des grün-schwarz-weiß gesprenkelten Dreiecks lüften wollte und die Folie vorsichtig mit dem Zeh berührte, bewegte es sich und kroch noch tiefer in die Zeitungshöhle hinein. Ich ging in die Hocke und streifte die Plastikbehausung des Bewohners behutsam zur Seite. Ängstlich blickte mich ein leuchtend grüner Wellensittich an.

Auf der Brust hatte er einen dottergelben Tupfen. So wie ich. Das Ei war mir vorhin an die gleiche Stelle getropft. Wir gehörten sofort zusammen, zumindest fleckenmäßig. Sein linker Flügel hing leicht vom Körper abgespreizt und berührte den kalten Asphalt.

»Hab keine Angst, du kleiner Goldspatz, komm erst mal rein!«

Sachte hob ich ihn auf und trug ihn in die warme Küche. Sein winziger Körper schien durchgefroren bis auf die zerbrechlichen Vogelknöchlein. Mit beiden Händen bildete ich ein Nest mit Dach, das ich zu meinem Bauch hin öffnete. Ganz vorsichtig schob ich das Geschenk, das vom Himmel gefallen und hier bei mir gelandet war, ein Stück zurück, sodass der zitternde kleine Leib den meinen berühren konnte. Ich spürte, wie sich mein kleiner Freund sofort an die warme Fläche drückte.

»Du bleibst hier«, versprach ich ihm, »und darfst hier käfigfrei wohnen!«

So war es dann auch. Meine Eltern versuchten erst gar nicht, mich davon abzubringen. Außerdem war mein Vater der größte Tierfreund der Welt. Er klatschte vor Freude in die Hände, als ich ihn nach meiner Zeitungstour vorsichtig weckte und von unserem Familienzuwachs erzählte.

»Aber du passt gut auf ihn auf, kapito?«

Das sagte mein Vater gern: »Kapito!« Und zu kaputt »kaputti«.

Zuerst wollte ich den Neuankömmling »Peter-Andreas den Zweiten« nennen, entschied mich nach reifer Überlegung dann aber für »Benvenuto«. Das bedeutet »Der Willkommene«. Jedenfalls behauptete das unser Nachbar, der sprach »fließendes Lateinisch«, wie er sagte, und ich glaubte ihm.

An jenem Tag verspätete ich mich bei allen Kunden um mehr als eine Stunde. Niemand jedoch schimpfte mich aus. Anscheinend hatte es sich herumgesprochen, dass ich Schimpfer ans Ende meiner Tour stellte und somit erst viel später die Zeitung bei ihnen einflatterte – nämlich dann, wenn fast schon das Mittagessen auf dem Tisch stand.

Ich hatte die Macht, schlecht gelaunten Menschen, die ihren Wochenendfrust an mir auszulassen versuchten, den gemütlichen Frühstückskaffee mit Sonntaglektüre zu streichen. Tapfer fuhr ich dafür einen Umweg, und wenn es sein musste, noch einmal quer durchs ganze Dorf. Das tat ich nicht aus Rache, sondern weil ich wusste: Das ist meine einzige Chance, mich als kleine Zeitungsausträgerin zu wehren, wenn mir von den Erwachsenen einer blöd kam.

Jeden Sonntag hängte ich mir also meinen Brustbeutel aus tannengrünem Kord um, in dem sich das Wechselgeld befand, und schnallte mir einen Rucksack auf, in den ich Zitronenlimo und Ketchupbrot stopfte. Ein eigenes Fahrrad hatte ich nicht, und so nahm ich das viel zu große meiner Mutter, befüllte die Satteltasche und zog los. Im Winter radelte ich durch Schnee und im Sommer durch Bullenhitze durch unser malerisches Dorf.

Zwei Eindrücke sind mir aus jener Zeit besonders in Erinnerung geblieben: verärgerte Hunde und Männer, die in ausgeleierten Unterhemden die Haustür öffnen. Die Hunde habe ich nicht verstanden, nur weil jemand mit der *Bildzeitung* vor der Tür steht, und für Männer in ausgeleierten Unterhemden konnte ich genauso wenig Verständnis aufbringen. Freiwillig liefen sie so herum – vor ihren Kindern, den Nachbarn, dem Zeitungsmädchen und sogar vor ihren Frauen – wo doch bestimmt jeder von ihnen wenigstens *ein* hübsches Hemd oder einen sauberen Pullover im Schrank hatte.

Das hat mich geprägt. Bis heute mache ich einen Bogen um schlecht gelaunte Hunde – und um ausgeleierte Unterwäsche auch.

Unsere 8-köpfige Familie besaß zwar einen Campingtisch, doch der kam nur zum Einsatz, wenn ich auf Flohmärkten immer mal wieder versuchte, frühkindliche oder pubertäre schriftstellerische Ergüsse zu verkaufen. Im Alter von 12 bis 15 schrieb ich auch Liedertexte oder übersetzte englische Songs ins Pfälzische oder Bairische, die sich aber genauso schlecht verkauften wie meine Kurzgeschichten.

Zum Camping sind wir nie gefahren. Unsere Familie ist überhaupt niemals gemeinsam in Urlaub gefahren – für einen solchen Luxus war kein Geld da.

Als meine Geschwister und ich halbwegs allein zurechtkamen und im Haushalt mithelfen konnten, nahm unsere Mutter verschiedene Putzjobs an. Der, den sie nachts ausübte, faszinierte mich: Neuerdings war sie Teil einer Reinigungskolonne in einem Erlebnisbad.

Mittlerweile waren wir von Rheinland-Pfalz ins bayrische Regensburg gezogen, weil unser Vater, einer von 27 Vertretern eines Pharmakonzerns, dorthin versetzt worden war. Das blieb nicht die einzige berufliche Veränderung, die jenes Unternehmen ihm und seiner Familie über die Jahre hinweg zugemutet hatte. Mehrmals mussten wir aus diesem Grund den Wohnort wechseln, unsere mühselig aufgeschlagenen Zelte wieder abbauen und alles hinter uns lassen, was wir lieb gewonnen hatten und nicht einzupacken war.

Vielleicht wurde schon damals der Grundstein für mein eigenes Nomadentum gelegt.

Mahatma Gandhi lebt

Im Alter von 16 fragte ich meine Mutter, ob ich im Schwimmbad mitputzen darf, um mein Taschengeld aufzubessern. Sie hatte nichts dagegen, stellte jedoch die Bedingung, dass ich nur an Wochenenden arbeite, damit ich am nächsten Tag ausschlafen kann. Bedingung Nummer 2 formulierte mein Vater: Die Schule dürfe unter keinen Umständen darunter leiden.

So schlitterte ich noch als Schülerin ins Arbeitsleben hinein – und das kurz vor meiner Prüfung zur mittleren Reife. Im Regensburger Westbad polierte ich Spiegel, staubte Wandföhne und Kleiderhaken ab, kehrte und wischte Spinde sauber, hüpfte barfuß im Sommerkleid durch knisternde Pfützen von chemischem Reinigungsschaum – und begegnete Henning. Er war eine der männlichen Putzperlen. Sein Job war, eine etwa heimorgelgroße Schaummaschine durch die Gänge zu schieben. Das Reinigungsmittel, das die rotierenden Bürsten dabei auf die Fliesen verteilte, war so aggressiv, dass Hennings Haut sich stellenweise schon schälte und er somit etwas zerfleddert aussah.

Dass er schon bald mein erster Freund sein würde, hätte ich bei unserem Aufeinandertreffen nicht gedacht. Von meiner Seite war es alles andere als Liebe auf den ersten Blick. Er hingegen gestand mir später, die zarte Blässe meiner Schultern hätte ihn sofort in ihren Bann gezogen.

An Henning gefiel mir zunächst rein gar nichts: die Haut verschorft, die Gestalt zu dünn, die Haltung zu krumm, der Gang zu hampelig, der Kopf zu groß, die Augen zu klein, der Bart zu lang und sein Grinsen zu blöd. Er sah ein bisschen aus wie eine misslungene Nachbildung von Mahatma Gandhi in einem Wachsfigurenkabinett.

Doch dann erzählte er beim Schrubben einem Kollegen nebenbei, er habe erst seit Kurzem wieder einen festen Wohnsitz, und zwar ein Zimmer in einer Männer-WG, und wie schön doch die 4 Jahre ohne reguläre Bleibe in seinem Kleinbus gewesen waren.

Was? Hampel-Henning ein Umherziehender?

Ich horchte auf und belauschte ihr Gespräch.

Henning berichtete von Polizisten, die nachts an die Scheibe klopften, um nach dem Rechten zu sehen, von gegrilltem Mais, selbst gesammeltem Wildkräutersalat und vom Geschmack gestohlener Kartoffeln, die er in der Abenddämmerung aus dem Acker buddelte, um sie nachts unter freiem Himmel in der Glut seines Lagerfeuers zu garen.

Er erzählte von verborgenen Quellen, die er entdeckt hatte und von denen er trank, wo er sich vor Sonnenaufgang wusch und Lieder von Pink Floyd vor sich hinbrüllte, um sich von der Kälte des Wassers abzulenken. Er erzählte von Obdachlosen, die sich abends an sein Feuer gesellten: Heimatlose und Gescheiterte, die ihm ihre unerfüllten Sehnsüchte anvertrauten und auf die erfüllten ihr Glas erhoben, um mit dem Mann aus dem Wohnmobil auf die Liebe, das Leben, den Tod, auf die Kraft der Natur und Gottes Güte anzustoßen.

Da war es um mich geschehen. Ein moderner Beduine – mitten im Hier und Jetzt? Den wollte ich haben! Vielleicht ließ er sich dazu bewegen, mich aus der elterlichen Burg zu entführen und mit mir ins Auto zurückzuziehen, damit wir gemeinsam die Welt bereisen konnten! Ein warmes Flirren kribbelte über mich hinweg. Mein Blick entfernte sich von dem Spiegel, den ich gerade noch poliert hatte, und mein Abbild darin verwandelte sich in einen Strudel, der die Kraft von Hennings Geschichte tief in sein Zentrum sog.

Ich schloss die Augen und hielt inne. Meine Seele war soeben mit Hennings Stimme verschmolzen. Es war, als hörte die Nomadin in mir zum ersten Mal den Schrei der Wildnis in weiter Ferne.

Tarot statt Sex

Die Donau küsst ihren Nebenfluss Regen an einer landschaftlich bezaubernden Stelle, und genau dort bekam ich von Henning den ersten Kuss.

Zum ersten Mal war ich verliebt. Wie jeder, der das erlebt, glaubte ich, es würde ewig halten. Schon bald sah ich meinen Henning nur noch durch die rosarote Brille. In meinen Augen war nicht nur er perfekt und das Maß aller Dinge, sondern auch seine Ansichten und seine Lebensweise. Dass er bei jeder Gelegenheit über meine Geschwister, Verwandten und Freunde und sogar über meine Eltern ablästerte, sich aber hemmungslos den Bauch vollschlug und sich von meiner Mutter den verfilzten Spitzbart kraulen ließ, wenn wir dort zu Besuch waren, verdrängte ich. Heute würde ich einem solchen Parasiten den kürzesten Weg zum Exit weisen, aber schleunigst.

Seine Nomadenzeit ohne festen Wohnsitz im Kleinbus hatte Henning hinter sich gelassen, als wir zusammenkamen. Mittlerweile studierte er Jura und Theaterwissenschaften, und in seiner Freizeit fotografierte er nackte Frauen und erstellte Geburtshoroskope.

Finanziell hielt er sich als Telefonzellenputzer über Wasser – und eben als Schaummaschinenlenker in Schwimmbädern. Ansonsten lag er mit 27 noch schamlos seinen gutmütigen Eltern auf der Tasche.

Telefonzellen waren damals noch zahlreicher und gelb.

Henning hat meinen Lebenslauf stark beeinflusst, besonders mit seinen Schimpftiraden über langweilige Spießbürger. Er fand Spießer doof, da wollte ich natürlich keiner sein und entschied mich wie er für ein Leben ohne Konventionen. Dass das auf Kosten von anderen geht, außer man schafft es, von seiner Kunst zu leben, war mir damals nicht klar. Henning wahrscheinlich auch nicht, obwohl er über 10 Jahre älter war als ich. Die meisten seiner Künstlerkumpane waren der gleichen Ansicht. Also brach ich auf ihr Drängen hin meine Lehre zur Einzelhandelskauffrau, die ich in einem Regensburger Feinkostgeschäft begonnen hatte, ab und zog von zu Hause aus.

Das dauerte weniger als 2 Stunden. Mein Hab und Gut passte auf den umgeklappten Rücksitz von Hennings gelbem Uralt-Kadett, sogar die Matratze und mein kleiner Farn. Es war eine Fuhre. Mehr passte sowieso nicht in die angemietete Zelle im Regensburger Stadtkern. Als wir losfuhren, stand meine Mutter vorm Haus und winkte uns nach. Vorher hatte sie mir, als Henning mit der Matratze kämpfte, zugeflüstert: »Probier's aus, und wenn's schiefgeht, kommst du wieder heim!«

Dann packte sie uns ein paar Dampfnudeln mit Vanillesoße in eine Tupperdose. »Die bringst du aber wieder, verstanden?«

Sie versuchte, streng zu klingen, doch ihre Stimme zitterte.

Als ich ein paar Wochen später zum ersten Besuch nach Hause kam, um die Schüssel zurückzubringen und Nestwärme zu genießen, bestätigte mein Vater, dass die Tür weiterhin für mich offen stehen würde. Er saß auf der Terrasse und putzte Pfifferlinge, die er im Wald gesammelt hatte.

»Dein Zimmer bleibt, wie es ist, und wenn der Astro-Depp nicht spurt, schießt du ihn auf den Mond und kommst zurück, kapito?«

»Kapito«, antwortete ich.

In jenem Moment wusste ich nicht, dass keine 7 Jahre später eines Nachts ein Engelschor an meines Vaters Schlafzimmerfenster klopfen würde. Er würde aufstehen, schlaftrunken das Fenster öffnen, und der zarte Gesang würde ihn so verzaubern, dass er überhaupt nicht daran denken würde, sich umzudrehen, um sich wieder ins warme Bett zu kuscheln. Die Himmelsboten würden die Sorgenfalten aus seinem Gesicht küssen, die Spargedanken und Rechenaufgaben aus dem Kopf des Großfamilien-Ernährers radieren, sich bei ihm unterhaken und: abheben in Richtung Sonnenaufgang.

Wenn ich an meinem Auszugstag gewusst hätte, dass mein geliebter Vater nur noch 2.534 Mal aufwachen würde, hätte ich diese Zeit zu Hause verbracht, und nicht an der Seite eines durchgeknallten Esoterikers.

Henning interessierte sich außer für Fotografie und Astrologie noch für Architektur, 70er-Jahre-Rock, Aikido, Trekking, finnische Sauna und für Vollkornbackwaren mit Honig oder anderen natürlichen Süßungsmitteln, aber ohne weißen Zucker, ganz wichtig, ohne weißen Zucker, sonst rührte er sie nicht an, bloß nicht.

Manchmal kam auch ich mir vor wie ein Vollkornquarkplunder mit weißen Zuckerstreuseln obendrauf, extradick, denn manchmal rührte er auch mich wochenlang nicht an. Henning konnte über alles Mögliche hervorragend labern, auch über Erotik. Vor ihrer Auslebung drückte er sich allerdings weitestgehend. Viel lieber glotzte er in Tarotkarten oder zeichnete Geburtshoroskope in meditativer Einfältigkeit. Dabei schob er seine Zunge ein Stück raus und hielt sie mit den Zähnen fest, sodass sie ein paar Zentimeter zwischen seinen Bartsträhnen hervorlugte. Er sah dann leicht debil aus: wie ein technischer Zeichner mit zwei linken Händen und einer massiven Lernverzögerung.

Immer wieder versuchte ich, ihn mit meinen weiblichen Reizen von seinen Döbereiner- und Castaneda-Büchern wegzulocken, und legte mich dabei richtig ins Zeug. Das tat ich mal nackt, mal halb nackt, mal mit Schminke, mal ohne. Ich versuchte es mit offenen Haaren, Zöpfen oder Dutt, mal frisch geduscht, mal verschwitzt, mal sanft und auch mal auf die harte Tour, aber bei Henning passierte nichts Großes. Selten gab er sich geschlagen.

Sobald ich ihm an den Reißverschluss wollte, erschrak er und griff sich in den Schritt wie Michael Jackson on Stage mit den Worten: »Ich kann jetzt nicht!«

Logisch konnte er. Aber er war zu faul.

Dennoch wollte er ständig Aktfotos von mir machen, weil ihm der Mix aus Lolita und Cher komplett das Hirn vernebelt, wie er sagte. Verstanden habe ich das bis heute nicht. Es könnte vermutlich einen Zusammenhang zwischen seiner erotischen Abwehrhaltung und der Durchschnittszeit des Aktes gegeben haben. Bei Henning dauerte das Vorspiel etwa 3 Minuten, der Hauptact weniger als 30 Sekunden, und das Nachspiel wieder um die 3. Ergo: fast 10 Minuten Aufwand für maximal 30 Sekunden Ineinander-Umherkullern. Vielleicht lohnte sich das zeitlich nicht für ihn, egal, welche Show die Freundin gerade für ihn abzog.

Für mich war das Thema ja neu und obendrein hochinteressant. Es gab so vieles zu entdecken und auszuprobieren, aber der Schlaffi an meiner Seite kniff die meiste Zeit.

Monatelang gelang es mir, seinen astrologischen Fähigkeiten zu entweichen. Wenn er nach meinen genauen Geburtsdaten fragte, lenkte ich das Gespräch auf ein unverfänglicheres Thema. Ich war nicht scharf auf die Erstellung eines persönlichen Horoskops. Das Risiko, mein Wesen könnte vor Hennings Augen nur noch aus einem Blatt Papier bestehen, auf dem die Gestirne in komplizierten Bahnen zueinander stehen, war mir zu groß.

Doch dann überredete er mich doch, erfragte bei meiner Mutter die Geburtszeit, und schon konnte das Gerechne losgehen. Raus kam: Löwe mit Sonne im fünften Haus, Aszendent Stier, Mond im zweiten Haus. An mehr kann ich mich nicht erinnern, nur noch an die düstere Vorhersage: »Mit 28 wird dir der Saturn begegnen, aber so was von heftig, und der steht für den Tod, da kannst du dich jetzt schon mal warm anziehen!«

Tolle Aussichten.

Ein Mond im zweiten Haus ist kein leichtes Los. Bisher hatte er mich nicht gestört, ich wusste ja nichts von seiner Existenz, und plötzlich war dieser deplatzierte Mond schuld an so ziemlich allem, was schiefging. Wenn ich mich über Sachen ärgerte wie ungenügend Kleingeld im Portemonnaie, Taubenkacke auf Parkbänken oder über Schluckauf, oder wenn ich einfach nur meine Tage hatte und Henning anpampfte, so sah er stets betont geduldig über meinen Kopf hinweg und orakelte weise: »Klar. Ganz klar, dass du so bist. Du kannst ja nicht anders, du mit deinem Mond im zweiten Haus.«

Wir bezogen ein Mini-Zimmer nahe dem alten Regensburger Fischmarkt für 210 Mark warm. Das konnten wir uns gerade so leisten. Die Bleibe befand sich über einem Fisch-Wild-Geflügel-Geschäft. Im Schaufenster schwammen Fische umher, da konnte man sich aussuchen, welchen man wenig später auf dem Teller liegen haben wollte. Damals war ich Vegetarierin und kämpfte mit der Vorstellung, dass meine beiden Vermieterinnen, ein grobes Mutter-Tochter-Gespann, damit ihren Lebensunterhalt verdienten. Am Monatsersten mussten die Bewohner des 4-stöckigen Altbaus dann im Fischgeschäft antanzen und die Miete auf den Verkaufstresen blättern. Die Landladys steckten die Scheine in eine abschließbare Holzkiste, die unter dem Fleischklöppelbehälter aufbewahrt wurde und an der Wand angekettet war. Eine Quittung bekam niemand.

Manchmal wurde eine Ladung frisch geschossener Rehe angeliefert. Die wurden schichtweise in den Hof geworfen, bevor sie gehäutet wurden. Im Sommer gab es viele Fliegen in den Behausungen. Wir wohnten unterm Dach, und ich kann bestätigen, dass Fliegen sehr hoch fliegen können.

Die 2 Toiletten im Gang teilten wir uns mit 5 anderen Personen, 2 weiblichen und 3 männlichen. Mindestens eine/r davon war Stehpisser, doch ich habe nie herausgefunden wer. Den Frauen hätte ich es auch zugetraut. Für die Kloreinigung gab es weder einen Putzplan noch Freiwillige.

Duschen gab es auch keine, nur ein Waschbecken pro Zimmer. Darin machten wir alles: abspülen, Wäsche waschen, Salat waschen, uns selbst waschen, Fotos entwickeln, Schuhe putzen, Zähne putzen und reinpinkeln, wenn nachts der Weg zum Klo zu weit war. Einmal verwandelte Henning es sogar in einen Brecheimer. Er kotzte und kotzte, anscheinend hatte er einen schlechten Vollkornquarkplunder erwischt. Das Waschbecken war Dusche, Spülbecken, Spucknapf, Fußbad, Waschmaschine, Bidet und Klo zugleich und musste alles schlucken, was flüssig war. Anfangs fand ich das eklig. Doch man gewöhnt sich an alles, wenn man sich frei machen will von spießigen Konventionen. Muss man ja notgedrungen.

Der Nachname meiner Vermieterinnen war übrigens Luder, und so sah das Ladenschild aus:

Wild
Fisch
Geflügel
Luder

Henning brachte mich dazu, nach der Schule erst mal ein paar Jahre in der Gegend rumzujobben, um Geld zu verdienen. Abends hingen wir mit seinen Künstlerkumpanen ab, die um die Wette schwafelten und sich gegenseitig die Welt erklärten. Manchmal sinnierten sie über anstehende Projekte, die sie aber nie umsetzten.

Kreativ zu sein, fand Henning irre wichtig und sexy. Er nötigte mich dazu, mich nach etwas Passendem umzusehen. Die Schreiberei ließ er nicht gelten, weil ich seiner Meinung nach nicht gut genug war. Ich machte Kurse in Ausdruckstanz, Bildhauerei, Venezianischer Maskenbastelei und Schnitzerei. Der Schnitzkurs war der schlimmste von allen. Mit Holz kann ich nicht umgehen, außerdem scheinen meine Fingerkuppen Holzspreißel magnetisch anzuziehen.

Mein ehemaliger Erdkundelehrer, der um die Ecke wohnte und Wind bekam von meinem Lebenswandel, zog mich im Tengelmann in der Nudel- und Reisabteilung etwa 2 Jahre nach Beenden der Schule beiseite und las mir die Leviten. Auf was für eine schiefe Bahn ich geraten sei und dass ich ganz tief falle, wenn ich diesen Fotodeppen nicht bald zum Teufel jagen und was Gescheites lernen würde, und mir sei nicht mehr zu helfen, und ich würde bald in der Gosse landen. Das war wortgewaltig, aber für meinen Geschmack übertrieben. Zugegeben, ein Normalo als Freund an Hennings Stelle hätte mich vielleicht dazu ermutigt, die Lehre fertig zu machen und mein Abi nachzuholen. Möglicherweise hätte ich studieren können, wer weiß. Aber ich war an einen Fotokünstler geraten, der zwar selbst ein abgeschlossenes Jurastudium im Sack hatte, für den das alles aber schrecklich langweilig – und eben »spießig« – war.

Duschen für Hark Bohm

Nun ja, es hätte schlimmer kommen können. Immerhin nahmen die Foto-, Mal-, Schauspieler-, Schriftsteller- und Musikerkumpel meines Freundes keine Drogen, da lag ich schon mal vorn im Vergleich zu anderen Mädchen in meinem Alter. Sie tranken nicht einmal Alkohol, nur alkoholfreies Bier, das aber kistenweise. Einer kiffte, doch der wurde rausgeschickt, wenn er einen durchzog.

Henning habe ich auch Gutes zu verdanken, eine Nebenrolle in einem deutschen Kinofilm zum Beispiel, der damals hervorragende Kritiken bekam. Der lief sogar schon ein paar Mal auf Arte. Den Titel verrate ich nicht, weil er eine Nacktszene von mir enthält und mein Schamhaar damals so üppig war, dass man mich heute in der Zeit des Rasierwahns vielleicht dafür entführen und zwangsepilieren würde.

Eines Samstags lag Henning auf unserer Minimatratze in unserer Miniwohnung und las Zeitung. Dabei schlürfte er Grüntee mit getrockneten Drachenfrüchten und Bio-Agavensirup. Bäh. Plötzlich setzte er sich kerzengerade hin, rückte seine Brille zurecht und sprach: »Hey Ischke, hör mal« (er nannte mich Ischke, was er von einem anderen Spitznamen abgeleitet hatte), »Statisten für deutschen Spielfilm gesucht, Mädchen und Jungen zwischen 5 und 18, am heutigen Samstag bitte vorsprechen im Leeren Beutel ab 14 Uhr.« Er sah mich an. »Da gehst du hin!«

»Ach ich weiß nicht, da kommen Hunderte, das bringt doch nichts!«

»Wer nicht wagt, der nicht gewinnt! Also geh hin und stell dich vor!«

Na gut. Ich latschte zum Vorsprechen. Aussiebverfahren bis abends halb 10, dann noch mal Vorspielen eine Woche später beim Handlanger vom Regisseur, und wieder eine Woche später kam Meister Bohm höchstpersönlich aus Hamburg angereist. Da waren wir nur noch 20 in der Mädchengruppe von 12 bis 18. Alle wurden genommen und dann erst mal in Statisten und Komparsen eingeteilt (kann mir mal jemand den Unterschied erklären?), und bei mir wussten sie noch nicht, ob ich die Mädels-Hauptrolle bekommen sollte oder die Mädels-Nebenrolle.

Ich zitterte 2 Tage und hoffte auf den Jackpot. Den knackte ich aber nicht. Die Hauptrolle bekam Anna, die Tochter von Katharina Thalbach, und ich wurde zur namenlosen Nebendarstellerin. Ich fragte den Hark, wie ich Herrn Bohm nennen durfte, warum denn sie und nicht ich, und er meinte: »Stephanie, du bist nicht fertig genug für diese Rolle. Niemand kauft dir Zerrüttung und Abgefucktheit ab.«

Wenn ich ihm von meinem Waschbecken erzählt hätte, wäre er vielleicht anderer Meinung gewesen. Doch ich wollte ihm nicht auf den Sack gehen und hielt die Klappe. Schließlich war ich froh, überhaupt mitspielen zu dürfen. 10 Drehtage folgten, Eintauchen in eine völlig neue Welt, Kennenlernen bekannter Schauspieler, gute Gespräche mit dem Regisseur.

»Du hast Talent, Stephanie«, sagte er, »bewirb dich an einer Schauspielschule, ich helfe dir dabei.«

Ich war immer noch 17, leider auch im Hirn. Vitamin B fand ich damals uncool und entschied mich dagegen.

Das schaffe ich auch allein, dachte ich, aber ich schaffte es nicht.

Ein halbes Jahr später durfte ich in München bei einem Regisseurkollegen von Hark Bohm vorsprechen, der einen Film mit Sibylle Canonica plante und dafür ein Mädchen in meinem Alter suchte. Frau Canonica wäre meine Filmmutter gewesen. Mit der studierte ich verschiedene Szenen ein. Ich habe ihr nichts Böses angetan, doch irgendwie schien sie genervt von mir.

Es kamen noch andere Mädels, und eine davon machte den Job besser als ich. Dieser Tag war mein letzter Ausflug in die Schauspielerei, und der ist unvergessen. Danke, wunderschöne Sybille. Nee, i und y andersrum. Danke, wunderschöne Sibylle, auch wenn du mir damals die kalte Schulter gezeigt hast, die unter deiner kürbisroten Großlockenpracht vor sich hin gefror.

Von der Filmgage lud ich Henning nach Lanzarote ein. Dort verbrachten wir 5 Wochen unter freiem Himmel, nur mit Isomatte, Trekkingschuhen, Waschzeug und ein paar Klamotten im Backpack. Ein Zelt hatten wir auch dabei, falls es regnen würde, doch es fiel kein Tropfen.

Ein paarmal wurde ich seither gefragt: »Wart ihr also welche von den Touristen, die damals die Höhlen so schlimm zugekackt haben?«

Nein, waren wir nicht. Unverdauliche Ballaststoffe haben wir nicht einfach in den Höhlen angehäuft. Wir haben Brot- und Obsttüten gesammelt, und wenn wir Druck hatten, suchten wir uns eine ruhige Stelle, breiteten eine Tüte aus, runter in die Hocke, give your best, und dann: Abbuzze! Tütchen verschnüren, rein in den Müll. Wie im Park, wenn anständige Hundebesitzer die Haufen ihrer Vierbeiner entsorgen. Ja. So war das. Ich bin doch kein Höhlenvollkacker.

Zurück zu Hennings Künstlerkreis: Einer der Schriftsteller hieß Jacky. Nein, er hieß anders, ließ sich aber mit fast 40 noch so nennen. Jacky war klein, trug einen Hut zum Kaschieren seiner lichten Kopfbehaarung, hatte Mitesser auf den Handrücken, ungepflegte Zähne und sah auch sonst ziemlich verwittert aus.

Er bezeichnete sich selbst als Prosa-Autor und hatte bereits ein Buch veröffentlicht. Na ja, eher ein Büchelchen. Es umfasste 87 Seiten. Die Druckkosten bezahlte er aus eigener Tasche und ruinierte sich damit finanziell. Das Buch verkaufte sich so schlecht, dass er jede Gelegenheit nutzte, um wenigstens ein paar Exemplare davon loszuwerden. Also tappte er, mit einem ollen Bauchladen bewaffnet, über Straßenfeste und Flohmärkte, auch im Winter.

»Das Weihnachtsgeschäft muss man mitnehmen«, sagte er dann.

Als sein zweites Manuskript fast fertig war, fragte er Henning, ob er den Bucheinband gestalten könne. Jacky stellte sich folgendes Bild vor: ein See, eine Frau am Ufer, von hinten fotografiert und eingehüllt in ein knöchellanges weißes Kleid. Henning sagte Ja und fragte mich, ob ich die Frau in Weiß sein wolle.

»Klar«, sagte ich, »aber ich habe nur ein wadenlanges Kleid in Weiß, kein knöchellanges.«

»Dann kauf dir eins«, sagte Jacky, und ich tat es.

An einem Spätherbsttag, zwar sonnig, aber klirrend kalt, fuhren Henning und ich raus, auf der Suche nach einem See, der zu meinem neuen Kleid passte, und wir fanden einen. Es war, als hätte mir jemand diesen See regelrecht auf den Leib geschneidert, so schön war er.

Damals gab es noch keine Digitalfotografie. Henning knipste ein paar Filme voll, in der Hoffnung, dass eine brauchbare Aufnahme dabei sein würde. Ich musste mindestens 1.000 Mal am Ufer entlanglatschen und wieder zurück – barfuß. Dabei holte ich mir Frostbeulen am ganzen Körper. Abends war ich durchgefroren bis auf die Knochen und heulte erst mal eine Runde zum Auftauen, während Henning die Bilder entwickelte.

Das Ergebnis konnte sich sehen lassen. Mein WG-Genosse war in vielerlei Hinsicht ein Dödel, doch fotografieren konnte er richtig gut. Als Jacky am nächsten Tag die Bilder sah, die wir zum Trocknen an die Wäscheleine gehängt hatten, die quer durch unsere 12-Quadratmeter-Absteige verlief, nickte er zunächst anerkennend.

Henning und ich waren ziemlich aufgeregt, und kurz bevor unsere Atmung wieder einsetzte, kniff Jacky die Augen zusammen, duckte sich wie ein Geier im Wind und trat einen Schritt nach vorn.

Dann meinte er spöttisch: »Na ja, das passt ja alles wunderbar – der See, das Kleid, das Licht, hm, aber der Pferdearsch von der Stephanie macht alles wieder kaputt!«

Er sah mich an und grinste. Ich war platt und konnte nichts sagen. Pferdearsch? Darüber hatte ich noch nie nachgedacht. Bei 173 Zentimeter Größe wog ich 58 Kilo, und mein Hinterteil empfand ich als schwungvoll, aber nicht als monströs fett oder pferdemäßig.

»Äh«, sagte ich, doch mehr bekam ich nicht raus. Ich sah zu Henning rüber, und der grinste zuerst mit, sah mir dann aber in die Augen – und starrte ratlos zu Boden.

Nachdem Jacky mit seinen Lieblingsbildern verduftet war, ohne wenigstens ein paar Kröten für das Kleid oder die Filme beizusteuern, fragte ich Henning, warum er nichts gesagt hatte.

»Du hättest ihm wenigstens eine Volle aufs Maul hauen können!«, schnauzte ich ihn an.

»Nein, du bist alt genug, du musst dich selbst verteidigen«, antwortete mein toller Freund, der mit seinem Schwanzeinzieher gerade einen Teil meiner Bewunderung zerschlagen hatte.

So ein elendiger Feigling.

Hier kommen wir zu einer interessanten Frage, nämlich: ***Wann ist der Mann ein Mann?***

Bestimmt ist jede Frau schon von verunsicherten Männern hier nach ihrer Meinung gefragt worden.

Wenn mir das passiert, erzähle ich die Geschichte von der Frau am See. Und von Jacky dem Taugenichts, der selbst noch nichts Vernünftiges zustande gebracht hatte, seinem Umfeld aber mit chronischer Grobschlächtigkeit und parasitären Verhaltensweisen auf den Wecker fiel.

Wann ist der Mann ein Mann?

Er ist keiner, wenn er in einer solchen Situation verstummt und sich vor Feigheit ins Hemd strullt. Er ist keiner, wenn er sich wegdreht und zu seiner Freundin sagt, nee, da musst du selber schauen, wo du bleibst. Er ist keiner, wenn er verbale Übergriffe auf seine Liebste zulässt und sie wortlos an ein dreistes Großmaul ausliefert.

Ein Mann ist dann ein Mann, wenn er den Schwätzer zur Rede stellt, ihn mit Worten vierteilt, ihn rhetorisch zerlegt und verbal zerhackt. Und zwar so, dass der Übeltäter erst mal nach Goa auf Reha muss, zum Wiederaufbau der inneren Haltung durch Hatha Yoga, Tandoori Chicken und Mango Lassi. Zum Meditieren, zum Wieder-zu-sich-selbst-Finden und vor allem zum Nachdenken.

Ich hätte mir von Henning eine Antwort gewünscht wie: »Was war das gerade, du Wicht? Du Trottel, du Nichts, du Musterexemplar von einer Witzfigur? Habe ich mich verhört? Nieder auf die Knie, du Arschloch, senke dein Haupt, und wage es ja nicht, wieder aufzublicken, bevor du diese Frau hier nicht sofort und in aller Deutlichkeit und Höflichkeit um Entschuldigung angefleht hast. Und wenn du in 5 Sekunden immer noch nicht vor ihr herniederfällst, schicke ich dich über die Wupper, und zwar ungebremst, ohne Helm, ohne Rückfahrkarte, hast du mich verstanden, du erbärmlicher Wurm von einem Nichtsnutz?«

So was in der Art. Das hätte mir gefallen. Dann ist der Mann ein Mann. Meine Meinung.

Eine Frau will ein Alphamännchen. Es gibt Ausnahmen, ja, aber die meisten stehen auf stolze Krieger. Keine, die mit Lanzen oder Knarren ein Gemetzel anzetteln, aber auf solche, die es draufhaben,

Worte zu Pfeilen zu machen. Wer nicht gut reden kann: Das geht auch schriftlich.

Wir wollen Wortekrieger. Also ich jedenfalls. Schwanzeinzieher wie Henning turnen mich ab. Ein Mann darf nicht kneifen. Er muss um die Ehre der Seinen kämpfen und sein Maul aufmachen können, wenn es um die Wurst geht. Und die Ehre ist ja wohl Wurst genug. Wenn er das hinkriegt, ja, dann ist der Mann ein Mann.

14 Aushilfsjobs in 3 Jahren

Nach meinem Auszug aus dem Elternhaus folgte ein Lebensabschnitt, der in der jetzigen Vita meiner Bewerbungsmappe *nicht* auftaucht. Hätte ich jemals ehrlich beschrieben, was ich alles getan habe, um Henning und mich über Wasser zu halten, wäre ich vielleicht wirklich, wie von meinem Erdkundelehrer prognostiziert, in der Gosse gelandet.

Von August 1988 bis September 1991 hatte ich sage und schreibe 14 verschiedene Jobs. Diese Zeit ist nun in meinem Lebenslauf unter der Schutzburg »Firma Meyer & Buchner« zusammengefasst, bei der ich offiziell als »Sachbearbeiterin« in der Sparte »Vertrieb von Sanitätsartikeln« tätig war. Diese Firma gab es in jener Zeit tatsächlich, doch 1991 ging sie in Konkurs und machte die tüchtige Sachbearbeiterin Stephanie König auf dem Papier zur armen Arbeitssuchenden.

Ich lüge nicht gern, aber ich sah keine andere Möglichkeit, meinen Arsch aus der prekären Situation der Extremjobberei zu retten. Unsere Gesellschaft funktioniert nun mal so. Keiner holt sich freiwillig eine desorientierte Persönlichkeit in Form einer Berufsnomadin ins Team – genauso wenig wie ein Vermieter einen Mietnomaden an Land ziehen würde.

Bei dieser Lüge ging es um meine Existenz, und da ich niemandem damit wehtun würde, entschied ich mich nach dem etwas düsteren Lebenskapitel der Arbeitsstellen-Herumhurerei für das Licht – auch wenn es mit einer Unehrlichkeit einherging, die ich den angepeilten Unternehmen mit diesem Schritt zumutete. Es hat mich aber nie jemand auf den Abschnitt »Firma Meyer & Buchner« oder die fehlenden Nachweise in Form von Arbeitszeugnissen aus jener Zeit angesprochen. Und das ist gut so, sonst hätte ich weiterlügen müssen, und weil ich das nicht sonderlich gut kann, wäre meine Berufsflunkerei vielleicht aufgeflogen.

Jene 20 Seiten dieses Manuskripts, die ich meinem Künstlerfreund Joe zur Prüfung zuerst zuschickte, waren die Zusammenfassung der ersten Jahre meines Berufslebens, und die beschreibe ich jetzt.

3

Von wegen Meyer & Buchner

Das Ende der bunten 80er

Während jener 3 Jahre, die ich in meinem heutigen Lebenslauf mit der Meyer-&-Buchner-Lüge abdecke, arbeitete ich hauptsächlich als Bedienung, und zwar in einer Pizzeria, einer Vokuhila-Diskothek, einem Billardbistro, einer Darts-Spelunke, einer Säuferkneipe, in drei Kaffee-und-Kuchen-Cafés und einer Glühweinhütte auf einem Weihnachtsmarkt. Danach war ich Hostess auf einer Süßwarenmesse, Schneiderin in einer Dessous- und Bademodenfabrik, Kinderbetreuung in einem Fitnessstudio, ein halbes Callgirl und Küchenhilfe in einer Kirchenmusikschule. Amen.

Und jetzt versage ich, zumindest autorenmäßig. Bei dieser beruflichen Vielfalt sehe ich mich außerstande, eine Aufzählung zu vermeiden. Meister Joe sagt, das muss man immer auf dem Schirm haben als Schreiberling: Aufzählungen vermeiden.

»Nichts aufzählen, bloß nichts aufzählen, Stephanie, hörst du? Sonst ist das ermüdend und nervt den Leser!«

Bisher konnte ich seinen Rat einhalten, doch jetzt wird es so bunt, dass ein Fließtext meine geistigen Fähigkeiten sprengen würde, also zähle ich die Jobs auf. Schonungslos. Here we go.

Grazie, Prego, Scusi

Die Pizzeria war eine italienische. Türkische gab es damals noch nicht. Eigentlich schade, denn da hätte mir die Musik besser gefallen. Meine Vorgesetzten waren ein frisch verheiratetes Pärchen aus Capri. Sie hießen Julia und Julio, und das ist die reine Wahrheit und nichts als die Wahrheit.

Sie war schwanger und tiramisusüchtig, und ihr Julio kredenzte ihr jeden zweiten Tag eine amarettofreie Kasserolle ihrer Vorzugsdroge. Statt Amaretto di Saronno träufelte er Bittermandelaroma di Aldi drauf. Die Biskuits waren mit entkoffeiniertem Instantkaffee getränkt. Kein einziges Mal hatte Julia eine Salmonellenvergiftung. Vielleicht sind schwangere Caprianerinnen salmonellenresistent. Oder heißt es Capriolerinnen?

Julio kannte möglicherweise sogar einen Trick, wie man frische Eier im Tiramisu ersetzen kann. Die Biskuits dazu buk er frisch. All das tat er, obwohl ihr hübsches Gesicht von Woche zu Woche – wie soll ich sagen – nun ja, »größer« wurde. Einen so aufmerksamen Mann wollte ich später auch haben. Bekam ich aber nie, jedenfalls nicht bis jetzt.

Frühmorgens bebuk, abends bekochte er sie. Meistens wünschte sie sich Tortellini mit Schinken-Sahne-Soße. Immer noch war ich Vegetarierin und empfand den Konsum von Speisen mit doppelter Fleischportion bedenklich. Fleisch an sich war schon schlimm genug, und dann noch zweierlei: Hack in den Nudeln und Schinken drum herum. Äußerst ungesund – und die Frau war schwanger! Dann lieber noch eine Ration Tiramisu zum Abendessen, und zur Fettverdauung einen Schnaps hinterher oder due Grappe. Mascarpone enthält über 80 Prozent, das muss man enzymmäßig erst mal bewältigen. Also 80 Prozent Fett, nicht Alkohol.

Wie sie ihr Kind nannten, weiß ich nicht, denn noch vor der Niederkunft schlossen die beiden ihre Gaststätte und zogen zurück nach Capri. Vielleicht nannten sie es Julietta oder Juliolino.

Danach stolperte ich in die Vokuhila-Diskothek. Dort war Dauerbeschallung angesagt mit Van Halen, Metallica, Motley Crue und wie die ganzen Mofarocker so heißen. Bei Motley Crue kommen auf irgendeinen Vokal noch zwei Pünktchen obendrauf. English Native Speakers stehen auf deutsche Umlautpünktchen, das hat mir mal ein Glasgower auf dem Oktoberfest bei der dritten Maß erzählt.

Die Songtexte der Hardrocker waren meistens in herkömmlichem Englisch gehalten, aber die Scorpions und Warlock-Doro sangen in krassem Denglisch.

Englischer Gesang mit deutschem Akzent ist gewöhnungsbedürftig. Es gab auch eine Band aus Sachsen, aber ich habe den Namen vergessen. Megadeth war es nicht, aber es klang ähnlich. Englisch mit sächsischem Akzent braucht nun wirklich niemand. Aber der Hardrock aus den neuen Bundesländern wurde nicht weniger laut aufgedreht, da ließ sich der Diskothekeninhaber auf keine Diskussion ein.

Wenn er betrunken war, ließ er »Death Metal« spielen oder auch mal »Thresh Metal«, von Slayer zum Beispiel, und dann tanzte er und machte eine Fratze, die mich schaudern ließ. Manchmal rollte er seine Augäpfel nach oben weg und drehte sie auf Weiß. Dabei sah er aus wie die Schreckensgestalten auf Hansruedi Gigers sumpfgrüngrauen Angstwelt-Gemälden.

Bei Slayer konnte mein Chef auf der Tanzfläche abgehen wie ein Zäpfchen. An die Namen der anderen Schlächtermusikanten und Totmetaller erinnere ich mich nicht mehr, und das ist gut so. Aber ich weiß noch, dass der Slayer-Stil nicht »Trash Metal« heißt, sondern »Thresh Metal«, also nicht »Müll-Metall«, sondern »Dresch-Metall«.

Wenn man in einer Disse jobbt, in der Müll wie Thresh Metal, Death Metal, Heavy Metal und Hell's Metal gespielt wird, kann man froh sein, wenn man wie ich mit einem schlichten Tinnitus und einer einseitigen Hyperakusis davonkommt. So wie es aussieht, in meinem Fall lebenslänglich. Oder vielmehr: so wie es sich anhört. Und man kann froh sein, wenn der Chef mal unterwegs ist und der DJ eine Nacht lang »nur« Hardrock auflegt. Das ist dann so was wie Volksmusik neben all der übrigen Bloody Stuff.

Was soll's? Es hätte schlimmer kommen können, zum Beispiel zu einer ernsthafteren Störung.

Jetzt ist es so: Zwischen den Ohren pfeift, rauscht und klingelt es. Das ist der Tinnitus. Und wenn rechts von mir jemand einen Popel dreht, könnte ich vor Wahn die Wand hochkrabbeln, weil mir das Geräusch im Ohr dröhnt wie damals das Gejaule von David Lee Roth. Das ist Hyperakusis.

Das Interieur im »Red Drop« war schlicht. Hauptsache, die Musik »stimmte«. Wacken gibt es ja erst seit 2009, und damals mussten sich Metaler (gesprochen: »Mettler«) halt woanders austoben.

Und überall diese wadenförmigen Gläser. Weizenstutzen, wohin das Auge blickte: Hefeweizen, Kristallweizen, Colaweizen, Speziweizen, Bananenweizen, Blue-Curaçao-Weizen, Ladyweizen und Russenhalbe.

Gelegentlich wurde auch ein alkoholfreies Weizenbier bestellt, ja. Das mussten wir dann extra aus dem Keller holen, weil es sonst vorne im Hauptweizenbierschub unter der Theke den richtigen Bieren den Platz weggenommen hätte. Daher war es nicht richtig gekühlt. Doch wer alkoholfreies Weizenbier trinken kann, ohne sich zu übergeben, dem macht es auch nichts aus, wenn der unbeseelte Hopfensaft nur zimmerwarm oder kellerkühl ist, und das kann ich genau so unterschreiben.

Fliegende Getränke, ein Heiratsantrag und Egons Geburtstagsfrage

Im Billardbistro hatte ich einen schlimmen Arbeitsunfall. Eines Abends stieß mir ein stark pigmentierter Afroamerikaner beim Ausholen zu einem Stoß seinen Queue fast durch den Rumpf. Das Tablett flog mir in hohem Bogen aus der Hand, und mit ihm segelten ein deutscher Cappuccino mit Schlagsahnehäubchen, ein Siebenminutenpils, eine Diet Coke ohne Eis, aber mit doppelt Zitrone, und ein überrandvoll gefüllter Aschenbecher über die Schiefertische. Erwischt hat nichts davon niemanden, nur mich der Billardpflock des Spielers. »Queue quer durchs Sonnengeflecht« wäre dann vielleicht in der *Bildzeitung* zu lesen gewesen, wieder ohne Verb.

Im Krankenhaus lag ich nur 2 Tage und zur Beobachtung. Ich hatte starke Schmerzen und bekam kaum Luft, doch sie fanden nichts. Anscheinend dachten die Ärzte, ich bilde mir nur ein, dass ich jeden Moment ersticke. Der Afroamerikaner ließ sich nicht blicken, doch mein Damals-Chef kam vorbei und brachte mir eine Packung Orangenfruchtsaftgetränk, eine Tüte Salzstangen und einen Strauß lila Tulpen, von der Farbe her so ähnlich wie der Bluterguss auf meinem Rumpf.

In einer der Spelunken bekam ich meinen ersten Heiratsantrag, morgens kurz vor 4. Er war Frührentner und konnte am nächsten Tag ausschlafen oder vielmehr noch am gleichen Tag. Als er um meine Hand anhielt, blickte er zu mir auf, denn er lag schon unterm Tisch.

In einer der anderen Kneipen sagte mein damaliger Exchef mal im Rüscherl-Vollrausch, dass Frauen zwischen 35 und 45 die allerschönsten überhaupt seien. Damals war ich 19 und dachte: Der Typ hat einen Sockenschuss.

Heute gehöre ich selbst in diese Kategorie und gebe ihm recht. Diese Einstellung *müssen* Frauen in meinem Alter haben, alles andere würde uns leicht verstören.

Meinen 36. Geburtstag habe ich nicht gefeiert. Und das, obwohl die 36 ansonsten meine absolute Glücks- und Lieblingszahl ist. Die kreuze ich jedes Mal beim Lottospielen an, und fast immer wird sie gezogen.

Mein Nachbar Egon, der meine Nicht-Party gehört hatte, brachte mir abends 36 Gänseblümchen, übrige Tomatentütensuppe und einen Brotknorzen vorbei, also die letzte Scheibe vom Laib. Damit kann man gut tunken. In Hessen heißt es Knorze (große Stücke) oder Knorzje (kleine Stücke), in der Pfalz Knerze oder Gruscht, in Franken Gnerzla, in der Oberpfalz Scherz und in Niedersachsen Brotlaib-Endstück.

Egon lebte neben mir mit einer russischen Frau, einem übergewichtigen Basset und einem Glasauge. Seine Frau lief zu Hause in schicken weißen Slips herum und öffnete so sogar die Haustür. Der Basset sabberte und war gescheckt, und das Glasauge war blau.

Wenn ihr Kühlschrank voll war, stellten sie die Reste in Töpfen draußen vor die Haustür auf die Treppe, auch im Sommer. Einmal stand dort ein Kirschkuchen zum Ausdampfen. Unbeaufsichtigt. Es war nicht leicht, aber ich konnte daran vorbeigehen und hielt mir dabei die Nase zu. Sonst hätte ich ihn vielleicht in Einzelhaft genommen oder zumindest die Streusel abgeklaubt.

Egon war nett. Er fragte mich: »Wieso bist du traurig? Wärst du lieber nicht 36 geworden?«

Seitdem feiere ich jedes Jahr meinen Geburtstag, und zwar rauschend. Die Gänseblümchen habe ich getrocknet. Das Sträußchen liegt hübsch drapiert in einem Rüscherlglas, das auf meinem Schminktischchen steht.

Danke, mein lieber Egon. Du hast mich geheilt.

Nikotintorten supergünstig!

In einem der Kaffeeklatschcafés wurde ich einmal von einer älteren Dame dazu genötigt, den Stützverband ihrer Beine abzutupfen, weil ich versehentlich Kondensmilch drübergekleckert hatte. Dem Küchenlappen traute sie nicht, sie könne ja schließlich nicht nachprüfen, ob der von den »Frolleins« auch für die Toiletten verwendet wurde. Als ob wir Frolleins Toiletten geputzt hätten, also wirklich! Und so kniete ich vor ihr nieder wie der Prinz vor Aschenputtel beim Pumps-Check und musste ihre hautfarbenen Wadenwickel mit ihrer benutzten Serviette reinigen.

In den Cafés durfte damals noch geraucht werden, ziemlich übel für Nichtraucher wie mich. Wenn die Sahnetorten länger als einen Tag in der Kuchentheke standen, schmeckten sie geräucherter als Schwarzwälder Schinken. Dann bekamen die Gäste sie zum halben Preis, und wenn die Sahnetupfen obendrauf nach 2 Tagen vergilbt waren, sogar geschenkt.

Wir sagten dann natürlich nicht, dass sie schon Nikotin und Blausäure enthalten und deshalb so günstig sind, sondern den Standardsatz: »Torten von gestern kosten nur die Hälfte.« Bei Schoko-, Mocca- und Nusssahne war die Verfärbung nicht zu sehen, nur bei den Obsttorten, und auch nur dann, wenn der Konditor keine kandierten Kirschen oder Eierlikörpralinen in die Sahnespritzberge gedrückt hatte.

Weihnachtsmärkte im Herbst

Wenn ich an die Glühweinhütte zurückdenke, fühle ich mich noch heute wie eine Alchimistin. Dort durften wir nach Lust und Laune mischen und panschen. Abends, wenn auch der letzte Weihnachtsmarkbesucher gegangen war, wurden die Reste aus den Töpfen zusammengeschüttet und stehen gelassen. Einen Kühlschrank brauchte man nicht, es war ja eh kalt, denn es war Herbst. Der Adventsmarkt hatte kurz nach dem Erntedankfest begonnen und endete am 21. Dezember, also noch vorm Winteranfang.

Unter die »Noagerln« (das ist Bairisch und bedeutet »Reste«) wurde am nächsten Tag frischer Wein gemischt, und dann kamen ordentlich Geschmacksablenker rein wie Nelken, Zimt, Vanille, Kardamom, Anis und ein paar Tüten raffinierter Zucker. In den Früchtepunsch kippten wir Orangenscheiben, Apfelringe und Traubensaft, und niemand hat jemals was Altes rausgeschmeckt.

Am letzten Tag kam mir beim Genuss von frisch gerösteten Maronen und meinem Abschiedsabsacker (dampfender Cassispunsch) der Gedanke, dass durch das tägliche Verwenden sämtlicher Noagerln hier drin in meinem Ebenda-Glas ja noch ein minimaler Erstbestand enthalten sein müsste. Ein bisschen was von allem, ein schillerndes Altwein-Potpourri sozusagen. Zum Auftauen hielt ich also wohlschmeckende Homöopathica in den Händen. Nach dem Hahnemann-Prinzip schlürfte ich einen Heidelbeer-Holunder-Apis-Mix in etwa C30-Potenz (Apis-Gift durch den Honig im Met aus der ersten Woche). Auch gut.

Es war bestimmt kein einziges der genannten Moleküle mehr drin, aber die Information dafür umso mehr. Die spürte ich deutlich, besonders ab der dritten Stiefeltasse. Wer weiß, vor welcher Krankheit mich das damals bewahrt hat. Vielleicht hatten wir unsere treuen Glühweinkonsumenten vor einer Seuche gerettet mit unserem homöopathischen Cocktail, und das war doch ein feierlicher und vorweihnachtlicher Gedanke am letzten Tag des Herbstes 1991.

Auch ansonsten war es lustig dort. Nur stimmte niemals die Kasse, weil ich nach ein paar Gläsern warmen Billigweins immer eine Dyskalkulie bekomme. Bei Sangria im Eimer ist es noch schlimmer, und völlig verheerend wirkt das Zeug, wenn man es durch den Strohhalm zuzelt. Das habe ich gemerkt, als ich mal zur Aushilfe 2 Abende auf Malle in Jürgen Drews' Lieblingsdisse bedient habe. Damals war Eimersaufen noch erlaubt.

Der Chef auf dem Weihnachtsmarkt sah die finanziellen Holprigkeiten bei der Abrechnung nicht so eng, der hatte nämlich abends die gleichen roten Pausbacken wie seine Angestellten, genauso wie der Deutsch-Spanier im Sangria-Schuppen an der Playa de Palma. Das ist ein Vorteil von alkoholkranken Vorgesetzten: Die sind völlig entspannt. Nicht immer zu Arbeitsbeginn, aber je später der Abend, desto doller die Stimmung.

Einmal verkleidete sich der Glühweinhüttenchef kurz vor Zappe als Weihnachtsmann. Seine »Engelchen«, wie er uns Mädels nannte, lud er an jenem Abend zu einer Punschjause ein – mit Vinschgerl, Schwarzwaldschinken und gesalzenem Radi, die er uns auf einem Kirschholzbrett servierte. Sehr lecker. Und liebevoll verziert war sie auch.

Danke, mein lieber Rüdiger.

Ein mintgrüner Herrenstring für den Chef

Als Schneiderin arbeitete ich im Akkord. Stressiger, aber cooler Job. Am Anfang durfte ich aber noch nicht nähen, sondern nur Stoffquadrate zurechtschneiden und auf Pappkarten kleben, die dann als Ansichtsmuster an Großkunden zur Dispositionsvorbereitung verschickt wurden. Das war vielleicht öde und eine richtige Dödelarbeit. Nein, das stimmt nicht ganz, denn elasthanhaltige Textilfetzen exakt zu schneiden und dann auch noch aufzukleben ist nichts für Dödel. Das ist eine hohe Kunst, und zwar eine, die ich nicht beherrsche. Außerdem musste ich mich mit einem nicht tropffreien Klebstoff herumschlagen, der mich ständig bekleckerte.

Die Hälfte meiner Klamotten war bereits versteift, und so hatte ich mir zu deren Schutz auf dem Flohmarkt einen Blaumann gekauft, den ich seit ein paar Tagen auf der Arbeit trug. Doppelt gut, denn seither wurde ich auch nicht mehr von testosterongeplagten Lageristen angebaggert. Das passte mir gut in den Kram. Ich war nicht interessiert an Lageristen, die den Klebefrauen aus der Musterfertigung hinterherstiegen. Außer, sie lasen Kafka oder zitierten zarte Poesie von Heinz Erhardt. Ein Gabelstaplerfahrer namens Maurice machte einen Volkshochschulkurs in »Tanztheater«. Er erzählte mir, er hätte Feuer gefangen, nachdem er »Betty Blue« als Tanztheater-Stück gesehen hatte. Ich stellte ihn mir in engen Gymnastikhosen vor und fühlte mich gut dabei. Somit durfte er mir ein Stück nähertreten. Für 26 Tage und 3 ½ Stunden machte er mich zu seiner Betty Blue, und das machte er richtig gut.

Maurice tanzte und tanzte – wie ein Wilder tanzte er um mich herum, sprang hoch, hüpfte hin und her, fiel vor mir auf die Knie und kugelte theatralisch auf dem Boden quer durchs Zimmer. Das rührte mich, denn er erinnerte mich an mich selbst in Situationen, wenn ich Henning wenigstens 2 Mal pro Quartal dann doch rumzukriegen versuchte und mir dabei vorkam wie ein rolliges Weibchen in der Paarungszeit. Bei Maurice war es andersrum, das fand ich klasse. Heftigst wurde ich bebalzt, aber wie, und das wurde auch allerhöchste Zeit. Endlich durfte *ich* mich mal antanzen, anschmachten und leidenschaftlich aufs Kanapee werfen lassen.

Zurück zum Blaumann: Er war mir zu groß, doch das sah ich nicht so eng. Wichtig war, dass ich jetzt beim Basteln nicht mehr so aufpassen musste. Die Hände litten aber weiterhin. Nach Feierabend musste ich mir erst mal die Uhuschichten von den Fingern schälen, bevor ich mir überhaupt eine Busfahrkarte kaufen konnte, sonst blieben die Münzen an den Fingern hängen oder gleich die ganze Geldbörse.

Doch dann glaubte mir der Personalchef, dass ich auch nähen kann. Als Beweisstück lieferte ich ihm einen Herrenstring aus mintgrüner Baumwolle, den ich vor seinen Augen in Windeseile fertigte, und das ohne Schnittmuster. Den schenkte ich ihm.

Am nächsten Tag wurde ich upgegradet von der Aufkleberin zur Schneiderin. Herr Braun-Schulze (damals kamen Männer mit Doppelnamen allmählich in Mode) ließ den Hausmeister rufen, und der stellte mir dann eine eigene Nähmaschine in mein Pattex-Kabuff. Die war schon längst fällig, weil ich seit Wochen dauerhigh war und schon halb süchtig vom Klebersniffen. Von da an lernte ich, Unterwäsche zu nähen: BHs, Panties, Strings, Hipster, Ouvert- oder verschlossene Bodys, Badeanzüge, Tankinis und Leopardentangas für sexuell Desorientierte. Außerdem noch Nachthemden, Bademäntel, Batschkappen und Yoga-Overalls aus Sojabohnenfaser. Die Yoginifummel waren sackförmige Einteiler und sahen so ähnlich aus wie die Hausanzüge von Zipups.

Jeden Freitag war Werksverkauf, bei dem die Mitarbeiter Stoffe einkaufen konnten – zu irre günstigen Preisen. Abgerechnet wurde nicht meterweise, sondern kiloweise. Damals nähte ich wie eine Besessene und kleidete meinen gesamten Bekanntenkreis ein. Zuerst freuten sie sich, doch dann fand es einer nach dem anderen doof, dass sie alle in den gleichen Stoffen und Farben rumlaufen mussten.

Ich verrate nicht den Namen jenes Textilimperiums und Menschenausbeuters, doch ich könnte wetten, jede Frau im deutschsprachigen Raum hat mindestens ein Teil davon in ihrer Wäschekommode liegen, vielleicht sogar ein von mir genähtes (sofern sich die Unterwäscheträgerin seit über 20 Jahren nicht von ihren Lieblingsstücken getrennt hat).

Aber die Weltrangliste ist eine Geldrangliste, und so wurde die Strapsfabrik aus Globalisierungsgründen nach Tschechien verlegt. Die Täter ließen mit diesem wirtschaftlichen Schachzug ein Heer von Arbeitslosen in einer bayrischen Donaustadt hinter sich.

Ich war eine von ihnen. Aber Indianermädchen weinen nicht, und am nächsten Werktag spazierte ich bestens ausgeschlafen und mit einer warmen Mohnschnecke in der Tasche aufs Arbeitsamt zu meinem Hauptbetreuer Herrn Frey, mit dem ich schon per Du war.

Von der Nonnenkollegin zur Halbhure

In der Kirchenmusikschule waren 2 meiner 3 streng katholischen Vorgesetzten resolute Ordensschwestern. Die beiden waren sozial zwar nicht besonders engagiert, politisch aber umso mehr. Ständig forderten sie mich dazu auf, die CSU, die CSU und nie und nimmer eine andere Partei als die CSU zu wählen, weil Gott angeblich auch in der Politik präsent sei und die CSUler so was wie sein Bodenpersonal, und »die andern von dem ganzen Gschwerl san gottlose Schwätzer, die ghern alle in oan Sack eini gsteckt, und beim Draufhaun machst koan Fehler ned, weil's ollaweil den Richtigen derwischt!«

Das predigten Schwester Ottilia und Oberschwester Gammelberta. Sie hieß wirklich so. Ich weiß nicht, ob Nonnen sich ihre Namen selbst aussuchen dürfen. Ich habe sie nie danach gefragt, das wäre zu auffällig gewesen. Aber die Person, die sich »Gammelberta« ausdachte, hatte sich entweder eine Weihrauchtüte gedrückt oder eine Hostie zu viel erwischt.

Miniröcke, pinke Stilettos, affenschaukelgroße Kreolen und künstliche Wimpern an mir störten sie nicht. Einzig und allein wichtig war den beiden Kuttenträgerinnen, dass ich immer die CSU wählte. Meine damals noch evangelische Konfession war ihnen genauso egal wie die Tatsache, dass ich mit Henning unverheiratet liiert war.

Einmal sah ich die Gottesdienerinnen auf einem Betriebsausflug zum Arber in Zivil. Sie hatten sich dem Anlass entsprechend gekleidet, und zwar in Wanderbuxe, Karohemd, Trekkingstiefel und passenden Kopfbedeckungen: Schwester Ottilia, gazellenartig gebaut und mit blassrosa Teint, trug ein Paisleymuster-Nickituch in Bleu, und Oberschwester Gammelberta, die Stämmige, einen lodengrünen Tirolerhut mit Gamsbart. Als ich die beiden in diesem Outfit sah, wäre ich vor Schreck fast vor den Bus gekippt, der gerade an der Schulkapelle vorfuhr und die Belegschaft in den Bayerischen Wald bringen sollte.

Gammelberta kam mir manchmal vor wie der Kerl in der Nonnen-WG. In einem Jack-Wolfskin-Rucksack trug sie den Proviant der beiden gen Bergspitze. Ottilia knickste mit grazilen Ausfallschrittchen in Richtung Wiesengewächse und sammelte Heilkräuter in ihr Körbchen.

Auf unserer ersten Rast teilten sich die beiden eine Dose Energydrink. Es war nicht der, der angeblich Flügel verleiht, sondern eine Billigplörre aus einem Discounter, die nach Kaugummi und Glasreiniger roch. Gammelberta teilte das Erfrischungsgetränk (von wegen Erfrischung, es war bestimmt schon strullwarm) in zwei Plastikbecher auf und gab ihrer Otti den volleren.

Und ich sah: »Es« war blau.

Ob es eine aufputschende Wirkung auf die beiden hatte, kann ich nicht sagen, denn sie wirkten immer und überall irgendwie leicht stoned. Vielleicht deshalb, weil sie den guten alten CSU-Franz verehrten, der damals noch lebte. Es verging kein Tag, an dem er nicht irgendwo zu hören oder zu sehen war.

Die Schwestern durften sich über das Weltgeschehen informieren und hatten allen Schnickschnack in ihrem Penthouse. Von hier aus konnte man bei klarer Sicht bis Altötting blicken.

Zu fünft teilten sie sich 2 Fernseher, einen VHS-Videorekorder, mehrere Stereoanlagen, ein Atari-Spiel und einen kittfarbenen Commodore-64-Computer mit speckiger Tastatur. Das weiß ich, weil sie Henning kennenlernen wollten und uns mal zum Kaffeetrinken zu sich nach Hause einluden.

Ich ging aufs Klo. Aber nicht weil ich musste, sondern weil ich neugierig war, was auf einer Nonnentoilette so herumsteht. Auf dem Fenstersims entdeckte ich 2 Dosen Raumspray, eine mit Fliederduft, und auf der anderen stand: »mit der Freshness von Oceanduft« (der Groll auf Anglizismen wurde erst später zum fancy Hype).

Im Alibert fand ich neue, gebrauchte und sehr gebrauchte Zahnbürsten, einen Epilady, gewachste Zahnseide, Antifaltencreme, einen ungebrauchten Bimsstein und ein paar Dosen 8x4-Deospray. Eins sogar »For Men«, was mich stutzen ließ.

Im 3-türigen Badezimmerschrank neben dem Eckwhirlpool befanden sich ein Bügelspray, Schuhsprays, Teppichreinigungsspray, Ungeziefervernichtungsspray, Haarspray von Dreiwettertaft und ein paar Dosen Sprühfarbe aus dem Discountbaumarkt. Was taten sie denn damit? Gingen sie nachts maskiert auf Streifzug und sprühten CSU-Parolen auf die Betonwände der Uni?

Fluorchlorkohlenwasserstoffe in Kühlschränken und aus Dosen galten damals als der Teufel unter den Gasen und als allergrößte Apokalypse-Auslöser überhaupt. Dass sie das kalt ließ, fand ich doof. Das Mundspray war zum Pumpen, und auch das Kosmetikvolvic zur Gesichtserfrischung. Na wenigstens das.

Überall in ihrem 7-Zimmer-Luxusapartment hatten die Damen Stereoanlagen verteilt. In jeder Ecke stand eine, so wie bei mir daheim Labellos (die waren damals noch blau mit weißer Schrift). Sogar auf dem überdachten Rundumbalkon stand ein Radio. »The Nuns«, wie Henning meine Vorarbeiterinnen nannte, bekamen mittels ihrer technischen Besitztümer alles mit, was »da draußen auf der Welt so passiert«. Wenn der Franz im Radio sprach, dann schalteten sie gleich den Fernseher ein und zappten durch die 3 Programme – in der Hoffnung, ihn aufzuspüren. Mag sein, dass sie sich an seiner Dauerpräsenz in den Medien berauschten, bevor ihm sein oller Jagdtrieb zum Verhängnis wurde.

Die Fast-Callgirl-Sache bzw. meine 9 Fehltritte als Halbhure liefen parallel zur Kirchenmusikschule, und ich weiß nicht, ob Gott mich irgendwann für diesen unglücklichen Zeitablauf bestrafen wird. Irgendwie bin ich da reingeschlittert. Jene Erfahrung war in dieser Form weder geplant noch gewollt. Aber nachdem Henning kurz zuvor einen Wanderurlaub in Umbrien mit einer mir unbekannten »Maria« gebucht hatte (»Ist nur eine gute Bekannte, echt, da läuft nichts!«), hatte ich keine Hemmungen, mich auf das unmoralische

Angebot einzulassen, das ich am Abend des 16. Dezember 1990 erhielt.

Damals wurde ich von einem Lehrer der Kirchenmusikschule netterweise auf ein vorweihnachtliches Konzert der Regensburger Domspatzen eingeladen. In der Pause stellte er mich einem Kollegen vor, mit dem ich auch schon in der nächsten Sekunde allein war, weil mein Begleiter unsere leeren Sektflöten auffüllen lassen wollte. Herr Kelster, wie meine neue Bekanntschaft hieß, kam sofort zur Sache.

»Könnten Sie sich vorstellen, meine Geliebte zu werden? Ich würde Sie auch gut dafür bezahlen.«

»Nein, auf keinen Fall«, antwortete ich, »ich bin liiert.«

»Aber das macht doch nichts. Ich will Sie ja nicht heiraten. Nur mit Ihnen schlafen.«

Im nächsten Moment schob er mir seine Visitenkarte in den Ärmel meines dünnen Funkelboleros. Bei dieser Berührung raste ein Zucken durch meinen Körper, wie ich es bei Henning seit seiner blöden Wanderung mit seiner blöden Maria nicht mehr erlebt hatte.

Am nächsten Tag rief ich Herrn Kelster an. Ich war noch keine 20 und mit der Vorstellung, jetzt auch noch Prostituierte zu werden, überfordert. Deshalb wollte ich ihm zunächst die abgespeckte Variante vorschlagen.

»Also ganz einsteigen kann ich nicht. Noch nicht. Ich kann nicht mit einem Fremden schlafen und mich dafür bezahlen lassen. Aber ich könnte versuchen, mich an Sie heranzutasten.«

»Wie meinst du das, Stephanie?« Plötzlich duzte er mich.

»Na ja, Petting und so.«

Für diesen Satz hätte ich mir am liebsten sofort selber eine geknallt. Was für ein Schwachsinnstext! »Petting« – dieses affige Wort hatte ich zum letzten Mal mit 14 in der *Bravo* auf der Dr.-Sommer-Beratungsseite gelesen! Wie peinlich!

Herr Kelster lachte aber nicht. Stattdessen antwortete er: »Gut, dann tasten wir uns langsam an die Sache heran.«

Unsere Treffen fanden ausschließlich in Hotels statt. Ich fragte Herrn Kelster, ob er verheiratet sei, was er verneinte. Vielmehr wollte er mir ein schönes Umfeld bieten und befand, dass es bei ihm zu Hause nicht gemütlich genug sei.

Herr Kelster zeichnete gern. Meistens empfing er mich im Hotelbademantel, nahm meine Hand und geleitete mich ins Schlafzimmer. Dort platzierte er mich vor einem großen Spiegel (er buchte ausschließlich Zimmer mit großen Spiegeln – das klärte er schon bei der Reservierung vorab). Dann begann er, zuerst mich zu entkleiden und danach sich selbst. Ich wurde zur biegsamen Malvorlage und so von ihm zurechtgerückt, wie er mich haben wollte. Eine Staffelei hatte er nicht. So hockte er nackt vor, hinter oder neben mir. Nur er, mit Block und Kohlestift.

Einmal wollte er meine geheimste Stelle in allen anatomischen Einzelheiten zeichnen, und zwar im Liegen. Also er. Ich stand über ihm, und er lag zwischen meinen Füßen auf dem Boden. In stiller Glückseligkeit guckte er dabei gen Himmel, von wo aus ihm die Jugend meines verborgenen Körperzentrums und weibliche Anmut in ihrer erfüllenden Vollkommenheit entgegenstrahlten. Andächtig versuchte er, dieses Bild für immer festzuhalten.

Herr Kelster zeichnete gut, hochkonzentriert und mit großer Leidenschaft. Danach fühlte er sich so verausgabt, dass er mich bat, ihn von Kopf bis Fuß einzuölen, was ich auch tat – schließlich wurde ich dafür bezahlt.

Dann war ich an der Reihe. Er genoss jede Sekunde, in der er mich berühren oder ansehen konnte. Besonders gern streichelte er meine Kniekehlen, weil er herausgefunden hatte, wie sehr mich das erregte.

Unsere »Kopulation«, die ja keine echte war (das hatten wir vorher strikt vereinbart), bestand aus einem Aufeinanderlegen und Aneinanderreiben unserer eingeölten Körper. Hierbei gab es keinerlei Tabus, welche unserer Körperteile sich dabei berühren durften. In allen möglichen zueinanderstehenden Winkeln rollten wir dabei übers Bett und umschlangen uns gegenseitig wie zwei Kletterpflanzen im Zeitraffer. Hierfür brachte er stets ein Laken aus gummiähnlichem Material mit, um die Hotelwäsche nicht mit Wildrosenöl zu besudeln.

Bei Kerzenlicht berührten am Ende dieser Zeichen- und Massageabende zwei nackte Körper einander, ölig schimmernd, wohlduftend und fast platzend vor Lust. Das war der Höhepunkt unserer gemeinsamen Nächte: Ein Aufeinanderpressen und herrlich schmatzendes Aneinander-hin-und-her-Glitschen von zwei Menschen, die einander mochten und sich unvergessliche gemeinsame Stunden verschaffen wollten.

Richtigen Sex hatten wir nie miteinander. Dennoch genossen wir unsere heimlichen Verabredungen in vollen Zügen.

So wurde ich für kurze Zeit nachts zur Halbhure eines Lehrers der katholischen Kirchenmusikschule. Zeitgleich betrat ich tagsüber deren Küche und sah mit meinem französischen Zopf, den roten Haarklämmerchen und der blütenweißen Schürze neben meinen 2 Küchen-Nonnen aus wie die Unschuld in Person.

Keiner ahnte etwas von meinem Doppelleben.

Dass ich auf den Wellness-Abenden mit Herrn Kelster nicht nur vom Scheitel bis zur Sohle verwöhnt, sondern auch noch hervorragend dafür bezahlt wurde, erfüllt mich bis heute mit tiefer Dankbarkeit.

4

Die Nomadin betritt Neuland

Jetzt geh doch nicht gleich in die Luft!

Bei den vorab genannten Tätigkeiten handelte es sich um Aushilfsjobs, Gelegenheitsarbeiten, Springer-Modelle, um Schwarzarbeit oder Festanstellungen. Möglicherweise habe ich auch irgendetwas vergessen. Im Laufe der Zeit verliere ich den Überblick darüber, wie lange ich wo zu welchem Zeitpunkt gearbeitet habe. Übrigens: In einer Zeitarbeitsfirma war ich nie, und falls mal jemand ein Buch darüber schreibt, darf er es gern an mich schicken, ich zahle sofort per PayPal oder schicke eine selbst gemachte Buttercremetorte oder bei Nichtgefallen das Buch zurück.

Ende der 80er bis in die frühen 90er gestaltete sich mein Arbeitsleben bunter als ein indisches Farbpulverfest. Doch dann verliebte ich mich in meinen Karatelehrer Tarek, einen heißblütigen Tunesier mit dunklen Funkelaugen, trennte mich von Henning und bekam von meinem neuen Freund erst einmal gehörig den Kopf gewaschen. Meinen Lebenswandel hielt er für gefährlich (und das, obwohl er nicht mal etwas von der Callgirl-Sache wusste). Er bestand darauf, dass ich mir zumindest »ein rischtig Grundbasis« ebnen würde. Danach könnte ich seiner Meinung nach immer noch für den Rest meines Lebens bedienen, wenn ich unbedingt scharf drauf war.

Ich entschied mich für eine Ausbildung zur Fremdsprachenkorrespondentin in der Regensburger Benedict School, und das war eine der blödesten Entscheidungen überhaupt. Es handelte sich um eine Privatschule, zu deren Finanzierung ich mit Kellnerjobs teilweise bis 4 Uhr morgens arbeiten musste. Heute ist mir schleierhaft, wie ich die Lernerei tagsüber, die Schufterei nachts und nebenbei noch eine Beziehung zu einem hocheifersüchtigen Moslem bewältigt habe, ohne mir den Strick zu geben. Doch irgendwie schaffte ich es.

Nach 2 prügelharten Jahren und einem okayen Abschluss zur Fremdsprachenkorrespondentin hielt ich endlich mein heiß ersehntes Zertifikat in der Hand. Endlich hatte ich »etwas gelernt«. Schnell merkte ich jedoch, dass ich mir mit meinem tollen Zettel bestenfalls den Hintern abwischen konnte. Der Aufwand für die zahlreichen Bewerbungen, die ich damals losschickte, war reine Zeitverschwendung. Von Fremdsprachenkorrespondentinnen schien der Arbeitsmarkt zu jener Zeit geradezu überschwemmt. Jeden Samstag kaufte ich die 8 größten deutschen Zeitungen und studierte die Stellenanzeigen aufs Genaueste. Um endlich eine Anstellung in »meinem« Beruf zu finden, wäre ich überall hingezogen, auch ins Ausland.

An einem verregneten Samstagmorgen im Juli 1994 las ich ein Stellenangebot einer deutschen Fluggesellschaft. »FAZ« wurden gesucht – Flugbegleiter auf Zeit. Das interessierte mich. Ich zog ohnehin gern durch die Gegend, also warum nicht Stewardess werden?

Ich verschickte meine Bewerbungsunterlagen noch am gleichen Tag und bekam Mitte der darauffolgenden Woche eine Einladung für ein Vorstellungsgespräch nach Frankfurt. Ich wurde eingestellt, nahm an einer 6-wöchigen Schulung teil – und schon konnte es losgehen.

Die Nomadin als Stewardess

»Wie spannend!«, denkt manch einer über den »Traumjob« Stewardess. Ich finde, es ist keiner. Im Gegenteil: Flugbegleiter ist ein Albtraumberuf. Wer im Winter morgens halb 3 auf den Wecker haut, eine Stunde später in dünner Uniform das vereiste Auto freikratzt und zu Unzeiten über die Autobahn Richtung Flughafen schlittert, der träumt von anderen Dingen.

Bei Frühflügen schlurft man kurz vor 5 ins Briefing und schleicht erst etwa eine Stunde später an Bord. Erst jetzt beginnt der eigentliche Einsatz, der im Pechfall bis 10 Uhr abends dauert. Nachmittags ist dir vor Erschöpfung schlecht, und wer zwischen den Service-Einheiten keine Zeit zum Essen hat, trinkt Cola, die wirkt 3-fach: Koffein putscht auf, Zucker sättigt, und ein geheim gehaltener Inhaltsstoff vertreibt die Übelkeit. Ich habe einen Kollegen kennengelernt, der diesen Wahnsinn schon über 20 Jahre durchhält.

Auch Tippsen können fliegen!

Das Schönste an der Fliegerei ist das Ziel: ferne Städte und Länder, in denen man für einen Augenblick zu Gast sein darf. So sollte man sich auch benehmen, finde ich. Den Rest muss man dazubuchen, wenn man sich für diesen Beruf entscheidet, da gibt es kein Entrinnen. Gesetzliche Ruhezeiten beispielsweise kann man sich in die Haare schmieren – die gibt es nur auf dem Papier. 12- bis 20-Stunden-Arbeitstage sind die Regel. Dröhnende Turbinen verursachen einen lebenslangen Tinnitus, im Winter pfeift bei der Anlieferung der »Menüs« eiskalter Wind durch die Maschinen, beim Schwimmwestentheater wird man ausgelacht oder ignoriert, und wenn einer kotzt, darf man nicht mitkotzen, bloß nicht, sondern schüttet zur Geruchsneutralisierung Kaffeepulver drauf und legt eine Decke drüber. So vermeidet man eine Kettenreaktion unter den Passagieren. Das habe ich einmal erlebt und kam mir vor wie der Ober neben dem vollgefressenen Gast im Monty-Python-Film, der nach dem Pfefferminzblättchen platzt und das Restaurant mit allen möglichen Säften vollstrahlt.

Darmgase, Spotzdotter und Erbrochenes

Ungerecht ist, dass man beim Service in der First Class nicht mal die Nase rümpfen darf, wenn einer furzt. Über den Wolken wird viel gefurzt. Ich weiß auch ungefähr die medizinische Erklärung dafür: Durch den veränderten Luftdruck im Flieger wird alles Lebendige nahezu zerquetscht, und als Gegenwehr reagieren Darmgase mit Ausdehnung. Oder so ähnlich.

Deshalb sollen schwangere Frauen in den ersten und letzten Monaten nicht fliegen, höchstens im Kettenkarussell oder Heißluftballon. Die Luft braucht dann so viel Raum im Rumpf, dass der Fötus Platzmangel bekommt, oder wenn's mehr sind: die Fötusse. Ich weiß, dass es Föten heißt, aber Fötusse gefällt mir besser.

Hinten in der Economy Class darf sich das Flugpersonal freier bewegen, nicht aber in der ersten Klasse. Die Gäste dort darf man auf gar keinen Fall verärgern. Hier sind sie nicht nur König, sondern Herr und Gebieter. Man muss ihnen sogar den Bauch kraulen und die Fußnägel schneiden, wenn sie darauf bestehen.

Wenn ein übergewichtiger Passagier allerdings, so wie es in meinem ersten Arbeitsmonat der Fall war, Schuhe und Strümpfe auszieht, die haarigen Wadeln quer über den Gang streckt und die Käsefüße auf den freien Sitzen ablegt, ist man in der Zwickmühle. Wie soll man einen so beispiellosen Unästheten zurechtweisen, ohne ihn zu verärgern? Die anderen Passagiere haben auch Rechte, beispielsweise auf frische Luft, aber die Schließklappen vor den Gasmasken öffnen nur im Notfall. Das war auch einer, aber die

Technik im Flieger hat kein Hirn, da gibt es keine Rezeptoren für Gestanksmoleküle.

Mit dieser Situation war ich überfordert und verdrückte mich erst mal ins Cockpit auf ein Schwätzchen mit den Piloten. Die sind auf Transatlantikflügen froh, wenn mal jemand vorbeischaut.

Als ich zurückkam, war die Luft wieder rein. Der Barfußindianer hatte brav seine Socken wieder angezogen und sah zufrieden aus. Die Purserette (Chefstewardessen lassen sich tatsächlich so nennen und werden nicht mal rot dabei) zwinkerte mir zu. Ich fragte nicht nach, wie sie das geschafft hatte, weil sie einen unerträglichen Dialekt sprach und ich sie nicht unnötig zum Reden auffordern wollte.

Flugbegleiter sollten sich beim Umgang mit Passagieren ein dickes Fell zulegen. Fluggäste geben viel Geld für ihre Reise aus – dafür erwarten sie das Maximum an Sicherheit, Aufmerksamkeit, Komfort und kulinarischer Verpflegung. Um sich diese Dinge zu sichern, benehmen sich manche wie Wesen aus der Urzeit.

Einer spuckte einst mitten in den Gang, verzog angewidert das Gesicht und kreischte so laut, dass die roten Adern seiner Augäpfel fast zu platzen drohten: »Bomb those fuckin' smokers out! I spit on them, I spit on thääääääm!!! All you fuckin' smokers, you god-damned egoists, you kill yourself and you kill me, go to hell, you fuckin' smokers, all of you, you stupid fuckin' fuckin' smokaaaaaas!!!«

Wer brüllt, kommt ins Frachtschiff

Damals gab es noch Raucherflüge. Das Sicherheitspersonal, sozusagen die Security für Flugbegleiter und -gäste, wurde gerufen, der Brüllaffe entfernt, und es konnte losgehen. Nach der Aufregung verzog ich mich in die Galley, die Bordküche, und zog erst mal von der filterlosen Rothändle meines Kollegen. Eigentlich war ich ja auch Nichtraucherin und daher beim Ziehen nicht so geübt. Beim Paffen durchnässte ich die fremde Kippe am Mundstück mit meinem Sabber, außerdem hinterließ mein roter Lippenstift schmierige Spuren bis runter zum Schriftzug. Die hatte ich wohl zu tief in den Mund gesteckt. Aber meinem Kollegen machte das bunte Schleimgemisch an seinem Sargnagel nichts aus.

Der notorische Nichtraucher, der uns mit seinem Spotzdotter den Mittelgang versaut hatte, musste die Reise nach Europa wahrscheinlich im Frachtschiff antreten. Vielleicht auch im Katamaran. Selber schuld, dachte ich mir beim Aufwischen.

Ich tat es freiwillig, denn wenn mein heutiger Mitflieger schon die Zigarette mit mir teilte und auch noch meine Körperflüssigkeiten und Schminkeflecken duldete, konnte ich zur Revanche wenigstens den Lappen schwingen. So hatte ich für die nächsten 9 Flugstunden einen Stein bei ihm im Brett. Außerdem ekelten sich jetzt die Passagiere, die meine Reinigungsaktion mit ansehen mussten, vor meinen Putzfingern und nervten nicht mit Bettelei um Zusatzgetränke nach dem Service. Das ging mir ohnehin auf den Keks. Irgendwann ist Ende Gelände, dann wollen Fliegerlinge auch mal was essen. Die kriegen doch eh nur die Reste, also sollen sich die Passagiere nicht so anstellen, wenn sie mal kurz auf dem Trockenen sitzen.

Von wegen Traumjob. Manchmal gibt es nur noch Gummibärchen, die eigentlich an Kinder verteilt werden sollten. Doch das ist die Notration, freiwillig rückt die keiner raus. Wenn die schon weg sind, gibt es noch Babynahrung in Pulverform. Die wird dann mit heißem Wasser angerührt. Wenn man sich zu dritt nach dem Allround-Service in einer überfüllten Economy Class mit einem Plastiklöffel eine halbe Suppenschüssel voll Babybrei teilt, kann man es kaum erwarten, wieder in der Heimat zu landen, um zu Hause über den Kühlschrank herzufallen.

Ein ähnlicher Vorfall wie der mit dem Spucker ereignete sich wenige Monate später auf dem gleichen Flughafen. Möglicherweise war es wieder der Choleriker, der wegen seines Hasses auf Raucher bereits einen Herzstillstand riskiert hatte. Diesmal regte er sich über ein schreiendes Baby auf. Hysterisch presste er die Fäuste auf die Ohren und rief mir zu: »Stop it! Stoooooop iiiiiiiiiiiit!!! Can't you do anything against it? Please do something against it, please do something ägääääääänst this fuckin' noiiiiiiiiiissssse!!!«

Dabei schrie er so irre laut, dass das Baby stutzte – und ihn mit großen Augen ansah. Plötzlich war es still. Wir berieten uns noch, entschlossen uns dann, beim Piloten zu petzen, und als der zum Checken der Lage nach hinten kam, war der Schreihals vor Erschöpfung eingeschlafen. Also der erwachsene Mann. Das Baby nicht, das gluckste am Busen der Mutter zufrieden vor sich hin. Und so durften alle mitfliegen.

Warum es keine »Bedienungen in der Luft« gibt

Ein Fluggast der Sorte Anzug- und Aktentaschenträger drehte sich auf dem Absatz wieder um, als er von der Pilotin beim Einsteigen begrüßt wurde. Die stand mit uns draußen vorm Cockpit. Es gibt nicht viele Piloten, die das tun, und ich persönlich finde das angemessen und ausgesprochen höflich. Der Angsthase, der den Flieger sofort wieder verlassen wollte, offenbar nicht, und noch unmöglicher empfand er die Dreistigkeit der Fluggesellschaft, ihm einen weiblichen Flugzeugführer zuzumuten.

»Was? Sie fliegen? Eine Frau? Dann steige ich wieder aus!«, sprach er trotzig und war weg. Flieg zur Hölle, Chauvinist.

Glücklicherweise hatte er kein Gepäck aufgegeben, denn sonst hätte sich der Abflug um Stunden verzögert. Wenn einer mit Koffer eincheckt und dann abhaut, besteht akute Terrorgefahr. Flugpersonal und Mitreisende ziehen dabei den Schwarzen Peter. Der sieht dann so aus, folgende Durchsage näselt aus dem Lautsprecher:

»Alles bitte wieder aussteigen, aber flott, und wir *Bedienungen in der Luft* bleiben an Bord und kriechen in jede Ecke, um Ihren Arsch vor einem möglichen Bombenangriff zu retten.«

Apropos »Bedienung in der Luft«: Wer einen solchen Text von sich gibt, dem wünsche ich, dass er wenigstens ein Mal eine Notwasserung mitten im Pazifik miterlebt oder zumindest ein kleines Feuer an Bord – mit Notlandung und sofortiger Evakuierung über die aufgeblasenen Rutschen. Die Ausbildung zum Flugbegleiter besteht nämlich zum Großteil aus hartem Emergency-Training. Wie stark der Kaffee gekocht wird, wie warm das Tiefkühlmenü serviert werden muss, was ein Kosher Meal ist, oder ob bei einem muslimischen Paar zuerst die Frau oder der Mann den Kandiszucker zum Tee gereicht bekommt, ist nämlich Pillepalle. Im Vergleich zu *wichtigen* Fragen, meine ich.

Flugbegleiter sind wie Kapitäne, die im Notfall das Schiff als Letzte verlassen. Also Schluss mit diesem Bedienung-in-der-Luft-Krampf.

Es gibt Fluggesellschaften, die rein gar nichts servieren, nicht mal Leitungswasser. Vielleicht aus Kostengründen, vielleicht aber auch aus Vergeltung für die Sprüche jener, die das Flugpersonal als Bediendödel umherscheuchen. Wer so etwas tut, kann sich sein Salamibrot daheim schmieren und die Plastikdose öffnen, wann immer er während des Fluges Lust drauf hat. Die Stewardessen haben dann frei und machen sich einen Lenz in der Bordküche. Recht so.

Klar, wenn's brennt, kommen sie voll zum Einsatz! Dann verwandeln sie sich in Lara Croft und Catwoman und retten alle aus den lodernden Flammen, und genau dafür sind sie da und für nichts anderes. Das will ich an dieser Stelle mal in aller Deutlichkeit erwähnt haben. »Bedienungen in der Luft« gibt es nämlich nicht, außer vielleicht auf der Restaurantplattform vom Frankfurter Henningerturm oder auf dem World Trade Center, das damals noch an seinem Platz stand – zu einer Zeit, als es den Namen Ground Zero noch nicht gab.

Zum Glück gibt es auch nette Passagiere. Der allernetteste war ein älterer Herr auf einem Nacktflug, Quatsch, Nachtflug von Chicago nach Frankfurt. Er hatte seine Kinder und Enkel in Toronto besucht und stieg auf dem Rückweg in Illinois um. Als er hereinstolperte, balancierte er 2 Pappschachteln auf dem Kopf, etwa kanaldeckelgroß. Strahlend überreichte er sie uns mit den Worten: »Die sind für euch, Mädels, die leckersten Blätterteigfladen der Welt, mit gerösteten Pecannüssen und frischem kanadischen Ahornsirup, nicht so 'ne pasteurisierte Supermarktschlonze wie bei uns, haut rein heut Nacht!«

Nie wieder habe ich erlebt, dass ein Passagier der Crew ein Geschenk überreicht. Der war unser Schatz in jener Nacht, die wir gemeinsam über den Wolken verbrachten. Er saß ganz hinten, Touristenklasse, bekam aber den besten Service, der dort unter beschränkten Bedingungen machbar war.

Was die Blätterteigringe angeht: Er hatte recht. Nie zuvor und niemals wieder danach habe ich ein so köstliches Gebäck gegessen. Seither habe ich mehrmals versucht, den Fladen nachzubacken. Im Laufe der Jahre wurde das Ergebnis besser, aber der Geschmack von damals bleibt unerreicht. Schätzungsweise liegt es wirklich am Ahornsirup. Frischer schmeckt anscheinend wirklich besser als, und ich zitiere den Herrn von damals gern noch mal, als die »pasteurisierte Supermarktschlonze« bei uns.

Spin me round, Baby!

Der schönste Fluggast war ein Mann Anfang 40, der sein beeindruckendes Gestell in einen bodenlangen Kaftan gehüllt hatte. Daran baumelten Perlen, Fransen und Lederschnüre. Bei jeder Bewegung klimperte es leise aus der Ecke, in der er saß. Sein feinzügiges Gesicht wurde von seinem langen Haar umspielt, das bis zum Steißbein reichte. Mit Kreppeisen und Festiger hatte er es in braune Zickzacksträhnen verwandelt. Also sein Haar.

Er sah richtig gut aus. Dennoch war er für meinen Geschmack einen Tick zu lang im Solarium gewesen. Ich mag natürliche Farben, bei Haut und Haar. Mir gefallen gefärbte Haare genauso wenig wie braun gegrillte Haut. Dann lieber ergraut und blass, das ist ansehnlicher. Der Hübschling sah aus wie Pete Burns, der Sänger von Dead or Alive. Damals hatte Mr Burns noch keine entsetzlichen Botox- oder Lifting-Unfälle gehabt, und im ersten Moment dachte ich, er ist es.

You spin me round like a record, baby.

Doch dann fragte er nach einem Tomatensaft, und der schwäbische Akzent verriet seine Herkunft. Macht ja nichts. Bei uns durften auch Schwaben mitfliegen.

Pavarotti war dünner

Einmal hievte sich eine Frau um die 50 an Bord, die so schwer war, dass ich befürchtete, der Jumbojet könnte jeden Moment in Schräglage kippen. Im Grunde habe ich nichts gegen Menschen, die hungriger sind als andere und auf Diätpläne pfeifen, aber dann sollen sie nicht mich für ihre Unbequemlichkeiten verantwortlich machen. Das tat diese Dame hier nämlich.

Kaum eingestiegen, meckerte sie erst mal hemmungslos über die Enge der Sitze. Mehrfach versuchte sie, mit ihrem Gatten als Hilfestellung, einen Senkwinkel herauszufinden, durch den sie sich auf die Plätze gleiten lassen konnte. Ja, Plätze. Plural, nicht Singular. Sie hatte eh schon 2 gebucht, aber selbst die waren knapp. »Drei sind zu teuer, also wirklich, ich kann ja wohl nicht drei Plätze buchen!«, zickte sie.

Ich wollte schon sagen: »Sehe ich genauso, dem Pavarotti haben letzte Woche auch 2 gereicht«, aber ich ließ sie lieber mit ihrem Mann allein, der auch schon am Schwitzen war.

Fish Meals für Pescetarier

Der Titel »fröhlichste Fluggäste« geht an die Toten Hosen. 11 an der Zahl. Normalerweise sind sie nur zu fünft, aber da waren noch ein paar Frauen dabei, der Manager und noch irgendwer. Vielleicht Campinos Friseur oder ein Ernährungsberater der Band.

Wer ständig tourt und sogar in den Staaten unterwegs ist, muss was Anständiges essen. Wenn die auftreten, ernähren sie sich nur flüssig, also müssen sie wenigstens an freien Tagen mineralstoffreich bekocht werden, auch bei uns im Flieger, klar. Eine weibliche tote Hose hatte eins der über 40 verfügbaren Special Meals vorbestellt: Fish Meal. Das wurde gern von Pescetariern gewählt. Das sind Leute, die sich als Vegetarier bezeichnen, sich aber gern und in rauen Mengen Forelle blau oder Heringssalat mit Zwiebeln reinziehen. Und Krabbencocktails.

Die bunte Kapelle hatte einen Nachtflug von New York nach Düsseldorf gebucht. Economy Class wohlgemerkt. Nicht First, nicht Business. Das fand ich lässig und extrem unversnobt. Mit Schlafen war Essig, das sah man denen schon an, als sie einstiegen. Musiker haben einen anderen Rhythmus. Die Nacht wurde zum Tag, als sie sich in der Galley zusammenfanden und durchfeierten. Das war eine willkommene Abwechslung bei all den Schnarchzapfen, die sonst an Bord waren.

Wir Fliegerinnen konnten mitfeiern, mussten aber vorher Mineralwasser wegkippen, um die Flaschen mit Sekt zu füllen. Den tranken wir direkt aus der Pulle ohne Glas, und keiner hat was gemerkt. In Uniform ist es absolut untersagt, Alkohol zu konsumieren, das steht im Arbeitsvertrag. Bei Nichtbeachtung folgt die sofortige Kündigung. Nein, stimmt nicht, die folgt nur, wenn man dabei auffliegt.

Die Freundin vom Bassisten stand Schmiere bei der vertragswidrigen Getränke-Umfüllung. Gekicher, Geklecker, Überschäumen, Trara und Prost.

»Na, kommt ihr zum nächsten Gig, habt ihr Lust, he?«, fragte der Drummer.

»Ja logisch, immer doch«, und hoch die Tassen, haha und höhö.

Der Einzige, der nicht zur Küchenparty kam, war Campino. Mist aber auch. Den fand ich am hübschesten. Melancholisch fläzte er in seinem Sitz von rechts nach links und nippte an einem stillen Wasser. Langweiler. Wärst du doch in Düsseldorf geblieben, schöner Playboy, du wirst nie ein Cowboy sein. Hicks. Schade, Schulterzucken und Cheers!

Du lieber Himmel, wie sollten wir so angebläut den Frühstücksservice hinkriegen? Verbrühen durften wir niemanden, und genauso wenig den koffeinfreien Kaffee mit dem koffeinhaltigen verwechseln. Heiße Waschlappen in Alufolie als Gutenmorgengruß gab es diesmal nicht, zumindest nicht für die Passagiere. Die brauchten wir selber für unsere Augenringe. Die ätherischen Öle, mit denen sie getränkt waren, lenkten prima von unserer Fahne ab. Mandarine-Jasmin-Kampfer. Auf die Mischung schwöre ich. Die lässt den Kater sofort verschwinden, zumindest geruchsmäßig.

Keine Sorge, eine Evakuierung im Brandfall hätten wir trotzdem locker hingekriegt. Vielleicht nicht ganz so geordnet wie beim Emergency-Training in der Ausbildung, aber mit Kreativität und Improvisation wäre das schon gegangen.

Hosen dieser Welt, könnt ihr mich hör'n?
Hosen dieser Welt, ich will auch nicht stör'n
Ich will mich auch nicht einschleimen, das würde ich nie wagen
Alles, was ich will, ist Hallo sagen.
Und tschüss.

Prominenz an Bord

Mir begegneten noch weitere fliegende Promis, nicht nur die musizierenden Fortuna-Fans von eben. Auch noch Thomas Gottschalk,

Anke Huber und Martin Semmelrogge. Herrn Gottschalk bekam ich nicht zu Gesicht, weil der erste Klasse flog und ich dritte.

Über Frau Huber und Herrn Semmelrogge kann ich nicht viel sagen. Beide lasen Zeitung und verhielten sich unauffällig. Jetzt fällt mir ein, dass Herr Semmelrogge – der Name wird immer lustiger, je öfter man ihn tippt – an jenem Tag einfach blendend aussah: verwegen bis leicht verwittert, ungezähmt, kantig. In echt wirkte Herr Semmelrogge Semmelrogge Semmelrogge noch wilder als in Filmen. Er bestellte eine krude Getränkemischung: Tomatensaft mit Pfeffer und einen Kamillentee. Wie brav. Dem hätte ich eher ein Helles zugetraut oder einen doppelten Bourbon.

Eine Purserette hatte mal Karl Lagerfeld in der Business Class. Warum der nicht in der Luxusklasse flog, weiß ich nicht. Bezahlen könnte er es bestimmt. Aber vielleicht sind die Kopfstützen vorne zu hoch, das würde seinem Pferdeschwanz zusetzen. Die Kollegin hatte einen knuddeligen Namen, und ich war nah dran, ihn zu verraten. So würde ich meine Tochter nennen, aber nur, wenn mich gleichzeitig ein Russe heiraten würde. Der Vorname ist nämlich ein russischer, und mit Meier oder Huber hintendran klänge er affig.

Auch dem Lagerfeld gefiel der Name. Außerdem konnte sie – ich nenne sie Katinka – noch schneller quasseln als er, was ihm sehr imponierte. Sie unterhielten sich über Kakerlaken in deutschen Hotels und – klar – über Mode. Dabei fiel Herr Lagerfeld in den Lästermodus und schimpfte über die potthässlichen Tropenkleider von uns Stewardessen. Da musste ich ihm recht geben. Die waren peinlicher als die Küchenschürzen meiner Großtante. Was sich der ausführende Designer dabei gedacht hat, weiß der Kranich.

New York für Einsteiger

Das schönste Ziel war New York. Das Crewhotel war das Hyatt in der 42. Straße, nobelnobel, direkt neben der Central Station. Als ich vor ein paar Jahren *Madagascar* sah, konnte ich erkennen, dass die Macher des Films viele Details vom Originalschauplatz übernommen hatten, was den Animationsfilm zu einem kunterbunten Reiseführer macht.

Zwei Kollegen, ein frisch verliebtes Paar, klemmten mich bei meinem ersten New-York-Aufenthalt unter den Arm und zeigten mir die Stadt, die ihrer Meinung nach keine war, sondern ein Zustand. Von Manhattans Mitte aus zogen wir durch die 5th Avenue in Richtung Süden, vorbei an Greenwich Village, China Town, Little Italy, Macy's, dem Empire State Building und was da sonst noch alles in die Wolken ragt. Am Ziel angekommen, stürmten wir ins World Trade Center, fuhren hoch, blickten auf den Hafen, die Brooklyn Bridge, die Freiheitsstatue, Ellis Island. Wir konnten sehen, wo der East River den Hudson küsst, und der kosmopolitische Wind pfiff uns so großartig um die Ohren, dass wir vor Glück schier um die Wette taumelten.

Zurück über den Broadway und den Madison Square Park, nachts der Blick vom Empire State Building über das Glitzergefunkel dieses Melting Pots, und am nächsten Tag Picknick in der grünen Lunge des großen Apfels. Dann zu Andy Warhol ins MoMA und zum Abschluss ein Besuch bei der Mammutfamilie im Museum of Natural History.

Wir hatten uns wohl zu viel vorgenommen, denn bei all dem Termindruck und haste-nich-geseh'n merkten wir zu spät, dass halb Manhattan gesperrt war. Nichts fuhr mehr, weder Cab noch Bus, und die Subway war wegen einer Bombendrohung gesperrt worden. Dafür joggten Tausende von Menschen durch die Avenues und Streets.

New York Marathon. Aha. Einmal im Jahr, und das ausgerechnet am Ausflugstag von Detlef, Rainier und mir. Hilft nix, wir mussten auch joggen, aber in die entgegengesetzte Richtung. Auf den allerletzten Drücker kamen wir im Hotel an, wären fast zusammengebrochen wie der erste legendäre Marathonläufer der Weltgeschichte, sprangen ungeduscht in unsere dunkelblauen Uniformen und hasteten in die Empfangshalle, wo die Crew schon auf uns wartete. Detlef reichte mir zur Stärkung eine Banane, und ich fühlte mich wie The German Wunderkind.

Sinkflug

Tarek kam mit meinem Fliegerjob und seinen Wahnvorstellungen von Sexorgien mit Piloten, Stewards & Stewardessen, Hoteliers und Passagieren mit mir als Hauptdarstellerin des Geschehens nicht klar. Deshalb ging unsere Beziehung in die Brüche, völlig grundlos. Nach jedem Vorwurf verpuffte die Treue, die ich ihm während unserer gemeinsamen Jahre entgegengebracht hatte, in ein unbedeutendes Nichts.

Wenn wenigstens ein Bruchteil seines Hirnfucks zu einer interessanten Facette meines Arbeitsalltags geworden wäre, hätte diese Trennung sich in irgendeiner Weise gelohnt. Ich fragte mich, wieso ich jahrelang treu sein sollte, wenn ich sowieso schuldig war und rein gar nichts dafür tun konnte, um Tarek von meiner Unschuld zu überzeugen. Bei uns beiden entstand ein nicht mehr zu füllendes Loch. Der Auslöser dafür war kein greifbarer Fehltritt, sondern einzig und allein ein gehässiger Dämon, den Tarek nicht aus seiner Angstwelt verbannen konnte.

Mitte der 90er gab es mehrere Fluggesellschaften, die es zu ihrer Personalphilosophie gemacht hatten, keine Festangestellten mehr zu beschäftigen, sondern nur noch Flugbegleiter auf Zeit. Es wurden zeitlich begrenzte Arbeitsverträge erstellt, die das Unternehmen zu keinerlei sozialen Leistungen verpflichtete. Dass dieser Unfug sich auf die Qualität des Service niederschlug, merkte man glücklicherweise gegen Ende der 90er.

Das Flugpersonal konnte sich bis zu diesem Zeitpunkt – je nach Gusto – in eine Endlosschleife begeben: 6 Monate fliegen, 4 Monate

Pause. Ich verlängerte 2 Mal und flog somit insgesamt ein Jahr quer über den Globus und zurück.

Danach fühlte ich eine dumpfe und beängstigende Leere. Seit fast 1 ½ Jahren hatte ich bereits eine abgeschlossene Ausbildung in der Tasche, konnte aber in meinem Beruf aufgrund der mangelnden Stellenangebote keinen Fuß fassen. Aber ich sah eine Möglichkeit, diese Basis zu erweitern und in einen bis dahin unbekannten Berufszweig zu schnuppern: in die Welt der Büronomaden …

5

Aufschlagen der ersten Jurte

Beginn der Suche nach dem Traum-Schamanen

In einem Import/Export-Unternehmen bewarb ich mich somit als »Assistentin«. So war es in der etwa 10-zeiligen Stellenanzeige zu lesen, und dieses Wort war inmitten eines willkürlichen Kommata-Feuerwerks so ziemlich das einzige, das richtig geschrieben war.

Ich würde also bei einem Menschen vorsprechen, der entweder selbst Legastheniker war oder einen beschäftigte. Trotz seiner Beeinträchtigung formulierte er Stellenanzeigen, ohne im Anschluss einen Korrekturleser zu beauftragen. Mit meiner abgeschlossenen »Certified Qualification for Foreign Correspondence« war ich für die Stellung der Assistentin überqualifiziert – zumindest redete ich mir das im Bus auf der Hinfahrt mantramäßig ein. Mit diesem Selbstbewusstsein und dem Bild des Rechtschreibverweigerers vor Augen stöckelte ich ins Vorstellungsgespräch.

Es wurde zu einer Katastrophe. Irgendwie war ich dann doch aufgeregt, und noch vor meinem ersten Schluck Evian, das mir meine französische Kollegin in spe ungekühlt servierte, platzte mir vor den Augen des Firmeninhabers ein angeschwollenes Lippenbläschen. Einen unpassenderen Moment für das Aufplatzen eines angeschwollenen Lippenbläschens gibt es nicht.

Mein Gegenüber, der Firmeninhaber Herr Kugel, war ein Gentleman, und sofort gab er mir eine Serviette mit Latte-macchiato-Print zum Abtupfen. Für das fiebrige Sekret und den verschmierten Lippenstift schämte ich mich noch mehr als für den 3-seitigen Lebenslauf, auf den mein Tissue-Spender immer wieder ungläubig blickte. Den hatte ich ohnehin schon gestrafft.

Bis heute weiß ich nicht warum, doch ich habe den Job bekommen. Irgendwas hat Herrn Kugel dann doch überzeugt. Vielleicht war er fasziniert von der korrekten Rechtschreibung, auf die ich sogar beim Schreiben von Einkaufszetteln achte, und erst recht beim Tippen von Bewerbungsschreiben und zigseitigen Lebensläufen. Mag sein, dass ihn meine Einser in englischer und deutscher Stenografie beeindruckten (in Bayern heißt es übrigens nicht »eine Eins«, sondern »ein Einser«, gesprochen: »a Oansa«).

Und so bekam ich meinen Platz im Team jener Abteilung, das die Aufgabe hatte, den Feinkosthandel zwischen Frankreich und Deutschland anzukurbeln. Hauptsächlich ging es dabei um les vins blancs et rouges und um Weinbergschnecken aus der Dose (Estragon war schon mit drin, aber ein Hauch zu viel für meinen Geschmack).

Herr Kugel selbst konnte weder deutsch stenografieren noch englisch verstehen geschweige denn sprechen, sondern nur bairisch stammeln.

Wie viele Hände braucht man zur Penisreinigung?

Es war spannend, und nahezu unerträglich spannend wurde es, als die sexsüchtige Nadine Klöppelstätter meinen Weg durch die Steppen dieses Landes kreuzte. Nadine schulte wegen ihrer Nymphomanie sogar freiwillig um.

Sie kam aus der Altenpflege und hatte gerade noch rechtzeitig erkannt, dass sie sich schleunigst neu orientieren musste, bevor sie über hilf- und frauenlose alte Männer herfallen würde. Es schien, als hätte sie ihren »Pflegeberuf« ein wenig zu wörtlich genommen.

Was ihren Schreibtisch betraf, hatte Nadine einen Sonderstatus, denn er war länger als die anderen und terrassenförmig aufgebaut – handgezimmert von ihrem Freund Isbert. Es gab drei Höhenplateaus: Auf dem ersten konnte Nadine arbeiten, wenn sie auf ihrem quietschgelben Gymnastikball saß, auf dem zweiten vom 08/15-Drehstuhl aus, und auf dem höchsten tippte sie im Stehen. Dort war ihr PC aufgebaut. Die meiste Zeit des Tages verbrachte sie also stehend. Beim Telefonieren hockte sie auf dem Stuhl, und beim Sortieren, Frankieren und Archivieren auf dem Ball. Ihr Kreuz war so im Eimer, dass sie keine 8 Stunden am Tag sitzen konnte. Durch die Hieverei in der Altenpflege wurde sie fast selbst zum Pflegefall und teilte somit das Leid vieler Pflegekräfte.

Kündigung, Umschulung, und schon beamte Nadine sich hierher auf den Chefsekretärinnen-Sessel (oder vielmehr auf den Chefsekretärinnen-Gymnastikball). Gelegentlich erzählte sie Geschichten aus der Zeit, als sie ihr Geld damit verdiente, alten Menschen bei den Verrichtungen zu helfen, die sie allein nicht mehr tun konnten, und vor denen sich die Angehörigen, wenn denn welche auffindbar waren, aus Zeitnot oder Abscheu drückten.

Die Geschichte, die das Fass hinsichtlich Nadines Sexismus am Arbeitsplatz in der Altenpflege zum Überlaufen brachte, erzählte sie mir in der Mittagspause. Ob ich diese niederschreiben soll oder nicht – darüber dachte ich lange nach. Sie ist grenzwertig. Vielleicht wird man mich für diese Aufzeichnung irgendwann steinigen. Oder man wird behaupten: So ein Quatsch, das gibt es nicht. So etwas kann nicht passieren. Ist es aber.

Nadines ruinierte Bandscheiben waren nicht der Hauptgrund für ihre Entscheidung, den Pflegeberuf aufzugeben. Der Auslöser für die Veränderung war ein beklemmendes Erlebnis, das sie in ihrem vorletzten Arbeitsmonat als Altenpflegerin hatte.

Damals musste sie etwa ein Drittel der Tour einer erkrankten Kollegin übernehmen. Hier hatte sie einen Herrn zu betreuen, der ihr schon im Bademantel (braun-orange-karierter Walkfrottee) die Tür öffnete. Er wollte duschen.

»Kein Problem«, sagte Nadine, »nur zu!«

Als er sich im Badezimmer nackig machte, traute sie ihren Augen nicht: Der Typ hatte das riesigste Riesendings, das sie jemals gesehen hatte. Einen Monsterschwengel. Einen Hammerprügel sozusagen. Kaliber Bambusrohr.

Durch exzessive Liebesnächte mit ständig wechselnden Partnern war sie zwar einiges gewohnt, aber bei dieser Begegnung der dritten Art wurde selbst ihr unheimlich zumute.

Nadine versuchte, sich nichts anmerken zu lassen, und half dem Mann bei der Körperhygiene. Dabei musste sie »Es« anfassen. Als sie mir beim Mittagessen in unserem Lieblingsbistro erzählte, dass sie dafür beide Hände gebraucht hatte und ihren ganzen Körper einsetzen musste, um »Es« in schwungvollen Vor- und Zurückbewegungen zu schrubben, erstarrte ich vor Fassungslosigkeit. Dabei fiel mir ein Stück Pellkartoffel auf den Teller zurück und bespritzte meine cremefarbene Joop-Bluse aus dem Secondhandladen mit Rahmspinat. Blubb.

»Du kannst dir nicht vorstellen, was das für ein Gerät war! Und der war nicht mal erigiert! Ich hätte locker einen Knoten reinmachen können!«

Jedenfalls war das Teil ständig im Weg bei der ganzen Prozedur und anscheinend so was von präsent, dass Nadine überhaupt keinen anderen Gedanken fassen konnte.

Streng konzentrierte sie sich darauf, bloß nicht auffällig zu reagieren. Verwirrt stolperte sie danach aus seiner verwahrlosten Wohnung, die sich über einem Schuhgeschäft befand, und fuhr weiter, versorgte die anderen Patienten und machte sich nach Feierabend daheim erst mal einen Grog, um wieder klar denken zu können.

Ein paar Tage später packte sie im Aufenthaltsraum der Pflegezentrale ihre Tasche. Am Nebentisch unterhielten sich 2 Kolleginnen über einen Patienten.

»Da müssen wir ein Auge drauf haben, das ist ein Messie, wenn du mich fragst. Wenn einer schon leere Fischbüchsen sammelt, ist das krankhaft«, sagte die eine.

Und die andere: »Ja, das ist eklig, da kommen die Fliegen, außerdem stehen die Dosen auf dem Boden. Wenn der reinlatscht, verletzt er sich noch, und wir haben die Bescherung!«

»Wen meint ihr denn?«, fragte Nadine.

»Den Schmidt aus der Bahnhofstraße über dem Schuhgeschäft.«

Aha. Der mutierte Penis.

»Ach so, der«, sagte Nadine. »Das ist doch der mit dem …«

Fast hätte sie es ausgesprochen. In der nächsten Sekunde hätte Nadine »Monstereumel« oder etwas Ähnliches gesagt, aber die Kollegin unterbrach sie:

»Genau, der Einarmige.«

Nadine sagte nichts. Verstört packte sie ihre Tasche und ging zu ihrem Firmenauto. Dort musste sie erst ihre Gedanken sortieren. Der Einarmige? Das war ihr nicht aufgefallen. Sie hatte den Mann abgebraust, eingeseift, noch mal abgebraust, abgetrocknet, ihm beim Anziehen geholfen. Und ihr war nicht aufgefallen, dass er einen Arm zu wenig hatte. So sehr hatte sein Geschlechtsteil ihr die Schaltzentrale lahmgelegt. Sie fühlte sich schlecht, sehr schlecht. She felt like a sexomaniac. An jenem Tag nahm sie sich vor, sich nicht mehr über ihren Freund aufzuregen, wenn er das nächste Mal einer Frau mit großen Brüsten hinterherschielen würde.

Herr Schmidt hatte ihr nicht nur den Prügel, sondern auch den Spiegel vorgehalten. Sie guckte hinein, sah auf ihren Seelengrund und stellte fest: Schul um, aber dalli. Diese Menschen dürfen Frauen wie dir nicht ausgeliefert sein. Sie haben Besseres verdient!

Ich finde, Nadine ging hier zu hart mit sich ins Gericht. Wer weiß, ob andere Frauen genauso beherrscht reagiert hätten.

Knut, ein Kollege aus der Logistikabteilung, saß neben uns und lauschte ihrer unglaublichen Geschichte. Dabei hatte er sich vor Lachen so schlimm an seinem Pils verschluckt, dass wir schon aufgesprungen waren, um Erste Hilfe zu leisten. Kurz vorm Erstickungstod fing er sich wieder.

»Hammer, das ist grandios, einfach Wahnsinn, super!«, japste er.

Nachdem er sich halbwegs beruhigt hatte, sagte er: »Also ich würde tauschen. Für einen größeren Penis würde ich einen Arm hergeben, aber nur den rechten.« Er war Linkshänder. »Wer weiß, vielleicht ist ihm in jungen Jahren eine Fee begegnet und sagte, hey, du hast einen Wunsch frei, aber nur, wenn ich was zurückbekomme, dann tüteten sie den Deal, und jeder war zufrieden.«

Knut fing wieder an zu prusten.

Über so was lacht man nicht. Herrn Schmidt hatte das Schicksal doppelt getroffen: Er musste sich mit seinem fehlenden Arm durchs Leben schlagen und zudem mit einem Schnöps zurechtkommen, der so derartig entartet war, dass man mit ihm überhaupt nichts Anständiges anfangen konnte.

Ich konnte Nadine verstehen. Selbst für eine Nymphomanin muss es sich furchtbar anfühlen, eine noch dunklere Seite in sich zu entdecken, die jahrzehntelang im Schlummerschlaf liegt und urplötzlich zutage tritt.

Knut wurde mit dem Schmerz, wenn Bier die Luftröhre verätzt, doppelt bestraft: für seinen unangebrachten Lachanfall und dafür, dass er während der Mittagspause Alkohol trank. Das geht gar nicht! So was würden Nadine und ich nie tun, höchstens an Messetagen.

Wir prosteten uns mit unseren nicht-alkoholischen Getränken zu, Nadine mit einer ejakulatähnlichen Brühe (ich tippe auf Buttermilch), ich mit Nährbier, bezahlten und staksten auf hohen Hacken zurück zu unseren Schreibtischen: meiner einstöckig, ihrer dreistöckig. Man gönnt sich ja sonst nichts.

10.000 verschimmelte Weihnachtskrippen

In meiner zweiten Arbeitswoche im Import-/Export-Schuppen musste ich ein Gespräch zwischen Herrn Kugel und einem italienischen Kunden dolmetschen. Dieser hatte 10.000 grausig-kitschige Weihnachtskrippen mit Echtmoos, Echtholz und Echtzapfen für eine Discounterkette in Süditalien bei uns gekauft. Die waren frisch aus Polen importiert. Italiener stehen auf Nippes made in Polska, das wusste ich vorher auch nicht.

Man stelle sich eine riesige Fabrikhalle in Polen vor, zugig und trostlos. Die Arbeiterinnen tackern kleine Josefs, Marias und Stalltiere aus Kunststoff in die Pressspankrippen. Dann werden Plastik-Jesusse dazugelegt und diverse Fundstücke aus dem Wald (vorher müssen noch die Borkenkäfer rausgeklopft werden).

Abends kommt der Laster und holt die Paletten ab: Der Brummifahrer startet, lenkt den Truck vom Hof und bringt die Weihnachtsdeko ins zentrale Auslieferungslager nach Göttingen, schön deutschlandmittig und rational geplant. Er kann diesmal schneller fahren, ohne Pause in einem Rutsch durch, denn er muss auf niemanden Rücksicht nehmen wie sonst beim Transport von Stopflebergänsen.

Zurück zum Import-/Export-Büro: Der von unerbittlichen Managern gesandte Nonfood-Einkäufer forderte Schadensersatz in dreister Höhe, weil ein Großteil der Krippen Schimmel angesetzt habe. Seither sei die Region zwischen Salerno und Palermo von einem modrigen Geruch befallen, si, und da kann die Ora blasen, wie sie will, die kriegt den Müff auch nicht weg, im Gegenteil, die pustet die Schimmelsporen immer weiter landeinwärts, und wenn das so weitergeht, haben wir am Gardasee auch bald den Salat.

Er war Gebietsleiter der Region Kalabrien. Höllisch gut sah er aus in seinem mattgrauen Armani-Anzug, und seine parfümierten Koteletten schimmerten silbrig vor sich hin. Sie dufteten umwerfend, fast animalisch (das hatte ich zuvor beim Begrüßungs-Bacio erschnuppert). Außerdem sprach er ein langsames und gut verständliches Englisch. Aber sein divenhaftes Getue zum olfaktorischen Zustand seiner Heimat fand ich unsexy.

Mein neuer Chef überflutete ihn mit überzeugenden Gegenargumenten, von denen ich aber nur die Hälfte übersetzen konnte. Sein Englisch war so grottenschlecht, dass er nichts von meiner Unzulänglichkeit bemerkte. Meine anglistische Körpersprache und Sprachfertigkeit reichten jedoch dazu aus, der Diskussion ein Ende zu bereiten.

Und so reiste Signore Talarico noch am selben Tag zurück in seinen Landstrich, der bestimmt nicht nach schimmelnden Weihnachtskrippen roch, sondern ganz bezaubernd nach reifen Oliven und sonnenverwöhnten Limetten. Diesen Gedanken versuchte ich ihm nonverbal und karmisch mit auf den Weg über den Brennero zu geben, indem ich ganz fest daran glaubte. Mit einem unschuldigen Augenaufschlag und einem sanften Knuff in den Oberarm verabschiedete ich ihn freundlich hinter der gläsernen Drehtür, bevor ich mich umdrehte und in Richtung Kaffeemaschine davonwackelte.

Ab jenem Tag lag Herr Kugel mir zu Füßen, was ich zwar genoss, jedoch keine Sekunde arglistig ausnutzte – in dieser Hinsicht bin auch ich katholisch oder wie Gandhis eineiiger Zwilling.

Ein erotisch unterversorgter Kotzbrocken

Aus logistischen Gründen und zur Kostenersparnis wurde eine kleine Niederlassung des Unternehmens aufgelöst und in unsere Räume integriert. Gegen den neuen Ficus, den Farn und die graugrün gestreifte Kaffeetasse hatte auch niemand was einzuwenden – sehr wohl aber gegen unseren neuen Zweitchef, der mit seinem Hab und Gut aus der ausradierten Zweigstelle bei uns einzog.

Sein Name war Albert Schlenk.

Sogar seine Lebensabschnittsgefährtin Undine, die im alten Büro stundenweise seine Belege sortierte oder Unterlagen vorbereitete, brachte er mit.

Termine außer Haus nahm Herr Kugel ausschließlich selbst wahr. Da diese sich häuften, war er immer seltener bei uns im Büro. Albert Schlenk kam das gerade recht. Er liebte es, andere zu piesacken, die Mitarbeiter gegeneinander auszuspielen und sie vor Kunden oder Lieferanten bloßzustellen, besonders dann, wenn Herr Kugel nicht da war.

Exakt 7 Monate später wurde Liane Lenk, ein den Herren komplett die Sinne vernebelndes Vollweib, zur Verstärkung des Bürokommunikationsteams eingestellt. Neben Monique de Devance, Nadine Klöppelstätter und mir war Liane nunmehr die Nummer 4 im Bunde der Tippsen-Garde. Liane war ähnlich sexistisch veranlagt wie Nadine, nur hatte sie es weniger auf Senioren abgesehen, sondern vielmehr auf männliche Kollegen und ihre Arbeitgeber. Hemmungslos plauderte sie über ihre Vorlieben und über vergangene und aktuelle Liebschaften, jedoch nur bei ihren weiblichen Kollegen. Gegenüber Männern mimte sie mal die Unnahbare, mal das Unschuldslamm, was ihr aber niemand so richtig abkaufte. Im Gegenteil, es schien, als witterte das männliche Geschlecht Lianes verborgene Lüste regelrecht.

Neu-Chef Schlenk tappte bei Liane schon bald in die Sexfalle.

Folgendes passierte: Albert Schlenk simste Liane Lenk während der Arbeitszeit mit der Frage an, ob sie ihn zu seiner masochistisch veranlagten »Sub« begleiten möchte. Er saß im Nebenzimmer, als das Mobiltelefon in ihrer knallengen Knackarschjeans losvibrierte. Sie sagte Ja.

Aber sie solle doch bitte nichts davon seiner Undine erzählen, das wäre »wirklich ganz doll und absolut irre wichtig, echt«.

Nachdem sie mir das vertrauensvoll zugegluckst hatte, musste ich nachgoogeln, was das Wort »Sub« überhaupt bedeutet. Das kannte ich vorher nur aus dem Fastfoodbereich, und ich bezweifelte, dass unser Chef an masochistisch veranlagte Sandwichs glaubte, geschweige denn daran, solchen einen Besuch abstatten zu können. Ich recherchierte also munter drauflos – und wünschte mir 11 Minuten später, ich hätte es nicht getan.

Glücklicherweise war Liane jünger als ich und in der Lage, sich morgens nach dem Duschen in eine dunkelrote Kunstlederröhrenhose zu zwängen, die so eng war, dass ich darin nicht mal einen Espresso ohne Zucker hätte hinunterwürgen können. Sehr biegsam, die Frau – Nomen est omen! Außerdem war sie die Gewinnerin sämtlicher High-Heels-Contests, die wir in anderthalb Jahren unserer gemeinsamen Büro-Ära veranstaltetet hatten. Sie schaffte das ohne Umknicken, ohne Scheuerbläschen, ohne offene Wundstellen. Vielleicht mit Selfhealing-Reiki oder fakirartigen Meditationsmethoden, anders ist das nicht zu erklären.

Übrigens: Eine SMS heißt genau genommen nicht SMS, sondern SM. Vorsicht, Korinthenzähler-Alarm: SMS ist die Abkürzung für Short Message Service, also die Option, die der Mobilfunkanbieter zur Verfügung stellt. Eine Kurznachricht ist eine Short Message, also eine SM. Im vorliegenden Fall sogar doppelt: Es handelte sich um eine SM-SM. Von sadistischen Verhaltensweisen unseres Möchtegern-Chefs konnte jeder Angestellte ein Lied singen. Doch dass er auch im Liebesleben die Peitsche schwang, war neu.

Bis zur finsteren SM-SM an die männermordende Vamp-Kollegin hat mich ihre Führungsposition in puncto Pfennigabsatzhöhe gewurmt. Doch dann war ich froh, dass sie mir hier um Längen voraus war. Somit war nicht ich die Auserwählte und Empfängerin der fatalen Textnachricht, sondern die Frau in Rot. Ich nehme an, Nadine war dem Einssiebzig-Schlenk mit ihren fast 2 Metern Hünenhaftigkeit zu groß und Monique zu dick. Also blieben Liane und ich übrig. Das Los fiel auf Liane, welch ein Glück. Ich empfand fast Mitleid für sie.

Wie soll man da reagieren? Befriedigt man seine Neugierde und sagt Ja, öffnet man die Büchse der Pandora. Aber ein höfliches

Nein erschafft sich nicht von selbst. Das hätte meine rhetorischen Möglichkeiten gesprengt. Einen Tag zuvor hatte ich den guten alten Schlenk beim Onanieren vorm PC erwischt, das reichte mir schon.

Undine, seine Dauerverlobte (also heiraten würde ich die an seiner Stelle auch nicht), ahnte nichts von Lianes Begleitausflug zur Sub ihres Lebensgefährten, zumindest ließ sie sich nichts anmerken. Ständig schnurrte sie ihn mit »Schahatz« an, und wenn sie Geld brauchte, in einer etwas tieferen Stimmlage mit »Schahahatz«. Alt würde ich sagen. Mehr so in Hildegard-Knef-Frequenz.

Liane war eine Zicke, und weil ich manchmal auch eine bin, gestaltete sich unsere Zusammenarbeit phasenweise etwas schwierig. Aber sie war die spannendste Kollegin, die mir je untergekommen ist. Wenn eine die Traute hat, den Chef zu seiner masochistischen Geliebten zu begleiten: Hut ab.

Das war nicht ihr einziger Coup. Es folgten weitere, einer abenteuerlicher als der andere. Eigentlich hätte auch sie ihre Geschichten aufschreiben müssen. Aber mit Orthografie, Interpunktion und Grammatik stand sie auf Kriegsfuß. Ein Lektor würde sich an ihrem Rechtschreibchaos die Eckzähne ausbeißen oder sich in seiner Verzweiflung vor die Trambahn werfen (dieses Risiko geht kein Verlag ein).

Aus dem Tagebuch einer debilen Spannerin

Mir war nicht bewusst, *wie* schlimm es um ihre Rechtschreibung stand, bis sie mir ihren ersten Tagebucheintrag in die Hand drückte. Zu diesem hatte ich sie überredet. Das Erlebnis mit unserem Sado-Chef fand ich so einzigartig, dass ich sie jeden Tag damit nervte, sie solle es doch bitte endlich verewigen, weil so etwas in einem Sekretärinnenleben höchstens alle 150 Jahre passiert.

»Meinst du, Stephanie?«, fragte sie dann.

»Ja doch, Liane, ja! Mensch, hock dich hin und schreib's auf! Dann kannst du es deinen Enkelkindern später vorlesen!«

»Nein, das mache ich nicht, ich will die doch nicht versauen!«

»Das passiert sowieso bei so 'ner Oma!«, sagte ich, und sie krallte nach ihrem 30-Zentimeter-Plastiklineal, mit dem sie mir den Hintern versohlte, aber nur im Spaß. Na ja, das hoffte ich zumindest. Vielleicht hatte sie auch Blut geleckt bei ihrem Ausflug in die sexuell entarteten Gehirnwindungen unseres Zweitchefs.

Irgendwann drückte sie mir endlich ein Büchlein mit Vorhängeschloss in die Hand.

»Das ist mein erstes Tagebuch«, teilte sie mir feierlich mit, »und die Sub-Geschichte ist die erste, die drinsteht.«

Ich sagte, na endlich, und ob ich es mir ausleihen und in Ruhe zu Hause lesen dürfe. »Na klar«, sagte sie, »aber pass drauf auf.« Sie gab mir das Schlüsselchen, und ich musste ihr versprechen, immer schön abzuschließen. Was für ein Tamtam. Sie tat ja gerade so, als hätte sie eine Orgie mit katholischen Priestern gefeiert, für die man sie für die nächsten Jahrzehnte ins Kloster verbannen würde. Die Story war klasse, keine Frage, aber ein Tagebuch mit Vorhängeschloss hielt ich für übertrieben.

Abends las ich zu Hause den Eintrag, blöderweise beim Essen, und mir wurde schlecht. Im Vergleich zu meinen Erlebnissen als Thekenkraft im Swingerklub (erzähle ich später) war das hier zwar harmlos, aber schließlich ging es um einen Mann, mit dem ich Tisch und Toilette teilte, zumindest im Job. Der würde am nächsten Morgen in Anzug, Streifenkrawatte und seinen frisch gewichsten Pierre-Cardin-Fakes made in Taiwan wieder vor mir stehen.

Das, was ich hier gleich einfüge, hat Liane wirklich erlebt. Sie hat eine große Klappe, ja, aber ich bezweifle, dass sie bei ihrer Erzählung groß was dazugedichtet hat.

Apropos einfügen: Natürlich habe ich sie gefragt, ob ich das tun darf, und sie freute sich und sagte: »Ja klar, super hey, ich als Schriftstellerin, klasse!«

Das war mir dann etwas zu euphorisch und überpaced, und im selben Moment hatte ich eine Idee, wie ich sie ein bisschen runterkühlen konnte: »Gut, Liane, aber dann tippe es bitte selbst ab und zieh mir die Datei auf 'nen Stick, dann kann ich den Text gleich reinkopieren.«

»Okidoki, mach ich heut Abend, und morgen hast du's!«

Es stand mir nicht zu, sie zu belehren oder zu erziehen, aber ich fand, wer so schlecht in Rechtschreibung, Zeichensetzung und dem ganzen Pipapo ist, aber das Gleiche verdient wie ich, der sollte sich gelegentlich ruhig mal hinhocken und einen selbst geschriebenen Text abtippen. Textverarbeitungsprogramme und ihre Korrekturvorschläge sind zwar kein Rechtschreiblexikon, aber für Menschen wie Liane schon mal ein Anfang. Wenn sie z. B. »massuchistisch« schrieb oder »rasiehrt« und das rote Geringel unter den Wörtern erschien, würde sie sich vielleicht mal dazu bequemen, nachzuschlagen.

Jaja, ich weiß, ich bin eine Klugscheißerin, und Rechtschreibung ist ja nicht so wichtig, und es zählen ja ganz andere Werte, und manche Menschen sind in orthografischer Hinsicht und bei der Zeichensetzung halt ganz besonders kreativ, und es gibt Schlimmeres auf der Welt.

Klar. Das weiß ich alles. Immer.

Es gibt immer *Schlimmeres*. Es gibt aber auch *Besseres*.

Beispielsweise, sich *nicht* ständig vor Kunden oder im Bekanntenkreis zu blamieren. Im Grunde genommen wollte ich ihr so was wie Nachhilfe geben. Und ihre Geschichte abzutippen machte ihr bestimmt Spaß. Spaßige Nachhilfe, und das kostenlos – ist doch toll.

Am nächsten Tag drückte sie mir den Stick in die Hand und kicherte. »Da, mach was draus«, sagte sie, und das fand ich irre nett. Sie sah einfach höllisch gut aus, ewig lange Beine, dann immer diese hohen Hacken dazu, die glitzernden Schmolllippen, von denen der Lipgloss im nächsten Moment fast zu triefen drohte, das schwindelerregende Parfum … Es gab 300 Gründe, auf Liane neidisch zu sein. Aber in Momenten wie eben stürzte ich auf sie zu und drückte sie so fest an meine Brust, dass sie den Halt verlor und auf ihren High

Heels fast umkippte. Dann hielt ich sie fest, wir sahen uns an – und gackerten los wie die Hühner. Unsere männlichen Kollegen guckten dann etwas irritiert über den Rand ihres Bildschirms.

Später am Tage, daheim am PC: Stick rein, Datei öffnen, lesen.

Respekt, sie hatte sogar noch daran gearbeitet. Trotzdem war mir der Stil zu reiseführermäßig. Es kamen Sätze vor wie: »Hinter der Tankstelle bog er nach links ab, dann kamen wir zu einem Kreisel, und da mussten wir weiterfahren bis blablablubb …«

Heute Abend werde ich zum Ringer so wie John Irving, dachte ich.

Der sagte einst, man müsse auf eine Geschichte, an der man schreibt, zugehen wie auf einen Gegner. Lianes Text war zwar nicht gerade mein Gegner, aber der Stoff war so superb, dass ich wirklich »was draus machen wollte«.

An Lianes – nun, wie soll ich mich politisch korrekt ausdrücken – an ihrer »schlichten« Sprache und ihren minimalen grammatikalischen Holprigkeiten veränderte ich nichts. Auch die besonders hübschen Rechtschreibfehler blieben unberührt. Die haben ihren eigenen Charme. Aber ich ließ die Ortsbeschreibungen, den Teil übers Wetter und ihr Mittagessen-ohne-Puddingnachtisch-weil-zu-viele-Kalorien-Blabla weg, und das hier blieb übrig:

In meiner jetzigen Firma arbeite ich noch nicht so lang, aber schon immer die ganze Zeit nur als Bürokauffrau. Die Lehre habe ich woanders gemacht, doch da haben mich ein paar Sachen gestört. Dann habe ich mich an anderen Stellen beworben, und hier haben sie mich dann zum Schluss genommen.

Ich habe gleich gemerkt, dass hier beide Chefs die wo mich eingestellt haben scharf auf mich sind, aber die sind in festen Händen, da will ich keinen Streit anzetteln.

Aber was vor kurzem passiert ist, ist ein Skandal. Einer meiner Bosse, Herr Schlenk (das ist der Ältere und Kleinere), hat mir eine Sms (= Kurznachricht auf dem Handy) geschrieben. In der hat er mich gefragt, ob ich ihn zu seiner Sub begleiten möchte. Meine Kol-

legin Stephanie musste erst mal Google aufmachen und eintippen, was eine Sub ist, doch ich wusste gleich Bescheid, was er will. Das ist eine masochistische Sklavin. Mit den Themen kenne ich mich gut aus (die Abkürzung von meinem Chef Albert Schlenk ist übrigens ASch).

Zuerst wollte ich nein sagen, aber dann dachte ich mir, warum nicht. Ich habe doch nichts zu verlieren, und mein Freund wird es schon nicht merken. Außerdem wollte ich ja nur zugucken und nicht aktiv in der Situation mitmachen.

Gesagt, getan. Am nächsten Tag holte Herr Schlenk mich von zuhause ab. Er hatte mir extra frei gegeben, weil es zu auffällig gewesen wäre, wenn wir zusammen vom Büro aus losgefahren wären. Seine Tussnelda hätte dann bestimmt gefragt, na was ist denn jetzt los, dass ihr zusammen wegfahrt. Die ist sowieso die ganze Zeit eifersüchtig auf mich, weil ich die besseren Maße habe, das sieht man sogar bloß mit dem Auge ohne Nachmessung. Und die anderen Kollegen hätten nur wieder ein Gerücht erfunden. Das tun sie auch, wenn ich mich mit dem Herr Schlenk mal länger als sonst in der Kaffeeküche unterhalte oder sexy Röcke trage. Die kurzen Röcke oder Kleider verwende ich wegen dem weiblichen Auftreten.

Auf der Hinfahrt war es ein bisschen peinlich, weil keiner so richtig geredet hat. Normalerweise kann ich gut reden beim Unterhalten, aber bei so was lieber nicht. Gott sei Dank dauerte es nicht so lange, und dann waren wir schon in der Reihenhaussiedlung. Die Frau, wo wir hin wollten, ist ganz allein in ein Reihenhaus eingezogen. Ich kann mir nur eine Zweizimmerwohnung leisten.

Wir haben geklingelt, zuerst einmal und dann noch mal, und dann hat sie die Tür aufgemacht.

Toll sah sie aus, ganz in Schwarz. Aber kein Lack und Leder, einfach nur schwarze Spitze, die habe ich auch manchmal an. Und schöne hohe Stiefel bis übers Knie, die waren aus Lack und glänzten. Sie hieß Alma, war blass und hatte lange braune Locken. Die waren offen.

Alma konnte uns nicht sehen, weil sie eine Augenbinde anhatte. Obenrum hatte sie ein eng geschnürtes Korsett an und untenrum überhaupt nichts, nicht mal Schamhaare. Sie atmete tief und fest, weil sie bestimmt aufgeregt war. Sie wusste, dass jemand zuschaut heute, aber sie wusste nicht, wer, nicht mal, ob es ein Mann oder eine Frau ist. Ich sagte nichts, sonst hätte sie meine Frauenstimme erkannt.

Noch bevor ich die Haustür hinter mir zugemacht hatte, war Herr Schlenk schon bei ihr und hat an ihr rumgeknutscht und gefummelt. Dabei sah ich zum ersten Mal seine Zunge. Das war mir auch ein bisschen peinlich. Außerdem hatte sie einen hellvioletten Belag. Also, die Zunge.

Das kommt, weil er zu viel Kaffee trinkt und zu wenig Wasser. Er schob Alma dann nach hinten ins Wohnzimmer. Das war nur schwach erleuchtet und hatte einen Gelbstich. Frauen dunkeln gern ab vorm Sex. Wir schummeln gern mit Schummerlicht, damit man die Zellulitis nicht so sieht, das klappt immer und ist billiger als ein Fitnesszenter.

Dann gab Herr Schlenk ihr Befehle, so wie es auch Sadisten in Filmen oder im Internet machen. »Knie nieder«, zum Beispiel. Ohne Bitte und danke, nur im Befehlston. Aber er brüllte nicht rum so wie im Büro manchmal, sondern hatte sich besser im Griff.

Ich setzte mich schon mal auf die Couch, weit genug weg, damit ich nicht in der Reichweite war. Auf dem Beistelltisch stand eine Kiste, in der verschiedene Dildos drin waren. Ich holte ein paar raus und untersuchte sie. Am besten gefiel mir der durchsichtige aus Glas. Wenn man durchguckte, sah man alles verzerrt und viel größer. Ich lenkte den Dildo zu meinem Chef rüber und sah ihn durch den Glaspenis an. Er schaute zurück, ein bisschen streng wie ein Lehrer, und ich legte das Teil weg. Jetzt pappte meine Handsan daran und meine Fingerabdrücke. Dann fiel mir wieder ein: Ich soll ja zuschauen, deshalb hat er mich mitgenommen, und nicht hier rumschnüffeln.

Also beobachtete ich sie wieder. Alma hatte ihn halb ausgezogen. Dabei hat er immer neue Befehle gegeben, und nach jedem sagte sie »Ja, Herr!«

Da musste ich aufpassen, dass ich nicht zu lachen anfange. Das müsste ich auf der Arbeit mal bringen. Wenn er fragt, Frau Lenk, können Sie mir das kopieren, müsste ich laut sagen: »Ja, Herr!«, da wär' aber was los.

Sie machten weiter.

»Zieh' mir die Hose runter!«

»Ja, Herr!«

»Knöpf' mein Hemd auf!«

»Ja, Herr!«

»Knie nieder!«

»Ja, Herr!«

Das war nicht besonders einfallsreich. Im Dirty Talk bin ich besser. Herr Schlenk stand jetzt im Feinrippunterhemd und grauen Socken da, ohne Unterhose. Das sah hart aus. Richtig bescheuert. Das passte überhaupt nicht zum Thema. Ein weißes Feinrippunterhemd kann man beim Rasen mähen anziehen oder beim Einkaufen im Getränkemarkt, aber doch nicht, wenn man einen Sado-Maso-Nachmittag hat. Außerdem zieht man beim Sex die Socken aus. Bei Männern sehen Socken dann noch behämmerter aus als bei Frauen. Weibliche Socken sind manchmal wenigstens hübsch, so wie die laxfarbigen von Kim Basinger in 9,5 Wochen.

Außerdem war Herr Schlenk komplett rasiert da unten. Weil er an den Hüften und weiter vorne ein bisschen verfettet ist, guckten die Speckröllchen überall vor. Wenn er da wenigstens ein paar Haare gehabt hätte, wäre das nicht so aufgefallen. Irgendwie passte das nicht. Mehrere Sachen. Die ganzen Befehle, und dann das Unterhemd und die grauen Socken dazu. Die waren auch billig, das sah man gleich, weil sie runterrutschten.

Außerdem lispelt Herr Schlenk, das passte auch nicht zum Thema. »Thie mir die Hothe runter!«, und »Thpreith die Thenkel autheinander, loth, thneller!«, sagte er, und noch ein paar Sätze mit viel Z und S.

Ich hätte mir das ein bisschen spannender vorgestellt und stimmiger. Alma war so was wie der Hauptstar an dem Nachmittag, die machte auch alles richtig, aber Herr Schlenk war fehl am Platz. Außerdem hätte ich gedacht, dass er da unten mehr zu bieten hat, so wie der im Büro manchmal den Oberfuzzi raushängen lässt. Wenn er nur einen Kleinen gehabt hätte, das wäre ja noch gegangen, aber dann kam noch dazu, dass er nicht mal eine Erektion schaffte. Auch das machte die Situation langweilig. Alma gab sich Mühe, aber da war nichts zu machen. Zuerst musste sie sich mit dem Bauch nach unten auf einen Hocker legen, und er schob ihr ein schwarzes Gummi-Ei rein, das man aufpumpen konnte. Dabei machte das Ei »Pf pf pf!«

Dann nahm er ein paar Sachen aus der Kiste raus und probierte sie an ihr aus oder besser gesagt in ihr. Dabei tat er so, als würde er vor Erregung fast platzen, aber man konnte ja sehen, dass er nur vortäuschte. Von wegen, Frauen spielen manchmal im Bett. Das tun Männer auch, bitteschön, hier ist der Beweis.

Alma tat auch so, als würde es Spaß bringen, doch ich bin nicht sicher, ob sie das nur dem Albert zuliebe gemacht hat. Er hat sie dann verhauen, aber nur vorsichtig. Darüber war ich froh. Da hätte ich ein Problem damit gehabt.

Dann fragte sie »Darf ich kommen, Herr?«, und er sagte nein.

»Thweig! Ith bethtimme, wer hier wann thu welcher Theit kommt, und thontht niemand!«

»Ja, Herr.«

Das war verdächtig. Also ich kann das nicht steuern. Wenn es soweit ist, muss es raus, da kann niemand fremdbestimmen. Manche Frauen behaupten, sie können das steuern, aber das glaube ich nicht. Eine Frau kann steuern, wann sie einen Orgasmus vortäuscht, ja. Aber keinen echten nach hinten schieben. Wenn eine Frau so tut, als würde sie das können, muss ein Mann hellhörig sein.

Er erlaubte ihr dann ein paar Minuten später, zu kommen, und sofort stöhnte sie los. Das war der zweite Beweis, dass sie eine Schauspielerin war.

Jedenfalls dauerte das Ganze ungefähr eine Stunde, und dann durfte Alma die Augenbinde ausziehen und mich sehen. Die ganze

Zeit war mein Chef im Schla-schlaffenland. Das war echt albern, Albert. Nichts hast du zustande gebracht.

Trotzdem hat Alma so getan, als wäre sie superglücklich.

Vielleicht klappt es besser, wenn sie keine Zuschauer haben oder welche, die nicht so gut aussehen wie ich. Das können sie ja das nächste Mal versuchen. Ich war heute jedenfalls zwei Mal dabei: zum ersten und zum letzten Mal.

Verfassung: Liane Lenk

Danke, meine liebe Liane.

Ein paar Wochen später hielt sie mir an einem Manic Monday die Wochenendausgabe der regionalen Zeitung (nein, falsch: sie nennt sich »überregionale Zeitung!«) unter die Nase. Was, du liest?, hätte ich sie fast gefragt, aber ich wollte die Arbeitswoche nicht mit einer spitzen Bemerkung einläuten. Was zeigte sie mir denn da? Bekanntschaftsanzeigen, aha.

»Guck doch mal, die eingerahmte hier ist meine, hat 10 Euro extra gekostet, aber wenn schon, denn schon!«

Fett umrandet stand da:

Hübsche Sie (181 cm/59 kg/22 Jahre), witzig, neugierig, klug, gepflegt und nett sucht einen Einzigen, der mein mageres Sekretärinnengehalt aufbessert. Süße Gegenleistung. Chiffre …

Das gibt's doch nicht. Zuerst dritte Person Singular und dann erste, und dann auch noch …, also wirklich!

»Sag mal, drehst du jetzt komplett durch oder was? Du hast doch einen Hau, sag mal, spinnst du? Wenn das dein Hans rauskriegt und die Deppen hier und …«, ich kam in Fahrt und schimpfte wie ein Rohrspatz.

»Mit Hans ist es aus, und hier merkt das keiner, außer du erzählst es weiter«, unterbrach sie mich.

Schnell unterbrach ich zurück: »Ich erzähl's nicht weiter!«

»Selbst wenn es hier jemand mitkriegt, na und? Die halten mich eh für ein Flittchen, also kann ich mich auch so verhalten!«

Das sah ich allerdings genauso.

»Aber das ist doch gefährlich! Da draußen rennen lauter Perverse rum, und du springst mittenrein!«

»Ja, ich spring mittenrein, mittenrein ins Leben!«, sagte sie mit einem leicht wahnhaften Unterton. Dabei rollte sie mit den Augen, machte einen Fischmund und wiegte ihren Oberkörper hin und her, wobei die Arme unkontrolliert umherschlängelten, was mich an die Bewegung von Wasserpflanzen erinnerte.

Da wusste ich: Liane ist beratungsresistent.

Ihr war nicht zu helfen, außer vielleicht, wenn es zum Äußersten kommen würde, deshalb sagte ich: »Hör zu, Schnucki, tu, was du nicht lassen kannst, aber wenn's brennt und ich dir helfen kann, dann ruf an, ja? Du weißt, ich kann Karate!«

»Danke, meine Liebe, ich werd's mir merken. Ich kann zwar kein Karate, aber ich habe 2 gesunde Knie, und ich weiß, wo die Hoden eines Mannes sitzen!«

Völlig wahnsinnig, ihr Vorhaben, aber mal wieder spannend. Liane eben.

Ich las die Annonce noch einmal und stellte fest, dass sie stellenweise geflunkert hatte: Sie hatte sich größer, schlanker, jünger gemacht, aber der Rest stimmte – bis auf klug vielleicht. Sie hätte eher »semi-klug« schreiben müssen, aber was soll's. Dass das Gehalt mager war, konnte ich bestätigen, denn ich verdiente das Gleiche.

Bei diesem Gedanken kam mir eine Idee. Ich fragte mich insgeheim, ob ich mich das auch trauen würde, und kam zu dem Schluss: Nein, würde ich nicht. Aber vielleicht zu zweit.

Man stelle sich das Tippsen-Doppelpack als Anzeigentext vor:

Wir, beide weiblich und hübsch (181 cm/59 kg/24 Jahre) / (173 cm/ 54 kg/31 Jahre), beide nett, witzig und semi-klug bis klug, suchen einen Einzigen, der unser mageres Sekretärinnengehalt aufbessert. Süße Gegenleistung. Chiffre …

Ich glaube, da gäbe es eine Nische auf dem Markt. Bestimmt gibt es Männer, die sich allein beim Lesen einer solchen Annonce hinsichtlich der sich auftuenden Möglichkeiten vor Schreck den Kaffee am Frühstückstisch drüberschütten.

Kurz darauf erhielt sie die ersten Briefe. Ab diesem Tag bekam ich ein regelmäßiges Update und Erfahrungsberichte ihrer Begegnungen, und zwar so lange und so detailliert, bis ich den Riegel vorschob und um Gnade flehte. Manche Dinge will man nicht wissen, ganz und gar nicht. Liane gelobte Besserung.

Den Absender eines handgeschriebenen Briefes konnten wir aufgrund der einzigartigen Krakelei sofort identifizieren: unseren Albert Schlenk. Der Oberschlaffi. Macht einen auf Sex Machine und kommt nicht in die Pötte, wenn's um die Wurst geht. Angeber. Ihm antwortete sie nicht, weil sie ihn erstens, wie sie sagte, nicht anziehend genug fand (ich stehe auch nicht auf Feinripp, höchstens vielleicht an Jeff Bridges) und sich zweitens tierisch darüber aufregte, dass er uns hier mit einem Hungerlohn abspeiste, draußen aber einer weiteren Geliebten die Scheine in den Ausschnitt stecken würde.

»So eine bodentiefe Frechheit«, schimpfte Liane.

Als Krönung kam hinzu, dass er so strunzblöd war, den Brief handschriftlich zu verfassen. Mensch, so was tippt man doch! Und wenn man zu ballaballa ist, um einen PC oder eine Schreibmaschine zu bedienen, friemelt man den Text aus ausgeschnittenen Zeitungsschnipseln zusammen und klebt ihn danach auf neutrales Papier. Oder man nimmt einen REWE-Prospekt, wenn man keine Zeitung zur Hand hat. Es hätte noch gefehlt, dass er einen vorgestempelten Firmenumschlag als Kuvert verwendet hätte. Wer weiß, wie kopflos der da draußen rumrennt, wenn er unter Strom steht, und wer weiß, wie oft er sich in diesem Bekloppheitszustand schon geoutet und die Firma blamiert hat. Als ich mir das vorstellte, fing es in meinen Ohrläppchen an zu pochen, wie jedes Mal, wenn Fremdscham in mir hochkriecht.

Es war nicht einfach für Liane, »einen Einzigen« zu finden, also kostete sie mal hier, probierte mal dort, checkte in der Nähe, suchte in der Ferne – bis sie nach ein paar Monaten fündig wurde und ihren Traumgehaltsaufbesserer fand.

Ein Nackter im Wald

Wäre Liane nicht gewesen, hätte ich in jenem Büro schon viel früher gekündigt. In Bezug auf Respektlosigkeiten gegenüber Kunden und Angestellten ist Albert Schlenk bis heute das übelste Exemplar, das mir in meiner vielschichtigen beruflichen Laufbahn je untergekommen ist. Zu seinen sadistischen und cholerischen Zügen kam der Drang, sich im Büro gelegentlich einen runterzuholen. Als ich ihn dabei erwischte, rutschte mir vor Schreck fast das Herz in die Peeptoe-Pumps.

So wie damals: Im Alter von 16 Jahren hatte ich das Wort »Exhibitionist« schon mal gehört. Ich stellte mir darunter einen Humphrey-Bogart-Typen mit Hut und Trenchcoat vor, der seinen Mantel aufhält und seinem Opfer den Anblick eines untrainierten käsigen Körpers zumutet. Kurz vor meinem 17. Geburtstag stand er mir plötzlich gegenüber.

Ich war mit Henning, dem Mann aus dem Wohnmobil, am See verabredet.

Ahnungslos schlenderte ich durch den Wald. An einer Weggabelung stand Humphrey plötzlich vor mir. Ohne Mantel, ohne Hut – ganz nackt. Irgendwie stillos, finde ich im Nachhinein.

In seiner Rechten hielt er sein erigiertes Dings, an dem er heftig herumwedelte, und die Linke stützte er betont lässig in die Hüfte. Sein Gesichtsausdruck ähnelte dem von Nino de Angelo im *Jenseits von Eden*-Videoclip, was bedeutete: Er hatte keinen. Ein eingefrorenes Pokerface glotzte mich aus dem Unterholz an.

Schreiend wie der Junge aus dem *E.T.*-Film, der dem Außerirdischen nachts im Maisfeld begegnet, rannte ich los in Richtung See, wo mein Herzbube schon sehnsüchtig auf mich wartete. Das dachte ich jedenfalls. Gleich würde ich mich schluchzend in seine Arme stürzen und mir zum Trost den Rücken eincremen lassen.

Zu diesem Zeitpunkt hatte ich bereits mehr als 10 Monate hartes Karatetraining hinter mir und war stolze Trägerin des orangefarbenen Gürtels. Ein scharfes Klappmesser, ein Ostergeschenk meines Freundes zur Selbstverteidigung, steckte in meinen bonbonrosa Fransenshorts. Niemandem wollte ich etwas zuleide tun, auch Humphrey nicht. Aber meine heilige Unschuld hob ich mir für meinen Henning auf. Wenn er sich nicht allzu dumm anstellte und physisch zum richtigen Zeitpunkt voll einsetzbar war, sollte er es sein, der meine Jungfräulichkeit bald in Wohlgefallen auflösen sollte. Ich wollte sie ihm quasi schenken, sobald er mir ewige Liebe, Treue und all das andere Zeug schwören würde.

Wenn Humphrey mich verfolgt hätte – wer weiß, vielleicht hätte ich ihn entmannt. Ich lief noch schneller.

Er verfolgte mich nicht. Mein Herz rumpelte und pumpelte, als ich am See ankam. Verzweifelt suchte ich nach Henning, um mich an seiner Hühnerbrust auszuheulen – und fand ihn: splitternackt neben einer ebenso splitternackigen schwarzhaarigen Wassernixe in der Mitte des Sees, gemächlich dahintreibend auf einer mir unbekannten lila Luftmatratze. Auf dieser hatten sie ihre Oberkörper abgelegt, und ihre Beine planschten und paddelten fröhlich hinter ihnen her. Wie ein frisch verliebtes Froschpärchen sahen sie aus, und ihre aus dem Wasser herausguckenden Hinterteile glitzerten in der Abendsonne wie zwei fancy Discokugeln.

Ich erschrak und versteckte mich hinter einer im Sommerwind rauschenden Buche. Ich Arme. Wie konnte er mir so etwas nur antun, und das nach meiner Begegnung mit dem nudistischen Waldgnom? Schniefend packte ich mein Käsebrot aus und biss mit großen Augen, um Fassung ringend, hinein.

A tribute to »ASch«: Der Schreibtisch-Onanierer Albert Schlenk

15 Jahre später kreuzte der zweite Exhibitionist meinen Lebensweg. Gekrümmt saß er vor mir und stierte mich an: Albert Schlenk. Oder »Der ASch«, wie Liane ihn nannte. Mit einer unbegreiflichen Selbstverständlichkeit hobelte er hier an seinem Schreibtisch heftig an sich herum. Normalerweise klopfte ich an, aber an jenem Tag hatte ich es vergessen. Sein Blick verwunderte mich ebenso wie seine selbst verwöhnende Tätigkeit: Weder erschrocken noch peinlich berührt fixierte er mich und fing dabei fast an zu schielen. Das signalisierte mir: Die Vollendung seines Treibens stand unmittelbar bevor.

Was jetzt? Am besten erst mal verduften und so tun, als wäre nichts passiert.

Also schloss ich die Tür, setzte mich zurück an meinen PC und versuchte, mich auf das Weiterschreiben des Angebotes zu konzentrieren. Damit hatte ich wenige Augenblicke vorher, als die (Arbeits-)Welt noch in Ordnung war, begonnen.

Moment mal, dachte ich, auch der ASch kann Angebote schreiben, soll er sich doch damit herumschlagen, der macht eh kaum was Produktives außer Online-Poker oder sich umständliche Neuerungen ausdenken, die sowieso keiner vernünftig umsetzen kann.

Von meinem klapprigen Angestellten-Billigdrehstuhl aus konnte ich damals nach draußen sehen, und genau dort blickte ich hin und erwachte: Auf der Straße quälte sich der blecherne Haufen der späten Rushhour durch die enge Straße wie zähflüssiges Gallert. Ein Omnibus, der einem Lkw mit der Aufschrift »Noch wachsen die Äpfel nicht im Supermarkt« auswich und mörderisch auf den Gehsteig bretterte, verdrängte einen Schüler, der sich an das bodentiefe Fensterelement im Empfangsbereich unseres Büros quetschte. Die Schnalle seines Schulranzens kratzte dabei am Glas und klang, als würde sie um Gnade winseln. Kranke Welt. Da draußen tobt der Wahnsinn.

So wie hier drin – im Chefzimmer nebenan. Der ASch hatte sich soeben in eine Marionette verwandelt. Holt sich doch tatsächlich im Büro einen runter. Wie verzweifelt muss die Hormonsuppe in den Adern gären, um einen Vorgesetzten zu einer solchen Handlung zu verleiten?

Ab nun wird der Spieß umgedreht.

Gebannt horchte ich in mich hinein. Bemerkte die Wandlung.

In meiner Küche hing damals eine Uhr von einem schwedischen Möbelhaus, die urplötzlich angefangen hatte, rückwärts zu gehen. Einfach so. Als ich das bemerkte, lag ein unerklärlicher Zauber in der Luft, genauso wie in jenem Augenblick, nachdem ich den ASch beim Masturbieren ertappt hatte. Vor wenigen Momenten war ich in dieser Firma zur Sekretärin auf Lebenszeit geworden (sofern ich überhaupt so lange bleiben wollte).

Ich hatte ihn in der Hand. Mit seiner Tat hatte er den Flieger verlassen und befand sich nun im freien Fall.

Natürlich hätte ich ihn wegen sexueller Belästigung am Arbeitsplatz anzeigen können. Oder erpressen. Aber gerade Letzteres ist unter meinem Niveau und Gift für mein Karma-Konto. Lieber wollte ich erst mal die Freiheiten einer Eingeweihten genießen. Ich war gespannt, was jetzt so passiert.

Ab nun konnte ich dem ASch, diesem pappigen Secondhandchef, ungeniert auf der Nase rumtanzen, ihn anstänkern, anzicken, anblaffen, anpöbeln und anmaulen. Ich konnte mich vor unbeliebten Aufgaben drücken und mich nach Feierabend an seinem teuren Cognac bedienen. Sogar schon vor Feierabend, wenn ich Lust darauf hatte.

Morgens musste ich weder pünktlich anfangen (sofern der liebe Herr Kugel nicht da war) noch abends oder an Wochenenden Überstunden schieben, wenn der ASch mich mal wieder dazu nötigen wollte. Zu unverschämten Kunden, die sich im Ton vergriffen, musste ich genauso wenig nett sein wie zu Geschäftsfreunden, die sich an mir vergriffen.

Bingo. Esoterische Hochgefühle kamen auf, eine feierliche »So-sei-es«-artige »Sei-einfach-du«-Stimmung. Er konnte mir nichts mehr anhaben. Unsichtbar über uns schwebte der Geist der Vergeltung, der astrale Krieger der Zerstörung, der den Laden hier von einer Sekunde auf die nächste in eine schlachtfeldähnliche Elektroschrotthalde verwandeln konnte. Mit Haufen von Papierschnipseln, Datenwust und Kabelsalat, soweit das Auge reicht.

Aber: Einen Streit wollte ich nicht initiieren, solange er *höflich* zu mir sein würde. Beim respektvollen Umgang mit seinen Mitmenschen hatte er jedoch massive Probleme.

Na, da kann er bei mir gleich mal anfangen zu üben, dachte ich.

Wie schon erwähnt – auch ein ASch kann Angebote schreiben. Wahrscheinlich nicht dann, wenn er gerade an sich herumscheuert, aber danach. Oder davor. Oder auch zwischendurch – wie er sich sein neues Tätigkeitsfeld aufteilt, war mir egal. Jedenfalls war er geistig dazu in der Lage, wenn er sich erst mal von seinem La petite mort erholt hatte.

Dabei fragte ich mich: Was machte er eigentlich mit dem Zeugs, das dabei rauskommt? Herrgott noch mal, das muss doch irgendwo hin! Hoffentlich hatte er Papiertaschentücher in seinem Schreibtischschub oder wenigstens Servietten. Und man durfte ja wohl erwarten, dass er sich auf der Stelle die Hände wusch, wenn er damit fertig war. Schließlich musste ich seine Tastatur benutzen, wenn er mal wieder zu blöde war, eine Tabelle in ein Word-Dokument einzufügen, und ich ihm zum 100. Mal dabei helfen musste.

Angewidert hoffte ich, dass er sich heute noch Desinfektionstücher besorgen würde und Baumwollhandschuhe für mich. Dann würde ich mich verkleiden wie der Pantomimekünstler Samy Molcho, wenn ich dem Widerling hier den 157. Office-Crashkurs an seiner Masturbationsstation gab. Vielleicht kickten ihn weiße Handschuhe sogar.

Der ASch war also ein Bürowichser. Er erwartete von mir, niemandem von seiner Neigung zu erzählen.

Mit einer Mitarbeiterin ein Geheimnis zu teilen ist heikel. Diese Tatsache war ihm wohl nicht in ihrer ganzen Deutlichkeit bewusst. Ab jenem Tag war er mir untertan, und zwar für den Rest unseres gemeinsamen Weges. Ein Anruf an der richtigen Stelle hätte gereicht, und er wäre aufgeflogen.

Das habe ich nicht gemacht, klar. Ich bin ein netter Mensch. Man darf nur nicht den Fehler machen und mir blöd kommen. Wenn das passiert, vergesse ich meine gute Erziehung.

Bescheiden bin ich auch. Von einem Arbeitgeber will ich nur 2 Dinge: eine sichere Anstellung bei fairen Bedingungen – und ein Fünkchen Anstand. Mehr nicht. Aber auch nicht weniger.

Ich beschloss: Solange er mir das entgegenbrachte, würde ich nichts im Schilde führen, was ihn belasten könnte. Zum einen war ich unerschrockener im Vergleich zu damals im zarten Alter von 16, zum anderen wollte ich ihm nichts Böses – obwohl es an der Zeit gewesen wäre, ihm zu zeigen, wie man seinem Umfeld etwas Respekt entgegenbringt.

Er hätte vielleicht einen Horrorfilm gebraucht wie Stanley Kubricks *Clockwork Orange*, den er sich gefesselt und mit Streichhölzern zwischen den Augenlidern anguckt. Der Film müsste eine Dokumentation über die Menschen sein, deren Schicksal er durch ungehaltenen Egoismus und ausufernde Ignoranz beeinflusst und mit Traurigkeit übersät hat.

Herr Schlenk war ein Unsympath. Ein selbstsüchtiger und senil gekiffter und gekokster Trottel mit aasgeierhafter Haltung, graugelb gerauchter Haut, überlangen Fingernägeln und Stiernacken. Und einem leichten Zungenschlag. Der störte aber nicht, nicht die Bohne, nicht mal an Sadomasonachmittagen (ich war aber gerade so in Fahrt, und da kam mir sein Zungenschlag gerade recht).

Herr Schlenk selbst war davon überzeugt, dass er überall beliebt sei, und ich hatte nicht den blassesten Schimmer, was ihn zu dieser Annahme führte. Er hatte weder Stammkunden noch Freunde, und mit allen Seelen seiner Familie war er verkracht, ob tot oder lebendig.

Seine Firma schrammte seit Bestehen immer wieder am Bankrott vorbei, weil die Kunden lieber zur unarroganteren Konkurrenz gingen. Doch immer wieder schaffte er es, den Laden zu retten. Klar, er hatte fitte Helfer um sich. Wir waren ein unschlagbares Team. Es hätte noch besser laufen können, wenn da der Chef nicht gewesen wäre. Das merkten wir jedes Mal, wenn er eine Woche zum Wandern fuhr oder zum Tauchen. Im Office-Flow war er beispiellos hinderlich, und menschlich eine Niete.

Warum beispielsweise darf ein solcher Porzellanladen-Elefant weiterhin Auto fahren? Müssen erst Kleinkinder überfahren werden, ehe so einer weggesperrt wird? Bis heute hat er den Führerschein, und immer noch fährt er wie ein Wahnsinniger.

Sein Fahrstil ist kriminell und gehört bestraft. Nicht mal an Kindergärten und Schulen wird abgebremst. Alte Menschen müssen warten (»Die haben eh alle Zeit der Welt«), und Radfahrer und Fußgänger werden, wann immer es machbar ist, angehupt.

Herr Schlenk war und ist ein leidenschaftlicher Huper. Er hupt voreilig, er hupt fest, er hupt lang, er hupt oft. Er hupt so pfeilartig, dass sein rechter Arm dabei in voller Länge durchgestreckt wird und er sich fast selbst auf den Rücksitz katapultiert. Er hupt und hupt, egal zu welcher Tages-, Nacht- oder Jahreszeit. Er hupt wie ein Weltmeister und wie ein Geisteskranker. Ich glaube, er hupt mehr, als er blinkt. Ein Fahrzeug, bei dem die Hupe kaputt ist, würde er nicht mal mit den Hühneraugen angucken.

In seinem Heimatdorf haben ihm ein paar Hip-Hopper den Nickname »Hoop-Doggie-Dog« verpasst. Andere, die schwedische Discomucke aus den 70ern bevorzugen, nennen ihn »Huper Trooper«.

Sein dunkelschwarzer Kfz-Sarg behupt alles und jeden, der es wagt oder auch nur daran denkt, ihm auf seiner Fahrt von A nach B in die Quere zu kommen. Bei Fußgängern, die sich *seiner* Fahrbahn bedenklich nähern oder das lässige Einarmcruising seines Halters in irgendeiner Weise schmälern, hupt das Geschoss besonders ungestüm. Spaziergänger müssen dran glauben, egal wie alt sie sind, egal ob mit oder ohne Rollator, mit oder ohne Kinderwagen, ob mit oder ohne Bollerwagen.

Einen Laternenumzug von Kindergartenzwergen am Sankt-Martins-Tag würde er genauso erbost anhupen wie betende Priester bei einer Fronleichnamsprozession, und da können die Glücksjungfern noch so großzügig Rosenblüten auf die Kühlerhaube streuen.

Zu diesem Übel gesellt sich ein weiterer unliebsamer Wesenszug: Herr Schlenk lästert gern. Ich befürchte, das habe ich von ihm gelernt – er hat mich gewissermaßen damit versaut. Aber ich lästere zumindest nur über ihn oder seine Tussi. Er hingegen lästert über jeden, der ihm seiner Ansicht nach nicht das Wasser reichen kann, und das ist so ziemlich jeder Erdenbürger außer 2 oder 3 Ausnahmen. Beispielsweise lästert er über Ausländer, wenn Türken im Raum sind. Über seine Exfrauen und seine Kinder lästert er ebenso ungehemmt wie über verarmte Menschen oder chronisch Kranke. Dazu gesellen sich weitere schlechte Angewohnheiten wie überlautes Reden oder der Drang, anderen ständig ins Wort zu fallen.

Außerdem singt er nicht nur grottenschlecht, sondern nervtötenderweise auch noch viel zu laut und ständig – außer beim Telefonieren. Und er spricht mit vollem Mund. Oder, auch ganz nett: dass seine Mundwinkeldrüsen zu einer weißlichen Speichelschaumbildung neigen, wenn den armen Kerl niemand aus seinen Endlosmonologen herausrettet, bei denen er selbst sein bester Zuhörer ist. Ich weiß, die Spuckedrüsen rechts und links heißen anders, aber Medizin kann ich nicht auch noch studieren.

Raser-Johnny ist auch Parteimitglied, aber ich verrate nicht wo. Einige seiner Genossen nennen ihn »das Arschloch«. Obwohl man doch eigentlich davon ausgeht, dass die zusammenhalten wie Pech und Schwefel. Aber sogar mit denen hat er es sich verscherzt.

Ist es bedenklich, wenn ein Firmenchef aufs Damenklo geht anstatt wie jeder andere Herr hier aufs Herrenklo? Auch das musste sein Team über Jahre hinweg aushalten. Vielleicht war er auch sonst irgendwie pervers, und der Anblick von Tampons und Slipeinlagen verhalf ihm zu einem gewissen Frische-Kick am frühen Morgen. Bestimmt auch gern mal zwischendurch, und von guter Cheflaune kann schließlich ein ganzes Team profitieren, nicht wahr?

So arrangierten wir uns mit diesen auffälligen Verhaltensweisen. Er sollte ruhig ins Frauenklo gehen und Hygieneartikel betrachten. Bien sûr, pas de problème. Da bin ich ausgeglichen. Schließlich gibt es Schlimmeres als männliche Pinkelspritzer auf der Damentoilette oder den scharfen Geruch, der sich nach erhöhtem Konsum von Fastfood und dessen Zutatenverwertung im Ladies' Room breitmacht. Stört mich echt nicht.

Nun wusste ich also, dass mein Vorgesetzter neben der Huperei, Lästerei, Fresserei, peinlichen Fehltritten auf öffentlichen Toiletten und ebenso peinlichen Besuchen bei masochistischen Geliebten ein weiteres Hobby hat. Er legt gern Hand an, und zwar bei sich selbst.

Aufgrund der äußeren Umstände wurde die Nomadin in mir immer unglücklicher.

Ihr Kern, der tiefste Punkt in ihrer Seele, sehnt sich nach einem Zuhause. Nach Harmonie, Anerkennung, Fairness. Und nach Wärme und Menschlichkeit. Ein krankes Umfeld schwächt ihr Arbeitspotenzial und droht ihr Lächeln und die kindliche Neugierde in ein Land namens Monotonie zu verbannen.

Nach 1 Jahr, 5 Monaten, 2 Wochen und 3,5 Tagen wusste sie: Ich werde weiterziehen.

6

Die Nomadin verirrt sich

Eine Tippse auf Abwegen

Der Übergang zum nächsten Bürojob ging nicht nahtlos vonstatten. Zwischendurch war ich noch Eigentümerin eines Schulkiosks in einer Gesamtschule und Verkäuferin in einem Bioladen, bevor ich erneut in rubinroten Pumps und eingerolltem hochgestecktem Haar (hippe New Yorker Friseure call it »The Banana«) im nächsten Büro niederschwebte.

Lehrer kriegen Schneegebäck

Der Schulkiosk befand sich in einer Gesamtschule. Diese setzte sich zusammen aus Real-, Haupt-, Grund- und Förderschule. Der Schulleiter war mein Exnachbar. Wir bewohnten einst zusammen eine Niedrigenergie-Doppelhaushälfte, von deren Terrasse aus man auf einen riesigen Friedhof blickte.

Hinterhältige Vordrängel-Mechanismen von Klassensprechern duldete ich nicht. Und wenn sogar Lehrer solche Respektlosigkeiten versuchten, war ich noch rigoroser. Die kamen bei mir gerade an die Richtige.

Wenn ein Grundschüler von so einem beiseitegeschoben wurde und der Zeitlose seinen Kopf durchs Kioskfenster reckte, verdammte ich ihn mit einem spitzen Fingerdeut und strengem Blick ans

Ende der Schlange, aber hurtig. Dort standen sie dann mit gesenktem Haupt und X-Bein-Stellung und bekamen heiße Ohren.

In der Schule gab es rund 800 fiese Schüler und 40 oberfiese Lehrer.

»Waaaas?? 70 Cent für ein belegtes Brötchen? Das ist ja Wucher! Das ist doch nur Mehl und Hefe mit Käse drauf!«, zickte mich einmal eine circa 1,50 Meter große Hauptschullehrerin an. Die Kleinste im Lehrerzimmer, aber die mit der größten Klappe. Sie unterrichtete Biologie und Erziehungskunde, und das, obwohl sie unverheiratet und kinderlos war. Kein Witz. Da draußen passieren solche Dinge, sie passieren wirklich.

Ich kannte auch mal eine Immobilienhilfsmaklerin, gebürtige Osteuropäerin, die bereits seit über 30 Jahren in Deutschland lebte. Obwohl Behausungen ihr Hauptmetier waren, sagte sie nach 8 Jahren Maklertätigkeit immer noch »der Wohnung« und »der Haus«. Bei Hinweisen von Kollegen oder Objektinteressierten stellte sie sich taub. Vielleicht litt sie unter einer Artikelschwäche.

Es war mir zu doof, der Bio-Paukerin meine knappe Kalkulation offenzulegen. Sie hätte eh nicht begriffen, was da für ein finanzieller Rattenschwanz dranhängt. Am nächsten Tag erhöhte ich den Semmelpreis auf 80 Cent. Die Zwergfrau ließ sich nie wieder blicken, und genau das war meine Intention gewesen. Die Schüler maulten, aber das war es wert, und außerdem eine willkommene Rache dafür, dass sie mir im Winter Schneebälle durchs Kioskfenster auf die Croissants warfen.

Wenn ich es sofort bemerkte, konnte ich den Schnee von den be- und getroffenen Teilen schnell abklopfen und dem Bäcker nachmittags auf seiner Retourfahrt wieder mitgeben. Das Gebäck musste ich dann nicht bezahlen, weil wir eine Semmel-Croissant-Brezel-Kommissionsvereinbarung geschlossen hatten.

Die Teile, die zurückgingen, wurden abends im Baumarkt auf einem Brotzeitstand verkauft. Aber wenn der Schnee den Teig erst mal durchgeweicht hatte, nahm der Bäcker die Sachen auch nicht mehr zurück. Die trocknete ich dann abends auf der Heizung, fror sie ein und toastete sie am nächsten Tag wieder auf. Das war nicht in Ordnung, ich weiß, und die Hygienehüter vom Ordnungs- und Gesundheitsamt hätten mich dafür wahrscheinlich gehängt.

Aber ich habe immer versucht, das Schneegebäck zuerst den Lehrern unterzujubeln. Manchmal war es jedoch zu viel, denn die meisten bekamen ja von ihren Frauen Stullen geschmiert und mussten nicht an den Kiosk tappen. Von den Schülern hat sich nie einer beschwert, im Gegenteil. Einmal hat mich ein Drittklässler mit pakistanischen und schwäbischen Hintergründen und großen Augen sogar dafür gelobt, dass die Brezeln heute wirklich »oberübersonderknuschprich« seien.

Die Frau mit dem Blut an den Händen

Als Verkäuferin im Bio-Supermarkt stand ich hinter der Fleisch- und Wursttheke und verkaufte Bio-Wildschweinsteak, ganze und halbe glückliche Hühner, »Warmfleisch-Lyoner« und so weiter.

Damals habe ich mich gefragt, wo der Unterschied liegt zwischen Bio-Wildschwein und Nichtbio-Wildschwein, und das frage ich mich heute noch. Was zum Beispiel fressen konventionelle Wildschweine? Wie wachsen sie auf? Wo und wie leben sie?

Im Biomarkt wurde die Bio-Ausführung jedenfalls gern gesehen und gekauft. Wenn es frische Bio-Wildschweinsteaks gab, löste das jedes Mal einen Hype bei unserer ernährungsbewussten Kundschaft aus, zumindest bei denen, die fleischhaltig einkauften.

So stand ich da in meinem lindgrünen Kittel und ratzekurzen, unlackierten Fingernägeln, da achtete die Inhaberin ganz penibel drauf. Die waren ihr wichtiger als gepflegte Haare. Eine Kollegin hatte pobackenlange Native Dreads, und die durfte sie sogar haben, ohne die filzigen Kopfkordeln zusammenzubinden.

Ich packte aus, packte ab, packte ein, wog ab, hackte grob, hackte mittel, hackte fein und schnitt glutamat- und zuckerstofffreie Salami in normale, dünne, sehr dünne und hauchdünne Scheiben. Je nachdem, zu was die Kunden mich nötigten. Ihren Kindern musste ich ein Stück Warmfleischfleischwurst ins Patschehändchen drücken oder eine Scheibe Bärlauchgelbwurst. Das stand so zwar nicht im Arbeitsvertrag, aber für meine Chefin war es die höchste buddhistische Pflicht, Kinder wahrzunehmen und zu lieben, egal, wie unsympathisch und antiautoritär verzogen sie waren.

Einmal erzählte die Ladeninhaberin, sie sei schokosüchtig. Niemand durfte sie siezen, weil das nicht ökologisch genug klang. Ich fragte sie: »Isst du auch normale Schokolade oder nur Bio?«

Entrüstet antwortete sie: »Natürlich Bio! Ich nasche *nie* konventionell.«

Ich nasche nie konventionell. Dieser Satz hat sich in mein Hirn gebrannt. Der hat was. Also ich nasche so dermaßen konventionell, dass ich an Bahnhöfen an keinem der verkeimten Süßkramautomaten vorbeikomme, ohne mir einen Mr. Tom oder ’nen Packen Weingummi zu ziehen. Weberlis mag ich auch. Das sind die DVD-großen Industriekuchen mit der dicken weißen Cremefüllung aus gehärtetem Pflanzenfett und Zucker.

Die Veganer verabscheuten mich für mein Tun, für mein Sein. Sie hassten die Frau »mit dem Blut an den Händen, die da drüben an der TTT«, der »Tot-Tier-Theke«. Ihre Kinder versteckten sie vor mir.

Ich hasste mich nicht dafür. Nee du, ich fand es gut, Bio-Wildschweinschinken von nun an 10 Prozent günstiger zu bekommen. Zwar war ich selbst immer noch Vegetarierin, aber mein damaliger Freund freute sich über den Mitarbeiterrabatt, auch wenn er frühestens 24 Stunden nach dem Verzehr seines Kadavermahls erst wieder einen Kuss von mir bekam.

Ein Sachse als Depressionsauslöser

Im Vergleich zum einst ausschweifenden allgemeinen Arbeitsstellennomadismus hält sich mein Büronomadismus in Grenzen: Hier kann ich bislang auf nur 8 Vorgesetzte in 5 Firmen zurückblicken. Bei 2 Firmen hatte ich gekündigt, kehrte aber nach ein paar Jahren wieder zurück, und jetzt mal ehrlich und bei aller Rastlosigkeit – spricht es nicht für einen Angestellten, wenn er dem Laden den Rücken kehrt und später erneut mit einem innerlichen Knicks seines Ex- und Baldwiederchefs empfangen wird?

Zugegeben, ich bin eine Landstreicherin auf dem Arbeitsmarkt. Ich habe mehr Stellenannoncen gelesen als der verzweifeltste Single der Welt Kontaktanzeigen. Aber ich habe immer gearbeitet. Sozialhilfe habe ich nie bezogen.

Die gibt es ja nicht mehr, seit ein gewisser Herr Hartz sich eine der größten Mogelpackungen der Nachkriegszeit ausgedacht hat. Einen Teilbetrag von Hartz IV habe ich kurz nach Release beantragt. Wegen einer psychischen Schräglage war meine Funktionstüchtigkeit ins Schlingern geraten. Grund dafür war ein Mann der Sorte Schwergewichtsringer, der mir im Trennungskampf mitteilte, ich sähe sowieso bescheuert aus mit meinem schiefen Vorderzahn.

»Alsou mit dääm Zahn isses äi ägal, öb dü de Migge machn duust ouda nisch!«, sprach er. Auf Deutsch: Also mit dem Zahn ist es eh egal, ob du die Mücke machen tust oder nicht. Er war Sachse.

Nach diesem Spruch und meinem Auszug aus der gemeinsamen Wohnung ging es mir besonders nass rein. Versteinert saß ich in meinem neu bezogenen 1-Zimmer-Apartment auf meiner ausziehbaren Schlafcouch und beglotzte die Sonne, wenn sie sich morgens in einer Ecke ins Fenster schob und abends auf der anderen Seite wieder raus. War sie nicht zu sehen, stierte ich in den Nebel hinaus.

In mir triefte es vor Taubheit. Manchmal leckte ich über meine Schneidezähne oder fummelte daran herum. So schief fühlten sie sich gar nicht an, höchstens halb schief. Die Fehlstellung war mir in 3 Jahrzehnten Erdendasein selbst nicht aufgefallen. Aber dann verliebst du dich. Dabei kann es passieren, dass ein emotionaler Klumpfuß auf dich zupoltert und dir eine Wahrheit um die Ohren haut, ohne die du glücklicher weitergelebt hättest.

Für den Arbeitsmarkt war ich in diesem Schlaffheitszustand nicht mehr vollständig verwertbar. Aber auch in dieser kurzen Zeit hatte ich einen Job auf Geringverdienerbasis. Ganz offiziell. Mit Genehmigung vom Jobcenter und gegen Anrechnung des Verdienstes auf den Hartz-IV-Teilbetrag. Lukrativ war das nicht. Hätte ich den Minijob nicht gehabt, wäre der volle Satz fällig gewesen, und ich hätte fast den gleichen Betrag zur Verfügung gehabt. Aber meine innere Stimme sagte: Mach weiter, es ist gut so.

Meine Intuition täuschte mich nicht: Als ich mich berappelte, war ich in der damaligen Firma so gut integriert, dass ich übernommen wurde und eine Festanstellung erhielt.

Ich gehe gern zur Arbeit. Und wenn ich es nicht mehr gern tue, suche ich mir etwas anderes.

Dann hält die Nomadin inne, blickt hinaus ins weite, endlose Land und legt lautlos den Kuli nieder. Mutig und voller Zuversicht erhebt sie sich vom Bürostuhl, hüllt sich in ihren wärmenden Flickenponcho und tritt hinaus in den wilden Wind. Sorgfältig packt sie ihre 7 Sachen auf den Rücken ihres treuen Esels namens Fiat-Seicento, mit dem sie schon 3 Mal um die Erde gereist ist. Sie gibt ihm Nahrung und Wasser, tätschelt ihn sanft und flüstert ihm ein Geheimnis ins Ohr.

Dann sitzt sie auf und zieht weiter.

7

Umzug nach Hamburg

Reise in die deutsche Taiga

Aus Liebesgründen würfelte es mich 2005 für einen ganzen Herbst und einen halben Winter hierher. Der Auserwählte hieß Ignatz Rodriguez de Oliveira, war Katalane, knapp 3 Wochen jünger als ich und Gefängniswärter in Fuhlsbüttel. Wir hatten uns 2 Wochen vor meinem Einfallen in seine Burg auf einer Zugfahrt kennengelernt.

Ich hatte ein verlängertes Wochenende in Lyon mit meiner Exkollegin Monique bei deren Zwillingsschwester Michelle verbracht. Ignatz kam aus Girona von der Taufe seiner Patentochter. Fast hätte ich meinen roten Rollkoffer an ihm vorbeigeschoben, doch dann sah ich, wie er mit einem abgekauten Bleistift wie ein Besessener in einem Heft herumkritzelte. Dabei sah er richtig wild aus, so was zieht mich magisch an. Als ich ihn fragte, ob neben ihm noch frei sei, hob er seinen Wuschelkopf und stierte mich krummbucklig an. Seine Wimpern und Lider waren nass geweint, und die Traurigkeit schien seinen Augäpfeln den Schimmer geraubt zu haben. Wenn ich weinende Männer sehe, erwacht mein Tröstinstinkt. Dann drücke ich sie sofort an meinen Busen, bis sie keine Luft mehr kriegen, oder schenke ihnen ein TicTac, die habe ich immer einstecken.

Er erzählte, Abschiede fände er doof, deshalb hatte er sich dazu entschlossen, auf der Rückfahrt einen Tagebucheintrag zu verfassen und ein bisschen zu weinen. Sein Akzent plättete mich völlig. Ich fahre extrem auf ausländische Akzente ab und auf Fremdsprachen, besonders auf Englisch, Ungarisch und Bairisch. Und eben Katalonisch (ja, Spanisch auch, ja doch).

Auch seinen Namen fand ich funky. Warum er mich toll fand, weiß der Henker, denn nach 3 Runden Lyoner Nachtleben mit Monique und Michelle sah mein Gesicht aus wie ein Eimer Zwetschgenmus. Später behauptete er, es seien meine Ohren gewesen, in die hätte er sich sofort verliebt.

Aha, ein Ohrenmensch.

Sein Wesen wies Vor- und Nachteile auf, wie sollte es auch anders sein. Richtig kochen konnte er nicht, dafür fummelte er aber die besten Tapas-Platten von ganz Eimsbüttel. Besonders die Patatas Fritas mit kaltem Tomatenbrei beherrschte er wie nix. Außerdem brachte er mich seiner Muttersprache näher und lehrte mich ein paar brauchbare Sätze. Nichts Unanständiges, nur alltagstaugliche Dinge wie beispielsweise »Tancar la porta!«, was »Mach die Tür zu!« heißt.

Das Zusammenleben klappte gut, doch für meinen Geschmack hatte er zu viel Krempel in der Wohnung rumstehen. Wer braucht bitte schön ein zweites Paar Badeschlappen, einen Entsafter und eine Krawattenpresse? Kein Mensch.

»Nein, ische bin geine Messie«, verteidigte er sich manchmal.

»Doch! Bisse du doch eine«, sagte ich dann.

Beim Ausmisten für einen Flohmarktstand fand ich sein Tagebuch und musste es lesen. Mit »musste« meine ich nicht: O Gott, ich platze vor Neugier und *muss* es einfach lesen. Nein. Ich finde, wenn man das Tagebuch oder persönliche Briefe seines Partners findet, dann muss man die lesen, um die Beziehung zu bereichern, ob man will oder nicht. Das ist wie ein Zwang von oben. So eine Art Befehl aus dem Äther, wer auch immer in jener Dimension die Fäden von uns Marionetten in den Fingern hält. Dem muss man sich fügen, da gibt es keinen Ausweg. Schließlich muss man wissen, wie der Freund unterwegs ist. So kann die Frau sich auf ihn einstellen. Sie erfährt die geheimsten Wünsche ihres Helden und geht ein bisschen in seinem Gehirn spazieren, ist doch prima. So gesehen, ist es für die pflichtbewusste Partnerin ein Muss, sein Tagebuch zu studieren.

Es stand auch nichts wirklich Schlimmes darin. Zumindest schien er treu zu sein, das fand ich gut, also entschloss ich mich dazu, es auch zu sein. Aber es kam eine dezent pikierte Stimmung in mir auf, als ich merkte: Diesem verquarksten Dingsda von einem Schmodderheft vertraute er mehr an als mir. Das irritierte mich und bewegte sich jenseits meiner Akzeptanzgrenze.

Ich bin der vertrauenswürdigste Mensch auf Erden und würde Geheimnisse von anderen nie ausplappern. Die Wahrung der Intimsphäre sollte man ernst nehmen und nicht auf die leichte Schulter. Das habe ich in der Grundschule schon begriffen. Also wieso erzählte er alles dieser Poesiekladde und nicht mir? Versteh einer die Männer. Besonders die Erlebnisse mit den Gefangenen beschrieb er so detailverliebt und unerschrocken, dass dem Leser beinahe imaginäre Handschellen am Puls scheuerten.

Dr. Grumser läuft frei herum – Beware of the Doc!

Jobmäßig wollte ich was Neues ausprobieren. Etwa ein Jahr zuvor hatte mir meine Tante zum Namenstag ein Backbuch geschenkt, das ein ganzes Kapitel zum Thema Pralinenherstellung enthielt. Das faszinierte mich. Ich bin schokophil, und es reizte mich, unsere Küche in ein Drogenlabor zu verwandeln.

An einem verregneten Novembertag fuhr ich zur Stadtverwaltung und meldete ein Gewerbe an. Oder vielmehr ein *Nebenberufliches Gewerbe*. Ich wusste zu jenem Zeitpunkt ja nicht, wie kurz mein Hamburger Zwischenhalt sein würde, und ging davon aus, bald einen festen Bürojob zu finden und die Pralinen nebenher laufen zu lassen.

Auf dem Rückweg kaufte ich Kuvertüre, Spritztüten, alle verfügbaren Nüsse, verschiedene Schnäpse, ein Bauchladenset zum Selberbasteln, eine Dose weißen Mattlack und zwei Borstenpinsel, einer fett und einer dünn. Daheim hämmerte ich die Latten zu einer tragbaren Verkaufsstation zusammen und pinselte so viele Lagen Farbe drauf, bis sie durch und durch geweißelt war – bis in die letzte Bauchladenecke. Zum Schluss zog ich den Gurt durch und lief Probe. Dafür häufte ich alle unsere Winterstiefel und Badeschlappen darin auf, um den mobilen Schokotresen realitätsgetreu zu beschweren. Leicht schief hing er vor meinem Rumpf. Aber nur minimal schief, etwa 5 Grad Winkelabweichung zum mittleren Lot. Die Pralinentüten würden also kaum ins Schlittern geraten. Damit war ich zufrieden.

Dann ging es los. Auf zur Schokoschlacht!

Anfangs belächelte mich mein Freund.

»Dasse du mache nurr, weil du hasse gekuck die Film *Chocolat* un du fahre ab auffe dem Johnny Depp!«

Das war mir zu hoch.

»Wie meinst du das?«

»Na, isse doch offesichbarr, du willse einemal so seie wie Juliette Binoche!«

Ich überlegte. Er hatte gar nicht mal so unrecht. Es stimmte: Ische fahre ab auffe dem Johnny Depp. Gut beobachtet.

»Ja, du hast recht, ich will sein wie Juliette Binoche!«

Er stutzte, kratzte sich umständlich am Schulterblatt und verzog sich mit einer Resteschüssel zum Ausschlecken auf die Couch, wo gerade Stefan Raab lief.

Oha, die Ergebnisse waren mehr als köstlich: Ahornsiruptrüffel mit gerösteten Pecankernen, weiße Limoncellopralinen mit Biskuitcrumble, schokolierte Macadamiahäufchen mit Nugatkern, karamellisierte Pistazien auf marmoriertem Kuvertürebett, um nur einige zu nennen. Es sollten Sorten dabei herauskommen, die man nirgendwo sonst bekommt. Ignatz schlich manchmal in die Küche und kostete an den noch brabbelweichen, unverzierten Rohlingen oder zuzelte meine Backpinsel aus. Das nervte mich. Die wollte ich selbst auszuzeln. Eine Beziehung verkraftet nur einen Bruchteil solcher Verhaltensweisen, aber das hatte dem Katalanen hier anscheinend noch niemand gesteckt.

Das Seelenfutter packte ich in Zellophantütchen, verschloss sie mit güldenen Schleifchen und bestückte meinen frischen Bauchladen damit. Mein Outfit als wandelnder Verkaufsstand sollte auffallen und sich in Richtung Rotkäppchen bis Betty Boop bewegen. Ausstaffiert mit einem knallroten Lodenponcho, weißen fingerlosen Handschuhen und einer riesigen Kringeltolle überm Ohr, wollte ich gerade losziehen, als Ignatz sich mir mit strengem Blick in den Weg stellte.

»Deine Ohre, deine gleine susse Ohre! Musse du aufpasse auf die Ohre bei die sweinis kalde Wind! Musse du trage die Stirneband!«

Also gut, das Stirnband war okay. Grauer Fleecestoff mit weißen Wolken drauf, von mir aus. Und so tingelten meine Süßen und ich quer durchs Hamburger Land von Weihnachtsmarkt zu Weihnachtsmarkt.

Eines Tages stand ich vor der Bühne am Rathausplatz, wo eine Band namens Los Pampelmusos hessische Weihnachtslieder spielte, und das mitten in Altona. Plötzlich erschien zu meiner Linken eine nikolausartige Gestalt. Der Typ sah aus wie Santa Claus in Zivil: Mitte 60, weißes Zaushaar, langer Bart, eisblaue Kulleraugen. Direkt neben mir blieb er stehen und sah zum Hauptact. Als das Lied zu Ende war, zog ich meine Hände aus dem Muff, der unterm Bauchladen baumelte, und klatschte. Der Nikolaus bekam einen Riesenschreck und fiel fast in Ohnmacht. Theatralisch fasste er sich an die Brust und rief: »Jesses Maria, Sie leben ja!«

Fragend starrte ich zurück.

»Na, ich hab gedacht, Sie sind eine Statue, so wie Sie dastehen in Ihrem Märchenmantel und Ihrer hübschen Riesenlocke!«

Tolle! Ein zur Wurst und um 180 Grad nach hinten gelegter Haarstrang ist eine *Tolle*! Eine Locke entsteht daraus erst abends, wenn man die Wurst abklammert und das Haar aufschüttelt! Aber bring lieber einem Dackel Suaheli bei statt einem Mann Frisurennamen.

»Darf ich das bezaubernde Fräulein auf einen Kamillentee einladen?«, fragte er.

Für schräge Vögel habe ich ein Faible. Wie der dastand mit Zottelbart und Bommelmütze, und dann noch die Einladung auf einen Kamillentee. Keinen Glühwein, keinen Met, keinen Grog – einen Kamillentee wollte er mit mir trinken. Bei so einem kann ich nicht Nein sagen.

Er wusste sofort, wo der Stoff erhältlich war. Mit 2 Tontassen kam er zurück, mit blauen, auf denen in Weiß Vornamen draufgetöpfert sind und rundum getupfte Lehmblüten. Er behielt die Martinatasse, und ich bekam Alfred. Zucker gab es keinen, den hatte er vergessen. Nobody's perfect.

Er begann sofort, mich zuzutexten. Nach 30 Sekunden war für mich klar, dass er einen Dachschaden hatte.

»Ich heiße Dr. Grumser und bin Internist, aber zurzeit nur als Missionar tätig, und zwar überall. Ich reise umher und lasse Menschen leben, besonders Alte und Neger, das ist meine Aufgabe!«

Misstrauisch schnupperte ich am Tee. Aber Wodka beispielsweise riecht man nicht, also nahm ich einen kräftigen Schluck, um die Wirkung zu ertesten. Nichts. Er schien clean zu sein.

»Wie meinen Sie das: Sie lassen die Menschen leben? Also ich lasse sie auch leben, sonst würde ich nicht mehr frei rumlaufen!«, sagte ich und hoffte, er würde seine Mission nicht ins Gegenteil kehren, solange ich in seinem Aktionssradius stand.

»Haha, runde Worte, hihi! Nein, es geht darum, Menschen beim Leben zu unterstützen, finanziell und tatkräftig. Besonders Alte sollen leben dürfen, und Neger auch.«

Ähm … ja. Das sehe ich genauso. Was war los mit ihm?

»Ich habe so viel Geld, das ich nicht brauche, und statt daheim mit einem Glas Sekt zu sitzen, mache ich mich lieber auf die Reise und helfe den Menschen dabei, zu Gott zu finden und zu leben.«

»Und wie machen Sie das?«

»Nun ja, hm, also erst einmal würde ich Sie gern darauf aufmerksam machen, dass Sie soeben eine Frage gestellt haben. Leute, die Fragen stellen, genieße ich mit Vorsicht. Ich stelle niemals Fragen. Aber ich will Ihnen verzeihen. Ihnen hat bestimmt noch niemand gesagt, dass Fragerei eine unhöfliche Angewohnheit ist, stimmt's?«

Pause.

»Nein, das hat mir noch niemand gesagt«, da musste ich ihm recht geben. Du liebe Zeit, was war das für ein Clown?

»Also bitte kein billiges Interview mehr, ich bin doch kein Starlet! Ich bin Christ! Aber Sie interessieren sich für meine Mission, also will ich Ihnen Auskunft darüber erteilen, wie ich die Menschen leben lasse.«

An anderen Tagen hätte ich ihn vielleicht stehen lassen mit den Worten: »Kipp dir die Plörre allein hinter die Binde, du Fasler, oder meinst du, ich frier mir hier den Arsch ab, damit mir die Nikoläuse blöd kommen oder wie?«, aber heute war ich gut drauf. Ignatz hatte mir eine dicke Manchegostulle geschmiert, die mein Magen zufrieden vor sich hinverdaute, da konnte mir ein dahergelaufener Missionar mit schlechten Manieren nicht viel anhaben. Außerdem: Langweilig war Dr. Grumser nicht, das musste man ihm lassen.

Er duckte sich und kam so nah, dass ich seinen Kamillenatem roch. Und noch eine andere Nuance. Bismarckhering mit Zwiebeln, na lecker.

»Es ist nicht einfach, die Menschen beim Leben zu unterstützen«, flüsterte er. »Ein erfülltes Leben ist immer ein Leben mit Gott, anders funktioniert es nicht. Ich will die Menschen auf Gott zusteuern. Damit kann ich die Welt verbessern.«

Das klang gut: Die Welt verbessern. Wollte ich auch schon immer mal.

Meine Alfred-Tasse war jetzt leer, und ich überlegte, wie ich mich galant davonschleichen könnte. Aber dann sagte er den entscheidenden Satz, der mich 11 Monate lang an ihn fesselte: »Ich brauche Hilfe auf meiner Mission. Suchen Sie Arbeit?«

War er ein Medium und konnte Gedanken lesen? Oder war Ignatz der Übeltäter? Er hatte mich gestern mit Rioja abgefüllt, und während meines Tiefschlafes hatte er vielleicht Totenwache gehalten und mir zum Spaß »Werr isse so frondlisch un gib merr Arbeitsplatze?« auf die Stirn tätowiert, damit der mittellose Nordspanier mich nicht länger mit durchfüttern muss. Egal.

»Ja, ich suche Arbeit. Aber eher einen Bürojob.«

»Bürobürobüro! Ich liebe Büros!«, jauchzte er. »Ich habe allerlei Büroarbeit, und noch viel mehr, bei mir ist Monotonie ein Fremdwort!«

Das glaubte ich sofort.

»Ich schlage vor, wir treffen uns morgen um drei im Princessan hier vorn um die Ecke, kennen Sie das?«

»Ja.«

»Gut. Sie überlegen sich, was Sie verdienen wollen, und ich erarbeite einen Einsatzplan, einverstanden?«

»Einverstanden.«

»Dem lieben Gott sei Dank! Und für heute gebe ich Ihnen einen finanziellen Ausgleich von 40 Euro, weil ich für die Umsatzeinbuße während der letzten halben Stunde verantwortlich bin, hier, nehmen Sie!«

Er blätterte 4 Zehner in den Bauchladen. Was für ein Fauxpas! Schmutziges Geld auf meinen Kostbarkeiten, also nein!

Zugegeben, vor Kurzem lagen bei meinem Probelauf noch Winterstiefel und Badeschlappen hier drin, aber ich war von potenziellen Kunden umgeben, da legt man doch keine Scheine auf Lebensmittel! Aber ich war zu überrascht, um mich ganz meiner Zickigkeit hinzugeben. Außerdem brauchte ich den Job, da konnte ich nicht schon vor Unterzeichnung des Arbeitsvertrags einen auf beleidigte Leberwurst machen. Der Betrag erschien mir zu hoch und die Geste nicht nötig. Aber es stimmte: Er hatte mich von der Arbeit abgehalten. Jetzt wollte er für den Verlust aufkommen. Das fand ich anständig. Wer macht das schon? Pluspunkt für meine neue Bekanntschaft. Ich bedankte mich und machte mich auf zur zweiten Verkaufsrunde. Inzwischen dämmerte es. Damit meine Pralinen im rechten Licht erscheinen konnten, wickelte ich mir blinkende Leuchtschläuche um den Hals. Wenn Interessenten probieren wollten, fischte ich mit zwei Sushistäbchen eine Kostprobe heraus und reichte sie ihnen in die Fäustlinge.

Kaum jemand wimmelt Rotkäppchen ab, wenn es einem was schenkt, erst recht nicht kurz vor Weihnachten und bei Minusgraden. Deshalb verkaufte sich meine Brut besser, als ich dachte. Auf dem Buckel trug ich einen Bundeswehr-Seesack, den ich meinem Bruder vor ein paar Jahren aus dem Unterbettkasten rausgeklaut hatte. Als wir noch klein waren, hat er sich jedes Jahr an meinem Osternest zu schaffen gemacht, und dann auch noch vor Weihnachten türchenweise meine Adventskalender leergefuttert. Der Seesackdiebstahl war meine Chance auf einen Akt der Rache, die nutzte ich.

Das aufgeschnallte Riesenkissen in Khaki war mein Warenlager. Dort war der Nachschub gehortet, sodass ich immer wieder auffüllen konnte und der Laden gut sortiert war. Für den Endspurt wollte ich alles voll haben, also setzte ich mich auf eine taubenkackearme Bank, kramte die Reste raus und schichtete meine Hübschen sortenrein ein. Jetzt merkte ich, dass ich keinen kleinen Sack für den leeren großen dabeihatte. Also musste ich ihn wieder auf meinen Rücken binden, wo er herunterhing wie ein nasses Handtuch.

Ich ging weiter und wollte gerade damit anfangen, mich über die Schokoladenordnung vor meinem Bauch zu freuen, als plötzlich eine Dachlawine direkt in meine Verkaufsfläche flatschte. Wie ein begossener Pudel stand ich da und starrte auf den grauweißen Haufen, der meine heutige Existenzgrundlage unter sich begraben hatte.

Verfluchter Drecksschnee, elendiger!

Jetzt aber schnell: auf zur nächsten Bank, Seesack ausbreiten, Pralinenbeutel draufkippen, den krustigen Siff abklopfen.

Mich würde interessieren, was die Passanten sich beim Anblick der Frau vor der Parkbank dachten, die im Halbdunkel vor sich hinfluchend geheimnisvolle Päckchen hin- und herschüttelte – ausstaffiert mit einem roten Glockenmantel, Lichterketten am Hals und einem Wolkenstirnband unter der toupierten Haartolle.

Am nächsten Tag saß ich überpünktlich im Princessan und bestellte mir zur Sicherheit schon mal einen Kakao mit künstlichem Walnussaroma, damit ich was Heißes zum Schleudern hatte, falls Dr. Grumser ungemütlich werden würde. Mit einer Dreiviertelstunde Verspätung trudelte er ein, als wäre die Erschaffung der Zeit eine Beleidigung für die Menschheit.

»Ha, da ist es ja, das Fräulein König! Na, haben Sie genug zu essen und zu trinken? Bestellen Sie ruhig, bei mir muss niemand hungern!«

Guter Ansatz. Mittlerweile war ich beim 3. Heißgetränk angelangt und hatte meinen Tagesbedarf an Kalorien durch Sahnehäubchen, Portionshonig und die Beilagenkekse schon gedeckt. Aber die Kombi Sacher und Linzer mit doppelter Sahne geht immer, her damit.

Bevor wir zum Geschäftlichen kamen, zählte der Doc Methoden auf, wie er sich seiner Zielgruppe näherte. Beispielsweise bot er Leuten, die Kleidung mit Totenkopf-Print trugen, horrende Summen für die betreffenden Stücke. Wenn sie ihre Schädel nicht rausrückten, trieb er das Bestechungsgeld so lange in die Höhe, bis sie weich wurden und sich auszogen. Dann holte er seine Schere, die er angeblich immer bei sich trug, aus der Manteltasche und zerschnitt die Teile vor den Augen ihrer ehemaligen Besitzer. Damit wollte er zeigen: Gott ist unter uns, nicht der Teufel.

Ich wurde nicht schlau aus ihm. Er wollte die Menschen leben lassen, aufopfernd wie Mutter Teresa – verhielt sich aber durchgeknallter als Daniela Katzenberger, psychotisch wie Klaus Kinski und phasenweise weggetreten wie Dustin Hoffman in *Rain Man*.

Fast überbordend versuchte ich mich in Empathie. Davon musste ich, wenn Dr. Grumser auch so was wie ein Autist war, in unserem Miteinander die doppelte Ration aufbringen. Sonst hätte ich das Projekt gleich vergessen können. Den Autisten dieser Welt wird ja von Nicht-Autisten notorisch das Mitgefühl abgesprochen, also nahm ich mir vor, verschwenderisch damit umzugehen. In empathischer Hinsicht überrollte ich ihn fast. Wenn einer zitternd in der Ecke kauert wie ein Wesen, das den Rückweg zum Heimatplaneten vergessen hat, bin ich die Erste, die ihm eine Schale Wasser reicht. Irgendwie schien das telepathisch bei ihm anzukommen, denn ein paar Mal nannte er mich »Quellnymphe«. So hatte mich noch keiner betitelt.

Als er mir den Einsatzplan für den ersten Monat überreichte, erwähnte er beiläufig, dass er in Berlin wohnte. Ich verschluckte mich an meinem Pharisäer.

»Berlin? Wie soll das gehen? Da müsste ich ja umziehen!«

»Iwo, keine Bange, wir sind doch alle Weltenbürger, nicht wahr? Von mir aus können Sie sich in Neuseeland meiner Mission anschließen oder auf Kiribati.«

Von dort hatte ich einen Früchtetee, zumindest hieß die Mischung so: Kiribati-Tropic-Mix. Aber ich konnte mich ehrlich gesagt nicht mehr an den Längengrad erinnern.

»Neuseeland? Herr Dr. Grumser, Sie sind ein Scherzbold, oder?«

»War das eine Frage?«

»Nein! Keine Frage! Also keine echte, nur eine rhetorische. Ich hab mich nur über Ihre Kreativität gewundert.«

Stell ihm bloß keine Fragen, Steff, keine Fragen, verdammt! Sonst kommt gleich die nächste Standpauke!

»Ich bin nicht kreativ! Ich bin doch kein Künstler! Ich bin Christ!«

Alter Schwede, bei dem musste man wirklich höllisch aufpassen, was man von sich gab! Anscheinend fühlte der sich bei jedem Furz auf den Schlips getreten.

»Ja, Sie sind Christ, und das ist gut so.« Ich setzte mein Sonnengesicht auf und strahlte ihn an. Er ließ sich anstecken. Leicht erregbar, der Typ. Aber offensichtlich schnell wieder zu beruhigen.

»Zurück zu Ihrem Wohnort, Fräulein König. Es ist Jacke wie Hose, von wo aus Sie mich unterstützen. Hauptsache, Sie meinen es ernst.« Meinte ich es ernst? Ich dachte an seinen gestrigen Satz zur Weltrettung, der imponierte mir immer noch. Das war eine echte Herausforderung.

»Klar meine ich es ernst. Sie müssen mir nur sagen, was zu tun ist, und ich gebe mein Bestes!«

»Ich schlage vor, ich verrate Ihnen zunächst mal Ihren Verdienst, bevor Sie hier groß rumtönen.«

»In Ordnung.« Puh. Empfindlich durfte man bei dem nicht sein.

Er nannte ein akzeptables Gehalt plus Übernahme aller Fahrtkosten, Unterkunft, Spesen.

Handschlag, Bingo. Wir gingen die Liste durch. Für den ersten Arbeitsmonat hatte er sich Einsätze in 4 Städten ausgedacht, einmal quer durchs Land und zurück. Der Plan war ein karierter Fledderzettel, auf den er mit Bleistift und Lineal eine Tabelle gezeichnet hatte, die so aussah:

Ort	Dauer	Person/en und Mission
Lübeck	1 Tag	Namen nicht bekannt Überreichung eines Geschenks bei einer Mormonenhochzeit
Düsseldorf	3 Tage	Diverse Besuch der Gesundheitsmesse
Nürnberg	1 Tag	Dr. Freck Überreichung eines gemischten Schnittblumenstraußes
Passau	3 Tage	Erwin, Cousin Erfüllung eines Wunsches

Unter den Punkten 1 und 2 konnte ich mir etwas vorstellen, aber welchen Wunsch hatte Cousin Erwin? Und sollte ich wirklich nach Nürnberg gurken, nur um einen Strauß Schnittblumen zu überreichen? Das wollte ich wissen, aber Dr. Grumser hatte ja striktes Fragenverbot verhängt.

»Aha«, überlegte ich, »Ihr Cousin Erwin hat also einen Wunsch frei. Hoffentlich kann ich ihm den erfüllen!«

Damit hatte ich meine Frage in eine Behauptung gepackt und kam mir klug vor. Anscheinend durchschaute mein neuer Chef mich sofort. Schallend lachte er los, trampelte mit beiden Füßen auf die Bistrobohlen und klatschte euphorisch. Der Kellner ließ vor Schreck einen Eisbecher fallen. Der war schon leergelöffelt und aus Metall, es passierte also nichts außer einem lauten Dong.

»Jaja, gut, sehr gut, hahaha!« Pause. »Hahaha!« Pause und Bauchklopfen. Dann holte er Luft und sprach: »Der Erwin wird bald am Herzen operiert und hat Angst, dass seine Zeit um ist. Sie fahren zu ihm und erfüllen ihm jeden Wunsch, koste es, was es wolle!«

Muss ich auch mit ihm schlafen?, wollte ich fragen, aber ich durfte ja nicht. Also fragen. Wieder schien er meine Gedanken zu wittern.

»Sie müssen nichts Unanständiges tun. Erwin darf sich 3 Tage lang alles wünschen, was mit Geld zu kaufen ist, und Sie helfen ihm dabei. Ich gebe Ihnen meine zweite EC-Karte, hier, bitte schön, die Nummer schreibe ich auf, Moment.«

Er schnörkelte 4 Ziffern in Zeitlupe auf eine Serviette und drückte mir seine Bankkarte in die Hand wie ein Päckchen Zigaretten. Ich war baff. Er vertraute mir blind. Aber warum?

Wieder fing er einen unausgesprochenen Satz auf und antwortete darauf: »Ich vertraue Ihnen deshalb, weil ich auf Gott vertraue. Wenn Gott mir alles nimmt, ist es sein Wille, und wenn er mir einen schlechten Menschen schickt, der mich beraubt, dann widerfährt mir seine Gerechtigkeit!«

»Ich bin kein schlechter Mensch!«, schmollte ich.

»Davon gehe ich aus.«

Wir schwiegen und schauten in den Herbstnebel hinaus. Dabei überlegte ich, wie ich die Nürnberg-Frage vermeiden konnte und trotzdem an Informationen kam.

»Mit Schnittblumen kenne ich mich aus«, warf ich in den Raum.

»Hahahaaaaa!« Die gleiche Reaktion wie vorhin. Der Kellner ließ nichts fallen, schielte aber genervt in unsere Ecke.

»Höhöhööööö«, krächzte er und tupfte mit den Schlappohrenklappen seiner Mütze die Tränen weg. Fragenvermeidung schien ihn köstlich zu amüsieren. Grumser erzählte, Freck sei ein ehemaliger Kollege, mit dem er 10 Jahre in Botswana gearbeitet hatte.

»Der Martin hat viele Menschenleben gerettet. Leben und leben lassen, jaja.« Für einen Moment trat er geistig weg und pustete in seinen Cappuccino-Schaum, bis eine Flocke hochfluffte. Bestimmt dachte er jetzt an ein gemeinsames Erlebnis in Afrika.

Durch mein Fragenvermeidungs-Geschick erhielt ich noch folgende Infos: Das Mormonenpaar kannte er nicht persönlich. Vom Hochzeitstermin hatte er durch einen weiteren Undercover-Missionar vor Ort erfahren. Der konnte den Job nicht machen, weil er nur nachts vor die Tür ging, Mormonen aber tagsüber heiraten. Also bekam ich den Auftrag.

Laut Dr. Grumser wurden Mormonen in unserer Gesellschaft zu wenig beachtet. Deshalb sollte ich mich unter die Hochzeitsgäste mischen, als Geschenk einen Lebensbaum in der Größe einer Ananas auf den Gabentisch schmuggeln und mich gleich wieder vom Acker machen. Das war alles. Schräge Aktion, aber locker.

Auf der Gesundheitsmesse war Kontakteknüpfen angesagt. Blablablubb, Kartenaustausch, das übliche Wollen-Sie-einen-Flyer?-Genäsel, und raus dabei kommt nichts als heiße Luft. Außerdem war Dr. Grumser scharf auf Neuerungen in der Geriatrie, da sollte ich ein Augenmerk drauf haben.

Nach fast 4 Stunden und unzähligen Lachern wegen meiner Nicht-Fragen fühlte ich mich missionstauglich.

Dennoch fehlte was. Im Arbeitsvertrag stand »Schreibkraft«, doch davon war auf seinem Zettel nichts zu lesen. Ich bin eine Bürofee mit Leib und Seele. Schon jetzt vermisste ich Aktenordner, Tastaturgeklapper, Telefongeklingel und das Brummen des Servers. Die Intonation verärgerter Kundenstimmen ist Musik in meinen Ohren, und ohne meinen Kaffeepott bin ich wie ein Kleinkind ohne Kuscheltier, den schleife ich vom Scanner bis zum Schredder quer durch jeden Arbeitsbereich.

Ich äußerte Bedenken.

»Nicht verzagen, kommt noch, kommt noch!«, winkte Dr. Grumser ab. »Ab dem zweiten Monat schicke ich Ihnen jede Woche einen Karton mit Unterlagen zur Sichtung.«

»Aha, dann arbeite ich von zu Hause aus und nicht bei Ihnen in der Praxis!« Meine Frage-in-Antwort-Umkehrkenntnisse wurden immer besser.

»Ich praktiziere nicht mehr. Aber ich habe ein Bürozimmer daheim in Berlin, da können Sie arbeiten, wann immer Sie es wünschen!«

Den letzten Satz ließ ich mir erst mal auf der Zunge zergehen. Solche Freiheiten hatte ich noch nie.

»Sie sind ein freier Mensch, Fräulein König«, rundete er meinen Gedanken ab, »auch Sie sollen leben und sich entfalten. Unter einer Bedingung.« Jetzt schwieg er.

Oje, was kommt jetzt? Aber das durfte ich ja nicht fragen. Braue hoch, unwissender Blick, Anspannung gekonnt in Szene gesetzt.

»Lesen Sie die Apostelgeschichte!«

Jetzt schlägt's aber 13! Ich lese, was ich will, und wenn ich Bock drauf hab, *Die Geschichte der O* 10 Mal hintereinander, bleib mir vom Leib mit deiner Missioniererei, du Freak!

»Die Apostelgeschichte, in Ordnung. Ich fang heute damit an.«

Jetzt ist Zappe. Das 5-stündige Gespräch hatte mich ausgeknockt. Ich wollte heim zu Ignatz und seinen katalonischen Oliven und keinen Bibelkreis gründen. Die Apostelgeschichte gibt es bestimmt als Musical oder Film, irgendwie würde ich das hinbekommen.

Nichts da, schien Dr. Grumser zu denken und fischte ein Buch aus seiner Aktentasche. Das Neue Testament, aber nagelneu. Er nickte eifrig und drückte es mir an die Brust, wobei seine Hand meinen Busen streifte. Das fand ich nicht so prickelnd, hielt es aber zunächst für ein Versehen.

»Eine Forderung habe ich noch: Gehen Sie jeden Sonntag in die Kirche und führen Sie Protokoll!«

Er bestimmt, was ich lese und wie ich ab heute den Sonntagmorgen verbringe, sagt aber, ich sei ein freier Mensch, dachte ich. Blitzschnell verglichen die Gerechtigkeitsneuronen in meinem Kopf dieses Paradoxon mit den Vorzügen eines geregelten Einkommens. Ich gab mich geschlagen. Meinetwegen. Die Kirche bei uns um die Ecke sah von außen ganz nett aus, was soll's.

Mit Arbeitsvertrag, Einsatzplan, einem Adressverzeichnis, einer Deutschlandkarte (»Falls Sie nicht wissen, wo Passau liegt!«) und einer eingeschweißten Bibel fuhr ich nach Hause.

Die Grumser-Zeit hatte begonnen.

Interviews mit Fragenverbot

Die Einsätze an sich waren locker. Das wirklich Anstrengende war die Berichterstattung hinterher, wenn Dr. Grumser anrief. Er wollte wissen, wie es gelaufen ist, stellte aber keine Fragen. Jedes Gespräch dauerte stundenlang und lief so unerträglich zäh, umständlich und hintenrum, dass es mir bei jedem Klingeln den Magen zuschnürte. Ich bin ein direkter Mensch und tanze nicht gern um den heißen Brei.

Mit seiner unkonkreten Art und den staksigen Umschreibungen erwartete er von mir ein permanentes Zwischen-den-Zeilen-Lesen, das viel Kraft kostete. Außerdem waren es *seine* Zeilen, keine objektiven. Ich versuchte, seine Nicht-Fragen zu erkennen und selbst ausschließlich Nicht-Fragen zu stellen. Wir bewegten uns hier am

Rande des Erträglichen. Teilweise kochte meine Suppe fast über, doch ich übte mich in Geduld.

In der Schollen-Stadt Lübeck – die Form sieht auf dem Stadtplan wirklich niedlich aus – huschte ich, nicht ganz frei von Hemmungen, in den Festsaal der Mormonen, stellte den Lebensbaum in Melonen-Größe (Ananas war vergriffen) mit Grumser-Grußkarte zu den anderen Geschenken dazu und war wieder weg. Auf dem Rückweg mopste ich zwei Petits Fours vom Kuchenbuffet, eins mit Zuckerperle und eins ohne.

Den Sonntag hängte ich hintendran und fuhr ans Meer. Zum Baden war es zu kalt, aber bei einem Strandspaziergang blies der salzige Wind das Chaos aus meinem Gehirn, das Dr. Grumser durch seine abgedriftete Art verursachte.

Dann folgten unspektakuläre Tage auf der Medica in Düsseldorf. Business as usual. Messetage kennt und meidet jeder. Ich hatte aber keine Wahl, also Augen zu und durch. Es gibt nichts Interessantes davon zu berichten, und ich versuche es erst gar nicht.

In Nürnberg überreichte ich Dr. Freck einen riesigen Blumenstrauß. Er freute sich, bat mich aber nicht herein, weil er am Renovieren war. Er log nicht, das sah man ihm an, denn auf dem Kopf trug er Zeitungspapier in Hutform, selbst gebastelt. Außerdem war sein Holzfällerhemd mit Dispersionsfarbe besprenkelt.

In der Bahnhofsgegend verlief ich mich und stolperte kurz ins Rotlichtviertel hinter der Stadtmauer, wo halb nackte Frauen einzeln in Schaufenstern saßen und herausschauten. Eine zwinkerte und warf mir eine Kusshand zu. Das verwirrte mich. Vielleicht sind weibliche Kunden im liegenden Gewerbe gar nicht so selten. Ich fühlte mich aber sexuell ausgeglichen an jenem Tag und verspürte auch sonst kein Verlangen nach dieser Erfahrung. Also suchte ich den Weg aus dem Labyrinth – obwohl es mich gereizt hätte, einen solchen Punkt im Protokoll für Dr. Grumser zu verfassen, und zwar mindestens so detailverliebt wie Ignatz bei seinen Knast-Memoiren.

In Passau besuchte ich Erwin. Der kannte seinen Cousin und war nicht sonderlich überrascht.

»Spargel will ich. Spargel mit Schinken und Salzkartoffeln. Und Buttersoße dazu. Keine Hollandaise, die ist mir zu dick.«

»Ist das alles? Wir können essen und unternehmen, was Sie möchten, Sie sind herzlich eingeladen!«

»Naa, blouß niad, der duad grood aso, ois ob i scho hoib im Looch leng darat!« Übersetzt: Nein, bloß nicht, der tut gerade so, als ob ich schon halb im Loch läge.

Er gab zu, dass ihm der Arsch auf Grundeis ging, aber das Aufsägen seines Brustkorbes, bevor der Chirurg sein Herz herauspulen würde, sei nun mal nötig und damit habe sich der Fall. Zum Kochen hatte er keine Lust, und falls er den nächsten Frühling nicht mehr erlebte, wollte er noch einmal den Geschmack von Spargel genießen.

Es war Winter. In fast allen Restaurants, in denen ich nach Spargel fragte, wurde ich schief angeschaut. Im etwa 10. wurde ich fündig. Der Koch hatte ein paar Portionen eingefroren und bereitete Erwins Wunschessen zu. Ich bezahlte, gab ordentlich Trinkgeld und brachte die Doggy Bag zu Erwin. Der wollte teilen, aber ich hatte mir Pichelsteiner ausgesucht und eine Flasche Rosé dazu. Den teilten wir.

Bald schickte Dr. Grumser mir jede Woche ein Paket mit Akten, wie angekündigt. Die sollte ich sichten und abheften. Das waren zum einen alle möglichen privaten Unterlagen und zum anderen bunt gemischter Papierkram wie Zeitungen, *Kirchenboten*, Kataloge, Flyer und Fachzeitschriften. Und Werbeprospekte.

Ja, Werbeprospekte. Die sollte ich zuerst chronologisch, dann alphabetisch (»Auf gar keinen Fall umgekehrt!«) sortieren. *Warum das denn?*, durfte ich nicht fragen, also sagte ich: »Das Aufheben von Werbeprospekten kostet Zeit und Geld, außerdem braucht man viel Platz dafür!«

»Prospekte werfe ich nie weg! Wenn man das tut und die Firmen merken das, zieht man ihren Unmut auf sich und wird beschattet!«

Solche Gedanken hatte er ständig. Er fühlte sich beobachtet, wenn er den Müll raustrug, am Geldautomaten stand, einen Brief einwarf, zum Friseur ging oder sich beim Metzger ein Fleischkäsebrötchen kaufte. Einmal fragte die Verkäuferin: »Möchten Sie Senf drauf oder Ketchup?«

O weh, das war eine Frage, dachte ich und ging in Deckung.

»Beides!«, blaffte er sie an. Außer einem verachtenden Blick, den er ihr zuwarf, ließ er sie in Frieden.

Ich bin eine Berlinerin

Im Frühling zog ich nach Berlin. Ich war schon auf Entzug und brauchte tagsüber endlich ein Büro als Unterschlupf. Nicht mal mehr die Liebe konnte mich noch halten, denn bei Ignatz und mir war die Luft draußen. Er war nett, aber nicht das Gelbe vom Ei. Adéu meu estimat amor!

Dr. Grumsers »Büro« war ein Chaos. Auf nicht mal 12 Quadratmetern türmte sich Papierberg neben Papierberg, dazwischen massenhaft Krimskrams und Müll. Alles war mit einer Staubschicht bedeckt, die so dick war, dass sie aussah wie eine Lage Fleecestoff. Die Hardware bestand aus Erstlingsmodellen aus den Anfängen des Computerzeitalters, funktionierte aber. Der Doc arbeitete noch mit MS-DOS. Puh, das war bei mir schon eine Ewigkeit her. Entweder würde er mir einen Refresh-Kurs geben müssen oder ich ihm einen Office-Einsteiger.

Seine Privatwohnung war also mein neuer Arbeitsplatz. Ich sah, dass er nicht nur Prospekte sammelte, sondern alles. Einfach alles. Alte Milchtüten schnitt er auf und ließ sie austrocknen. Die türmten sich in Badewanne und Waschbecken. Ich fragte mich, wo er sich wusch. Leere Marmeladengläser stellte er auf den Balkon, um

Regenwasser zum Schuheputzen zu sammeln. Das Abwasser aus der Waschmaschine sammelte er in riesigen Kübeln für die Klospülung, leere Kaffeeverpackungen hob er auf, falls ihm mal die Brottüten ausgehen würden, und so weiter und so fort. Gegen den Messie hier war Ignatz ein Waisenkind.

Ein blonder Botswaner

Auf dem Wohnzimmertisch stand eine Plastikdose, in die Dr. Grumser 2 verschrumpelte Kugeln gestopft hatte. Ich befürchtete schon menschliche Überreste darin und wollte fragen, was das ist, doch ich durfte ja nicht. Schön langsam ging der mir auf den Geist mit seiner Fragenphobie.

»Das sieht ja aus wie ein Kunstobjekt«, sagte ich, »interessant, sehr interessant!«

Misstrauisch kniff er die Augen zusammen.

»Das sind Mandarinen. Die habe ich untersuchen lassen und getrocknet!«

»Wieso haben Sie denn, äh, ich meine, also ich hab noch nie Mandarinen untersuchen lassen!«

Er zog die Füße auf die Couch und kauerte sich zusammen. Dabei sah er aus wie ein verschrecktes Wolfskind. Dann begann er zu erzählen: »Bei meiner Ausreise aus Botswana brachte mich ein Neger mit blond gefärbtem Haar zum Flughafen. Er fuhr ein Taxi, das der Chefarzt für mich bestellt hatte – der von dem Krankenhaus, in dem ich 10 Jahre war.«

Wo er 10 Jahre war, aha. Ich fragte mich, ob als Arzt oder Patient, schwieg aber. Und außerdem sagt man nicht Neger, du Käsegesicht, hat man dir das im Internistenkurs nicht beigebracht?

»Wer weiß, ob das Taxi echt war«, flüsterte er, »und ein Neger in Blond, das gefiel mir alles nicht. Zum Abschied schenkte er mir die Mandarinen da.«

Hastig deutete er zu dem Behälter, in dem er das Schrumpelobst aufbewahrte.

»Anstatt sie zu essen, habe ich sie gleich ins Toxikologische Institut gebracht. Als ich den Befund abholen wollte, waren sie weg. Die Idioten haben sie einfach in den Biomüll geschmissen!«

Also ich fand das gut. Das Institut für Toxikologie vollzieht Mülltrennung, das ist doch vorbildlich.

»Da habe ich einen Riesenaufstand gemacht, Fräulein König, also einen saftigen, das hätten Sie mal sehen sollen! Die haben fast 2 Stunden gewühlt, bis die Mandarinen wieder aufgetaucht sind!«

Mensch Grumsi, jetzt stell dich nicht so dumm, dachte ich, glaubst du, die werden zum Maulwurf und graben sich durch Grünabfälle, nur weil draußen ein Wahnsinniger tobt? Das waren Toxikologen! Die schüchterst du nicht so schnell ein mit deiner Paranoia, die haben einen Laufburschen zum Netto geschickt, damit er ein Netz Mandarinen besorgt!

Aber ich sagte nichts.

»Gefunden haben sie nichts. Aber ich glaube bis heute, dass der Taxifahrer mich vergiften wollte. Irgendwann lasse ich sie noch mal untersuchen, dann aber woanders. Vielleicht steckt der botswanische Taxifahrer mit deutschen Forschungslabors unter einer Decke!«

Die Angstzustände meines Chefs beschäftigten mich. Misstraute er auch mir?

Er wurde mir immer unheimlicher. Paranoide Schübe und unkontrollierte Zwänge wechselten sich ab, beispielsweise das Durchwuscheln meiner Haare: Urplötzlich preschte er vor zu meinem Kopf und krallte sich regelrecht daran fest. Dabei wirkte er wie eine zum Riesen mutierte Kopflaus.

Verklemmte und dennoch frontale Übergriffe wie das Begrapschen meiner Brüste standen ebenso auf seinem Programm wie das Morgen- und Abendgebet und der sonntägliche Gang zur Kirche. Einmal sagte ich das Wort »Gottesdienst« und kam mir bei seiner anschließenden Zurechtweisung vor, als hätte ich etwas Unanständiges gesagt, so was wie »Schamhaarrasur« oder »vorzeitiger Samenerguss«.

»Gottesdienst! Was für ein dümmliches Wort«, zeterte er. »Wo kommt das überhaupt her? Wer erfindet ein solches Wort? Ich diene doch nicht Gott! Ich knie vor dem Herrn, ja, ich bete für meine Mitmenschen und halte die Zehn Gebote ein, ja, und ich gehe jeden Sonntag in die Kirche und lese in der Bibelstunde, jawohl, aber ich *diene* doch nicht Gott! Wo kämen wir da hin? Gottes*dienst*? Ich bin doch kein Messdiener! Ich bin Internist!«

Stimmt, er war Internist. Ich glaube, ein sehr guter sogar. Trotzdem hätte ich mir von dem nicht mal in die Nase gucken lassen. Der war unberechenbar.

»Tut mir leid«, murmelte ich, »ich wollte Sie nicht verärgern, das sagt man halt so, Gottesdienst, einfach so.«

»Jaja, das sagt man halt so! Alle sagen alles einfach nur so, einfach so daher! Und alle meinen es immer nur gut mit einem, jaja, ach ich hab's doch nur gut gemeint, sagen alle, und alle meinen immer, sie täten das Richtige, und alle meinen es gut und sagen alles einfach nur so daher, das sagt man halt so! Das saaaaaagt man halt so!!! Ich kann es nicht mehr hören, *ich kann es nicht mehr höööööreeeen!*«, kreischte er und hielt sich die Ohren zu.

Zugegeben – ich bin auch kein einfacher Mensch. Und keine einfache Angestellte. Aber dieser Typ hier war wirklich eine ganz harte Nuss.

Einmal beschimpfte er eine Ordensschwester jüdischer Herkunft, die seinen Vater betreute, als Nazi. Ihre Eltern waren in einem Konzentrationslager ermordet worden, als sie 8 war. An einer Coffee-to-go-Theke begegnete sie rund 60 Jahre später meinem Chef und fragte ihn, ob er seinen 104-jährigen Vater nicht endlich in Frieden gehen lassen wollte.

»Naziiiiii!!! Sie sind ein *Naaaaaaziiiiiii*!!!«, brüllte er.

Mein Chef wollte weder Frieden noch seinen Vater endlich gehen lassen. Stattdessen verbündete er sich mit seiner ältesten Schwester und setzte sich mit ihr über die restliche Verwandtschaft hinweg. Sein Vater hatte damals bereits schon über 10 Jahre als Patient der schwersten Pflegestufe im Dämmerschlaf verbracht, und kurz nach seinem 101. Geburtstag ließ sein Sohn ihm den Bauch durchstechen, um ihn durch eine PEG-Sonde künstlich ernähren zu lassen.

Sein Vater wimmerte ständig vor sich hin. Beim Windeln weinte er leise. Ich weiß nicht, ob er es aus Scham getan hat oder weil seine wund gescheuerten Genitalien schmerzten.

In solchen Momenten hätte ich mir am liebsten auf der Stelle breite Engelsschwingen wachsen lassen und ihn eigenmächtig in den Himmel getragen – weit weg von seinen sadistischen Nachkommen. Doch in der perversen Gedankenwelt seines Sohnes musste Menschlichkeit einer kranken »Nur Gott hat das Recht, Leben zu nehmen«-Idee weichen. Er hätte ihm nicht mal »das Leben nehmen« müssen, sondern ihn einfach nur in Ruhe einschlafen lassen sollen.

Manchmal tupfte er seinem Vater, der schon über eine Dekade lang nicht mehr schmerzfrei schlucken konnte, etwas Rotwein auf die Lippen.

»Ja, haha, den guten Bordeaux von früher, den der Papa so geliebt hat, gell, mein lieber Papi, gell?«

Ob er das aufrichtig meinte und aus Trost tat oder nur, um sein Gewissen zu beruhigen, weiß ich nicht. Das Christentum, die Religion der Nächstenliebe und der Gnade, wurde gelebt – gnaden*los*.

Ich frage mich, ob es echt war. Kann ein Sohn, der behauptet, er liebe seinen Vater, so blind sein? Wer weiß – vielleicht stand mehr das lukrative Nebeneinkommen im Vordergrund, das sein Vater jeden überlebten Monat ermöglichte, denn die stattliche Rente des ehemaligen Pfarrers ging an die Angehörigen, die ihn »pflegten«: an meinen Chef und seine Schwester.

Es folgten weitere Beispiele, die seinen Verfolgungswahn bestätigten. Wenn er etwa seinen bettlägerigen Vater verarztete, wurde er zum Revoluzzer und verwendete Zewa statt Verbandsmaterial, weil die Pflasterindustrie angeblich die Patienten abzockte. Gleichzeitig befürchtete er, Industriespione könnten ihm auf die Schliche kommen und ihn wegen Zweckentfremdung der Küchenrolle wegsperren.

Ein weiteres Beispiel: Er verbot mir strikt, sein Schlafzimmer zu betreten. Das hatte ich ohnehin nicht vor.

»Vor 3 Jahren flog mir plötzlich eine Wespe aus der Wäschekommode entgegen, keine Ahnung, wer die in die Wohnung gebracht hat! Sofort hab ich das Zimmer verdunkelt, dann schnell raus und zugesperrt, und seitdem bin ich nicht mehr rein!«

Seine Furcht vor Big Brother ging so weit, dass er mit allen Mitteln versuchte, als Gutmensch dazustehen, damit niemand ihm was anhaben konnte. Am 104. Geburtstag seines Vaters baute Dr. Grumser im Vorgarten trotz Sturmwarnung einen Pavillon auf. Schon Monate vorher schrieb er Einladungen, bastelte Plakate, schrieb eine Geburtstagszeitung und bestellte Essen und Getränke. Die Belege hob er alle auf, als Nachweis für seine Mühen im Bereich der Altenpflege.

Wie ein Besessener kämpfte er gegen Abtreibung, Abschiebung von alten Menschen in Pflegeheime oder gegen Euthanasie. Ob die Party für seinen Vater nur Mittel zum Zweck war, steht in den Sternen. Dr. Grumser plante, möglichst viele Passanten in seinem Pavillon zu versammeln, von denen einer bestimmt ein Spion war, der Informationen über den Gutmenschen Grumser an die geheime Obrigkeit tragen würde. Von früh bis spät nötigte er mich dazu, wildfremde Menschen ins Geburtstagszelt zu locken und sie mit Gulaschsuppe abzufüllen.

Bei allen Einsätzen musste fotografiert, dokumentiert, protokolliert werden. Die wichtigsten Unterlagen trug er bei sich, um jederzeit sein Wohlwollen beweisen zu können. Alles musste mehrfach kopiert werden. Einen Satz Akten sollte ich bei mir zu Hause lagern, falls jemand seine Wohnung abfackeln würde. Auch den Kopierladen hielt er für ein Spionagezentrum, die kamen ihm gerade recht. Die sollten ruhig alle mitbekommen, wie er die Welt verbesserte!

Als sogar das Lehrlingsmädchen in der Bäckerei sich »auffällig« verhielt, orderte er sofort ein Extrablech Bienenstich. Mit dem lief er den Leuten hinterher, die sich in der Nähe des Hauses seines Vaters aufhielten. Bienenstich wählte Dr. Grumser in Anlehnung an die eingesperrte Wespe in seinem Schlafzimmer, um dem Einbrecher, der das Insekt zwischen seinen Arztsocken platziert hatte, eins auszuwischen.

Wer weiß, wie viele Menschen solche Gedanken haben. Man darf sich gar nicht vorstellen, wie viel geistig Verwirrte da draußen rumlaufen, denen man es auf den ersten Blick nicht ansieht. Wenn aber einer frei von der Leber weg darüber spricht, ist das noch mal eine ganz andere Nummer.

Grumser forderte meine Unterstützung auf seinen Missionsreisen. Immer wieder faselte er von freier Entfaltung, doch dass ich mich ständig verbog und zur Lachnummer machte, fiel ihm nicht auf. Dazu hatte er sich schon zu weit in sein Gedankenkonstrukt zurückgezogen. Seine Stimmungsschwankungen glichen einer Achterbahnfahrt. Mal war er nett und großzügig, dann wieder verletzend und kleinlich. Alle paar Wochen begrapschte er mich, tat aber sofort so, als wäre es ein Versehen gewesen. Dann schlug er sich selbst auf die Finger oder starrte mich mit erhobenen Händen vorwurfsvoll an, als ob ich schuld dran wäre, wenn er mir an den Hintern fasste.

Mobiltelefone verabscheute er. Mit denen konnte man heimliche Aufnahmen machen, die waren eines der größten Übel unserer Zeit.

»Heutzutage hat schon jeder Fötus ein Handy!«, zeterte er. »So hat Gott das bestimmt nicht gewollt!«

Kurz vor meiner Kündigung entdeckte er mein Handy in meiner Manteltasche. Bedrohlich baute er sich vor mir auf und beschimpfte mich als Mitläuferin seiner Gegner, die ihn eliminieren wollten. Als sein Nachbar mir ein paar Tage später erzählte, dass Grumser schon mehrfach in Handschellen abgeführt worden war, ging ich in Habachtstellung. Allein wollte ich mit meinem Chef nicht mehr sein. Das sagte ich ihm. Nach über einem Dreivierteljahr Irrenhaus lagen meine Nerven blank.

Die Sprechstunde neigt sich dem Ende zu

»Und überhaupt«, bellte ich ihn an, »stelle ich ab jetzt so viele Fragen, wie ich will, und in die Kirche latsche ich nur noch, wenn ich Bock drauf hab, und wenn Ihnen das nicht passt, sind Sie mich los!«

Ich kam in Fahrt.

»Und ober-überhaupt: Welcher Trottel hat Ihnen eigentlich erzählt, dass man keine Fragen stellt? Wo steht das geschrieben? Glauben Sie, Gott hat das Fragezeichen umsonst erschaffen? Hä? Denken Sie das wirklich?«

5 Fragen in einem Redeschwall – das tat gut! Endlich konnte ich frei atmen und war wieder die Stephanie, die ich kannte! Wie versteinert stand er da. Dann schloss er die Augen, presste die Lippen zusammen. Blind tastete er nach Stift und Zettel, zog beides aus seiner Hosentasche und machte die Augen wieder auf. Stumm schrieb er: *Ich vergebe Ihnen!* Dann drückte er mir den Zettel in die Hand und ließ mich stehen.

Unser gemeinsamer Weg würde bald zu Ende sein, das spürten wir beide. Ein paar Wochen vor seiner Schimpftirade gegen die jüdischstämmige Nonne hatte er mir seine Kaffeetasse unter den Busen gehalten und drückte ihn mehrmals hoch, bis er wippte. »Einen Schuss Milch bitte«, fistelte er und grinste dämlich. Das war unpassend und nervtötend. Doch ich blieb. Nach dem Nazi-Vorwurf an die Ordensschwester kündigte ich.

Die Nomadin wollte weg. Sie sehnte sich nach Freiheit und dem Gesang der Waldelfen, wenn sie in klaren Vollmondnächten auf Zehenspitzen durch die Wälder tanzten. Es war wieder an der Zeit, den Esel zu satteln.

Rosenheim war mein nächstes Ziel. Erstens hatte ich als Kind 2 Jahre dort gewohnt, und zweitens wegen des Namens. Das muss man sich mal bildlich vorstellen. Ein Heim für Rosen. Außerdem ist es von dort aus nicht weit nach München. Ich mag München. In der Olympiahalle erlebte ich mit 14 mein erstes Konzert und verliebte mich in Falco. Und: Das Oktoberfest ist ein Muss jedes Jahr, da gibt es überall verkleidete Männer in Lederhosn und Trachtenhemd. Diese Spezies betrachte ich besonders gern. In der Weißwurststadt stehen die Chancen auf zünftige Tonis und Gustls besser als in Brandenburg. So: Out of Berlin, straight to Rosenheim! Einen Bürojob würde ich auch dort finden, diesmal aber einen gescheiten!

So war es dann auch.

8

Station Rosenheim

Reise in die deutsche Tundra

Griaß de Rosnheim, habe d' Ehre! – zu Deutsch: Hallo Rosenheim, ich habe die Ehre! »Habe d' Ehre« ist im bayrischen Raum eine saloppe Begrüßung. Anfangs fand ich das leicht bekloppt, aber man gewöhnt sich an bayrische Mitmenschen und ihre Eigenarten. Mittlerweile gefällt mir der Satz. Habe d' Ehre, irgendwie klingt das edel.

Schon bei der zweiten Firma, die ich ansteuerte, kam ich unter: ein Immobilienmakler. Öfter mal was Neues. Das auch noch zu Top-Bedingungen.

In der Immobilienbranche ist »Top« das Maklerwort Nummer 1. Toplage, topgepflegt, topgünstig, topzentral, toplichtdurchflutet. Alles tiptop. Maklerschnösel erkennen bei ihren Haus-Wald-und-Wiesen-Beschreibungen leider nicht, dass »top« ein Flop ist, und zwar schon lange. »Top« ist abgegriffen und durchgelutscht. Genauso wie »Bereich«. Wohnbereich, Schlafbereich, Kochbereich, Hygiene- und Wellnessbereich. Laberlaber.

Der »Hygienebereich« sind Klo und Handwaschbecken, und der Wellnessbereich die Badewanne. Aber ich verstehe die Makler. Das sind schließlich auch nur Menschen. Jede Baracke erfordert ihren Lobgesang, sonst hat man nur noch Besichtigungsverweigerer in der Interessentenkartei. Vor Ort, am »Objekt«, kommt es manchmal zu Eklats. Dann sagt der Besichtiger so was wie: »Wollen Sie mich veräppeln, Sie Vollkoffer von einer Maklergestalt? Welcher Kunde pfercht bitte schön seine Familie in diesen Maulwurfsbau? Verzupfen Sie sich mit ihren Top-Bereichen, aber zügigst!«

Das ist bitter für den Vollkoffer, Verzeihung, ich meine: für den Makler. Aber wenn er schon länger im Geschäft ist, kann er das ab. Auf lange Sicht: alles *top*, alles im grünen *Bereich*. Ein unerschrockener Hausvermittler hält das aus. Schließlich greift er satte 5 Prozent Courtage ab, da darf man nicht piensig sein, wenn ein Kunde einem zwischendurch die Meinung geigt.

Da ich kein Makler bin, darf ich »top« verwenden. Die Vereinbarungen mit Herrn Dankwart Suggerich, meinem frischgebackenen Chef, waren: Top-Vollzeitgehalt bei einer 34-Stunden-Woche, aufgeteilt auf 4 Tage: Montag bis Donnerstag von 8 bis 17 Uhr, eine halbe Stunde Mittagspause, Freitag frei.

Frei am Freitag, passt. Mein Neuer war ein Logikmensch, das fand ich gut, da können sich andere Arbeitgeber eine Scheibe von abschneiden. Auch Herr Suggerich machte seinen Freitag zum Frei-Tag, und das, obwohl er nicht sonderlich muslimisch veranlagt war.

Digitaler Frühlingsputz

An meinem ersten Rosenheimer Arbeitstag machte ich eine irre interessante Bekanntschaft. Es war eine Dame, topschick gekleidet und totschick frisiert, die seit einigen Tagen hier »aufräumte«. Sie war aber keine Putzperle, sondern eine ehemalige Mitarbeiterin, die sich vor Jahren im *Bereich* »Büro-Organisation« selbstständig gemacht hatte. Ihr Exchef Suggerich, also mein frischer, hatte SOS gefunkt und sie zu Hilfe gerufen.

»Schaug her, Claudi, mir versinkma im Durchananda, eimfach fuachboa, mir findma koa oanzigs Blaadl nimmer!« Zu Deutsch: Sieh doch, Claudi, wir versinken im Chaos, einfach furchtbar, wir finden kein einziges Blatt nicht mehr!

Was die Bayern sich bei ihrer doppelten Verneinung denken, hab ich bis jetzt noch nicht begriffen. Redundanter geht's nicht mehr.

Darauf Claudi: »Ja, ich seh schon, da habt ihr ordentlich gewütet!«

Ordentlich gewütet, so ein Quatsch, das beißt sich doch. Wenn ich wüte, ist es vorbei mit der Ordnung. Aber ich zog nur überheblich eine Schnute, von der aber keiner Wind bekam, weil ich mir zur Tarnung den Locher vor den Mund hielt. Niemand will am ersten Tag als Klugscheißer auffallen.

Zuerst war Claudi mir suspekt. Doch dann merkte ich: Die Frau hat was auf dem Kasten, zumindest dann, wenn sie über Büro-Organisation redete. Hier war sie mein geistiger Zwilling. Etwas Neues erzählte sie mir nicht, aber mir war wohlig dabei, als ich merkte: Wir ziehen an einem Strang.

Sie blieb eine weitere Woche, um mit mir ein neues Ablagesystem zu erarbeiten, und meistens sagte ich nur »Stimmt!«, »Sehe ich genauso!« oder »Das würde ich auch so machen!«. Aber nicht, um ihr wohin zu kriechen, sondern weil ich tatsächlich so arbeitete und dachte wie sie.

Als gegen Ende des Monats ihre Rechnung einflatterte, haute es mich fast um: 5.400 Euro. Das verdient man also als selbstständiges Organisationstalent! Ich schluckte. Das hätte sich mein Chef locker sparen können, wenn er mich rangelassen hätte an den Speck. Aber er konnte ja nicht wissen, dass er sich mit mir eine echte Büroprinzessin geangelt hatte.

Noch saß Claudi auf dem Thron und wurde von allen hofiert, wenn sie aufkreuzte, weil sie »ein so unschätzbar wertvolles Wissen hat wie keine andere!«.

Papperlapapp.

Zugegeben: Gute Chefsekretärinnen sind rar, das weiß jeder Firmeninhaber. Claudi war eine von ihnen, keine Frage. Aber ich, die Anwärterin für den Posten »File Queen of Rosenheim 2.0«, würde richtig Gas geben, um die neue Ordnung weiterhin zu pflegen.

Claudi blies jedem den Marsch.

»Wie sieht denn dein Schreibtisch aus, das ist ja ekelhaft!«, sagte sie zu Kata, unserer Minijobberin.

Katas gibt es auch im Karate, das ist wie ein Tanzreigen im Kampfsport. Doch Claudi meinte hier die Abkürzung für Katharina.

Die Arme war ein Papiermessie. Obwohl sie nur wenige Stunden pro Woche anwesend war, hatte sie ihren eigenen Arbeitsplatz. In dieser kurzen Zeit schaffte sie es, ihren Schreibtisch so dermaßen zuzumüllen, dass sie an manchen Tagen zunächst erst einmal die Tastatur freischippen musste, ehe sie startklar war. Ihre einzige Aufgabe war, Belege zu sortieren, die sie ein Mal pro Monat zum Steuerberater schickte. Das tat sie entweder in Zeitlupe oder schnatternd, wobei sie ungehemmt über ihr Privatleben plauderte.

Ich will nicht angeben, aber ihren Job hätte ich nebenbei noch mit der linken Arschbacke erledigt. Das behielt ich aber für mich. Mobbing ist Krieg, und ich bin Pazifist, also Finger weg. Außerdem: Jeder hat sein eigenes Erledigungstempo. Als ich anfing, war auch ich eine lahme Schnecke. Aber ich habe nie rumgelabert und Kollegen die Zeit gestohlen, das war mir schon immer ein Graus. Wenn mir eine Plaudertasche mit ödem Gequassel auf den Wecker geht, verziehe ich mich meistens aufs Klo. Dort bleibe ich extralang eingesperrt, spüle mindestens 2 Mal, und beim Rausgehen halte ich mir den Bauch und sage erleichtert: »Puh!«

Eine Mitarbeiterin mit Verdauungsproblemen belästigt keiner. Einfacher Trick – und funktioniert fast immer, außer bei Kollegen, die *Feuchtgebiete* gelesen haben und sich bei Ekelthemen zu sexuellen Tagträumen hinreißen lassen.

Claudi plädierte für Ordnung in jeder Hinsicht: Schreibtischordnung, Kleiderordnung, Papierordnung, digitale Ordnung. Und für Ordnung bei der Hygiene sowieso: im Kühlschrank und auch auf dem Klo. Notorische Krümler wurden streng ausgeschimpft, und Stehpiesler mussten bei ihr ins Einzelgespräch, die nahm sie besonders hart in die Mangel. Bei ihren Vorträgen nahm sie kein Blatt vor den Mund, nicht mal einen Grashalm. Das fand ich gut. Beim alten Grumser war Direktheit ein Fremdwort gewesen, und Claudis ungeschönte Reden erfrischten mich wie ein Schwall kaltes Wasser, herrlich!

Besonders beim Kapitel »Digitale Ordnung« ging ich mit ihr d'accord. Dem Team hier war jahrelang ein schwerwiegender Fehler unterlaufen: Das von Dankwart Suggerich eigens eingeführte Ablagesystem war nämlich nicht alphabetisch aufgebaut, sondern nach Themenbereichen. Das ist fatal.

Am Anfang ist noch alles im Lot. Keiner merkt was, jeder wurschtelt vor sich hin und schluckt das, was der Vorgesetzte einem schon vorgekaut serviert. Ohne zu hinterfragen, reiht jeder sich ein. Alle schmeißen ihre Daten auf den Haufen im Server, ohne zu merken, dass *ein Vorgang* oft *mehrere Teilbereiche* abdeckt.

Querverweise kosten Zeit und Hirn, also spart man die sich. So daddelt jeder vor sich hin und legt seinen Kram nach Lust und Laune in irgendwelche Unterordner ab. Der Datenberg, »sortiert« nach subjektiv empfundenen Themenbereichen, wächst mehr und mehr. Spätestens dann, wenn jemand nach archivierten Vorgängen sucht, merkt man: Houston, wir haben ein Problem!

Brockhausmäßig läuft der Hase

Dann kommt Panik auf. Unauffindbar, das Zeug. Verschollen im Universum der Datenbank.

Manchmal glückt es dem Zuständigen von damals (sofern er noch nicht in Rente ist), sein Gehirn zu durchkämmen. Wenn er sich an Auftrag und Vorgehensweise erinnert, taucht die vermisste Akte vielleicht wieder auf. Wenn nicht: Essig. Dann suchst du dich tot, bis du fündig wirst – *wenn* du fündig wirst. Die Firma kostet die Sucherei ein Schweinegeld. Ein Neuling hat bei diesem »System«

keine Chance. Das gleicht einem Sprung ins kunterbunte Bällebad bei der Kinderbetreuung von IKEA. Er ersäuft im Datenwust und wird krank vor Sucherei. Oder er bekommt Selbstzweifel, weil er denkt: Bin ich zu blöde, um mich hier zurechtzufinden?

Nein, es liegt nicht an ihm. Bei einem Ablagesystem, das nicht alphabetisch, sondern nach irgendwelchen Wischiwaschi-Themen aufgebaut ist, steigt über kurz oder lang nicht mal mehr der Chef durch. Das passiert schleichend, und ehe es der Erste rafft, sind schon Tausende von Dateien irgendwo ins Nirgendwo gepustet worden.

Eine Ablage, die auf Themenbereichen basiert, kann, wenn überhaupt, nur in einem Einmannunternehmen funktionieren, und auch nur dann, wenn der Schaffende ein Elefantengedächtnis hat.

In größeren Firmen muss die Sortierung alphabetisch aufgebaut sein. Ein Beispiel: Wenn ich was über die Herbstzeitlose wissen will, schlage ich im Lexikon unter »H« nach. Niemand drückt sich ein ganzes Buch über Wildpflanzen, bis er hoffentlich irgendwann über die Herbstzeitlose stolpert. Wenn die Geschäftsleitung das kapiert, genehmigt und umsetzt, findet sich sogar ein Praktikant aus der 8. Klasse am ersten Tag zurecht.

Von Stiefelzerstücklerinnen und Kondomzerreißerinnen

Es brachte Spaß, den Laden neu zu sortieren, da war ich in meinem Element. Boss Suggerich war toll: ließ sich gleich duzen, nannte seine Angestellten »mein Lieber« bzw. »meine Liebe« und sagte zum Abschied gern »Gute Zeit für Sie«, und zwar bei allen. Nicht nur zu Kunden – auch zur Putzfrau, zum Hausmeister, zum Getränkefritzen. Das gefiel mir.

Nervig an Dankwart war nur seine Sexsucht. Das kannte ich schon aus anderen Büros. Ich bin nicht empfindlich, aber wenn ein Geschäftsführer dem Team detailliert seine Vorlieben offenlegt und seine Pornosammlung im offenen Aktenregal hortet, finde ich das unpassend. Wir sind doch hier nicht bei Beate Uhse.

Da fällt mir ein: Ich war mal ein paar Wochen mit einem Polen liiert, der sagte entweder »Beate Uschi« oder »Beate Ursel«, weil er sich »Uhse« nicht merken konnte. Er wurde sauer, wenn ich darüber lachte. Er kaufte bald nur noch bei Orion, da war er auf der sicheren Seite.

Auch bei mir schreckte Dankwart vor nichts zurück. Mehrfach signalisierte er: »Oiso wenn du mi eiloon daradst, daad i fei aaf koam Foi ned naa song, dees sogider!« Das bedeutet so viel wie: Also eine Einladung von dir würde ich fei keinesfalls nicht abschlagen, das sage ich dir.

»Fei« kann man nicht übersetzen, das haben nur die Bayern. Ich glaube, die häufigsten Fei-Benutzer sind Oberpfälzer und Niederbayern. Franken machen das auch manchmal, ich habe sie genau dabei beobachtet. Sie unterstreichen damit, dass sie gerade die Wahrheit sagen, ungefähr so: »Ich lüge dich jetzt wirklich nicht an, ich schwöre, ich sage jetzt *fei wirklich* die Wahrheit!«

Wer es bis jetzt nicht verstanden hat, muss einen bayrischen Mitbürger fragen, es laufen ja genug davon rum.

Zurück zur »Einladung« für Dankwart, die nie erfolgte, nicht mal annähernd. Zu seinem Vorgesetzten kann man schlecht sagen: »Jetzt sperr mal die Ohren auf, Danki, du Knilch, merkst du eigentlich, dass ich null Trieb drauf hab, dich *einzuladen*? Auf ein Glas Brottrunk vielleicht, aber du wirst fei niemals nicht meinen Wellnessbereich von innen sehen, und meinen Schlafbereich schon mal gar nicht, knick it, du Lustmolch!«

Das kann man nicht bringen. Da ist Diplomatie gefragt.

Diplomatisch abwimmeln ist schwierig, aber mit ein bisschen Übung läuft's. Und wenn die Botschaft nicht ankommt, kann man immer noch mit der Burka durchs Büro wandeln oder mit einem Kreuz am Hals und behaupten: »Ab heute bin ich streng katholisch, und wenn ich mich hier unsittlich bedrängen lasse, muss ich sofort

Feierabend machen und mit meinem Pfarrer einen Beichtstuhl-Termin vereinbaren, dem muss ich dann alles erzählen, und zwar brühwarm!«

Oder so ähnlich. Eine solche Ansage muss sitzen.

Meine Vorgängerin Imke von Bremelsdorf war dem »Charme« unseres Womanizers erlegen. Nicht nur das. Kata, unsere redselige Aushilfstippse (Nein, Tippse ist nicht politisch unkorrekt, wir heißen alle so, fragen Sie mal eine!), schüttete mich hier mit Infos zu, die die Welt nicht braucht.

»Die hatten vielleicht eine Affäre, die zwei, aber was für eine! Überall hat der Dankwart die von Bremelsdorf mit hingeschleift! Und hier, guck dir die Möbel an, auf jedem Schreibtisch haben sie gevögelt, auch auf deinem, ja wirklich, wie die Wilden, einfach überall!«

Das wollte ich nicht wissen. Jetzt wusste ich es aber.

Kata machte weiter: »Und eifersüchtig war die, das glaubst du nicht! Sogar auf mich! Die hat mir in ihrem Wahn sogar die Stiefel zerschnitten!«

Jetzt wurde es interessant. »Sie hat was?«, fragte ich ungläubig.

»Meine guten Winterstiefel, die handgegerbten aus Livorno! Schnippedischnapp, einfach durchgeritzt!« Kata fuchtelte mir mit einer imaginären Schere vorm Gesicht rum. Entweder hatte Imke von Bremelsdorf einen Hau oder Kata.

»Das war im Januar«, fuhr sie fort, »ich wollte zum Tango-Workshop und tauschte abends hier noch die Schuhe aus: Stiefel aus, Sneakers an!«

Sneakers? Nicht 1 Sneaker, 2 Sneaker? Hm. Und wie ist es beim Schokoriegel? Wahrscheinlich 2 Snickersse, aber da frag ich lieber bei meinem Schokoberater auf der Tanke nach.

»Stephanie, hörst du zu oder pennst du weg?«

»Nein, ich bin ganz bei dir.«

»Na gut, jedenfalls bin ich dann los Richtung Tanzboden, und die Stiefel hab ich unter meinen Schreibtisch geschoben. Als ich nach ein paar Tagen wiederkam, war bei beiden die Sohle durchgeschnitten, alles durch, komplett bis aufs Futter!«

»Nicht zu fassen!«

»Sag ich doch! Mir war sofort klar, wer's gewesen ist!«

»Wieso?«

»Weil die von Bremelsdorf schon öfter mit so seltsamen Anti-Stiefel-Sprüchen aufgefallen ist, fei wirklich, frag mal die anderen. Wir haben uns schon alle gefragt, was ist denn mit der los, dass die andauernd über Stiefel schimpft!«

»Das ist ja 'n Ding!«, sagte ich.

»Genau! Und weißt du was? Als ich sie zur Rede stellte, drehte sie durch und schlug meinen Kopf nach hinten! 3 Mal sogar!«

»Das darf nicht wahr sein!«

»Gell, das sagst du auch! Aber die hat sofort die Kündigung erhalten, da isser konsequent, der Dankwart. Die ist sogar mal bei ihm eingebrochen, die von Bremelsdorf, und hat alte Gemälde versteckt, das waren Erbstücke! Und Kondome hat sie zerrissen! Die hat sie auf dem Kopfkissen seiner Frau verteilt!«

»Warum sagst du immer ›von Bremelsdorf‹, Imke ist doch kürzer!«, warf ich ein.

»Ist doch egal, es geht doch jetzt um die Kondome!« Kata fauchte wie eine Wildkatze.

Ihre Geschichte war so schräg, dass ich an ihrer Richtigkeit zweifelte, aber ehrlich gesagt interessierten mich die ollen Kamellen nicht. Es gab Wichtigeres zu tun, als sich über Stiefelhasserinnen oder Kondomzerstörerinnen den Kopf zu zerbrechen.

Aber Hubert, der Franke im Büro, bestätigte den Vorfall.

»Däi hood an leichtn Batscher ghabt, dees konnst mer fei wergli glaam! I bin frou, dasser däi nausgeschmissn hod, däi alde Quaggn, däi bläide!« (= Die hatte einen Knall, das kannst du mir fei wirklich glauben. Ich bin froh, dass er die rausgeschmisen hat, die alte Quacke, die blöde). Leider weiß ich nicht genau, was »Quacke« bedeutet, aber ich befürchte, in Franken ist das ein weibliches Geschlechtsteil. Oder nur ein bestimmter Teil eines weiblichen Geschlechtsteils.

Hubert for President

Hubert war mein Rosenheimer Lieblingskollege. Er war fast 60 und hatte viele Höhen und Tiefen erlebt, privat und beruflich. Wenn er sich in der Mittagspause beim Thailänder gegenüber einen Maotai zu viel gab, erzählte er manchmal von früher aus seiner wilden Schlägerzeit. Dabei tischte er uns Erlebnisse auf, die so unglaublich waren, dass er bald den Beinamen Käpt'n Blaubär verpasst bekam.

Einmal polterte er angeblich sturzbetrunken in die Damentoilette einer Kneipe, weil bei den Herren besetzt war und er sich dringend übergeben musste. Die Birne der Klolampe war kaputt, also musste er im Dunkeln vorwärtstrippeln. Die erste Tür, die er greifen konnte, öffnete er und strahlte sofort seine Saftladung in die Ecke, in der er das WC vermutete.

Kurz war es still. Doch dann gellte ein Schrei durch die Kneipe, der so schrill war, dass man ihn laut Huberts Ausführungen bis auf die Gasse raushörte. Der Wirt kam mit einer Taschenlampe angerannt – und sah folgendes Bild: Ein vornüber gebeugter Hubert, hackedicht, aber entleert, und eine von oben bis unten besudelte Stammkundin, die auf der Schüssel hockte – zusammengesunken und zitternd vor Abscheu.

»Warum sperrstn ned zou?«, lallte Hubert.

»Ich habe Klaustrophobiiiiiiiiiiiiiiiiiiiiiiie!«, soll sie geschrien haben.

Solche Storys hatte er en masse auf Lager. Oder die von seinen beiden Kumpels, die Mitte der 60er sämtliche Bauernhöfe der Gegend unsicher machten, weil sie sich als »Mauerwerkprüfer« ausgaben und den Bauern weismachten, ihr Gemäuer sei von der »Gemeinen Salpeterschnecke« befallen, und wenn sie nicht sanierten, würde es keine 3 Monate dauern, und ihr Hof würde in sich zusammenfallen wie ein Kartenhaus. Die Landwirte glaubten den Mist und blechten für das fachgerechte Ausmerzen des Salpeterschneckenstammes. Die Betrüger verdienten ein Heidengeld damit.

Das Geld liegt auf der Straße, man sieht es immer wieder. Aber für mich wäre das nichts. Ich belaste mein Karmakonto doch nicht mit Geld, nein, damit ganz bestimmt nicht. Da gibt es andere Dinge, für die es sich eher lohnt.

Einmal buchten Hubert und ich zum Spaß ein Seminar. Das war eine Art »Wachse-über-dich-hinaus-und-entdecke-ungeahnte-Fähigkeiten-Kurs« für Anfänger. Die Teilnehmer mussten Sketche improvisieren und wurden dabei gefilmt. Also keine richtigen Sketche, mehr ernsthafte Momente in schwierigen beruflichen Situationen. Beispielsweise wurden wir geschult, wie man sich bei verbalen Übergriffen von Kunden verhält. Die Sprache durften wir uns aussuchen. Hubert entschied sich für Englisch, ich für Fränkisch.

Er lachte mich aus, weil mein Fränkisch einen Pfälzer Akzent hatte, und ich lachte ihn aus, weil sein Englisch einen fränkischen hatte. Frankonian English, das ist der Brüller. Das »isn't it?« am Ende einer Frage ersetzte er durch ein breites »ne?«. Damit schoss er mich ab. Ich kippte vornüber vor Lachen und blamierte mich vor der ganzen Kursgesellschaft. Die waren eher humorlos gepolt und nahmen das Über-sich-Hinauswachsen bierernst. Schließlich hatten sie für das Seminar bezahlt, da wollten sie keine Kasper dabeihaben, die bei der Small-Talk-Übung statt »Nice weather, isn't it?« lieber »Ou, nais wedder, ne?« gackerten.

Die gefilmten Pseudo-Begegnungen wurden in »Phase II« gruppenweise angeschaut und durchdiskutiert. Die Diskussion wurde wieder gefilmt, und in »Phase III« diskutierten wir das Durchdiskutierte durch. In »Phase IV« hatten die Kursdesigner den Alleingang zum Wirtschaftspsychologen eingeflochten, der im Nebenzimmer schon auf uns lauerte. Im intimen Einzelgespräch sollte er seinen

Senf dazugeben, wie der Betroffene in Zukunft noch besser über sich hinauswachsen könnte.

Hubert und ich machten uns rechtzeitig dünne. Der würde uns nach unserem Fehltritt eh nur den Kopf waschen, darauf konnten wir verzichten.

Auf der Rückfahrt wurde Hubert zum Tier. So hatte ich ihn bisher noch nie erlebt. Das kam so: Neben uns klappte ein Hipster um die 20 seinen Laptop auf, pflanzte seine Ohrstöpsel ein und klickte eine der Raubkopien an, die auf seinen Rechner gezogen waren.

Reingucken ist unhöflich, ich weiß, aber es passiert halt doch. Hubert wurde als Erster schwach und schielte rüber. Sofort klappte ihm die Kinnlade runter. Augenblicklich wurde auch mein Kopf wie von Geisterhand zur Filmvorstellung gedreht. Was dann kam, war der abscheulichste Moment, den ich jemals in einem öffentlichen Verkehrsmittel erlebt habe:

Das Milchgesicht zog sich hier, ich meine *hier* (!), mitten im Zug, inmitten von Frauen, Kindern, Herzkranken und allen anderen, in aller Öffentlichkeit, am helllichten Tag, in aller Seelenruhe einen *Splatterfilm* rein. Und zwar einen der allerübelsten Sorte: Kettensägen, Äxte, Blutfontänen, Knochen zerbersten, Gedärme quellen aus zerstückelten Körpern, bestialische Mörderfratzen, vor Todesangst erstarrte Opfer!

Hubert war vor Entsetzen versteinert, er als gestandenes Mannsbild! Was würde passieren, wenn ein Kind vorbeiginge? Nicht auszudenken!

Ich fing mich zuerst wieder. »Warte, bin gleich wieder da!«

Ich hastete durch den Gang – auf der Suche nach einem Kontrolleur, der hoffentlich ein Kickboxmeister war, fand aber nur eine Kontrolleurin. Die saß im Personalabteil, feilte an ihrem Daumennagel und bekleckerte ihre blaue Uniform mit Fingernagelstaub. In knappen Sätzen beschrieb ich das Problem.

»Ja, und jetzt?« Gelangweilt hob sie eine Braue, pustete ihre Daumenkuppe frei – und feilte weiter.

»Sie müssen was tun! Der muss die Kiste ausschalten, und zwar schleunigst!«

»Da kann ich nichts machen, tut mir leid, ich kann niemandem vorschreiben, welche Filme er hier konsumiert!«

»Aber wenn Kinder vorbeigehen und das sehen, o Gott, da reicht nur ein Bild, wie furchtbar! Das ist ein öffentliches Ärgernis!«

»Nein, ist es nicht. Ein Porno ist ein öffentliches Ärgernis, da könnte ich einschreiten!«

Ich war sprachlos.

»Sie glauben nicht, was wir so alles erleben! Gestern hat sich eine Geschäftsfrau im Chanel-Kostüm am Vierer die Fußnägel lackiert, also bei so was werde ich ungemütlich!«

Das war mir zu blöd. Es musste schnell gehen, jede Sekunde zählte. Ich lief zurück. Hubert saß immer noch so da. Rumms! Ich versetzte ihm einen Stoß, der ihn entkrampfte.

»Jetzt mach was!«, zischte ich ihn an, die Tusse von Kontrolleuse macht lieber Maniküre!«

Hubert stand auf.

Er tippte dem Cineasten auf die geschmacksverirrte Stirn. Empört blickte er von seinem Laptop auf. »Was erlauben Sie sich eigent…«, weiter kam er nicht.

»Jetzt hör mal gut zu, du Perversling, du gottverdammter! Entweder du versiegelst auf der Stelle deinen Klapprechner, deinen drecksverseuchten, oder ich hau dir den Schundhaufen um die Ohren, aber mit Genuss, das schwör ich dir!«

Wie ein Feuer speiender Drache stierte Hubert auf den Hirnlosen herab. Der war erstarrt und glotzte ungläubig. Hubert schob nach: »Los, ein bisschen schneller als sonst! Oder woll'n wir 2 Hübschen uns einen netten Filmabend machen?« Er griff nach dem Notebook.

»Nein, aufhör'n! Ich mach ja schon aus, ich mach ja schon, stopp, hören Sie auf, o Gott!«

»Das sind mir die Richtigen, meine Fresse!«, schnaubte Hubert verächtlich. »Sich so ein Dreckszeug reinziehen, und beim ersten

Windstoß nach der Mutti rufen, schäm dich, Kandidat! Menschenskinder, geh deine Windeln wechseln, du ignoranter Depp von einem Vollpfosten, du kranker!«

Der Milchjunge gehorchte. Artig räumte er sein portables Schundkino von der Fläche. Daneben saß ein Mittvierziger, der klatschte als Erster. Auch andere Fahrgäste waren Zeuge von Huberts Auftritt gewesen.

Wer nicht denken kann, muss hören, dachte ich und war stolz auf meinen fränkischen Lieblingskollegen. Wenn er zum Retter unschuldiger Kinderseelen wurde, sprach er sogar hochdeutsch, sehr löblich!

Ich klatschte mit. Obwohl ich das in amerikanischen Sülzfilmen immer bescheuert finde, und im wahren Leben erst recht. Aber das hier war eine Ausnahme. Wer allen Ernstes glaubt, er könne ungeschoren davonkommen, wenn er die Entfaltungsgrenze seiner persönlichen Freiheit derartig ausreizt, der hat sich geschnitten, wenn ihm ein echter Kerl wie Hubert ins Abendprogramm schielt.

Albtraum Igelphobie

In Rosenheim begegnete ich Gustav Tranebecker-Leinicke. Ihn lernte ich als hilfsbereiten und auch überaus hübschen Kollegen kennen. Als ich in jener Firma eintrudelte, in der er schon seit Jahren arbeitete, kam er als Einziger auf mich zu und ermutigte mich dazu, ihm Löcher in den Bauch zu fragen, wenn ich etwas wissen wollte.

Gustav sah umwerfend gut aus, und das tut er bis heute. Er gehört zu den Männern, die immer leckerer werden, je länger sie lagern, so wie Wein oder Käse. Groß, sportlich, stolze Haltung, aufrechter Gang, kurze schwarze Locken, kantiges Gesicht, Nerdbrille. Und gepflegt, sehr gepflegt. Zähne, Fingernägel, Hände – top. Und immer frisch rasiert, zumindest im Gesicht (kurz zur Körperrasur bei Männern: törnt mich ab. Ich finde Männer gruselig, die sich

Arme und Beine rasieren, außerdem stacheln sie schon kurz nach der Rasur wieder, nee, das ist nichts für mich).

Äußerlich gab es an ihm nichts zu mäkeln. Mit seinem Wesen kam ich anfangs auch prima zurecht, bis er merkte, dass ich beziehungsmäßig nicht so gefestigt war wie er. Er, der schon jahrelang verheiratet war und wohl eine Musterehe führte, kam nicht damit klar, dass es Töpfe wie mich gibt, die ihren Deckel noch nicht gefunden haben. Diese Töpfe können mit 30 oder 40 entweder ins Kloster gehen oder sich für die Partyschiene entscheiden und für Sex, Drugs and Rock 'n' Roll. Ein Lotterleben ist zwar kein Garant für verspätetes Liebesglück, doch auf der Gasse hat man die besseren Karten als im Kloster, wenn man die Suche noch nicht aufgeben möchte. Das hat Gustav nicht kapiert. Wahrscheinlich hätte er mich lieber in Nonnenkutte gesehen, Rosenkranz betend und mit Hostien im Toaster (das hab ich von Udo Lindenberg geklaut).

Als wir uns kennenlernten, ahnte er nichts von den Ausschweifungen in meinem Privatleben. Er war zufrieden, eine so loyale Kollegin bekommen zu haben. In den ersten Monaten ergänzten wir uns hervorragend. Das Lästermaul in ihm wurde erst später zum Leben erweckt, und heute kann ich sagen, dass ich ihm verziehen habe. So ist es nun manchmal zwischen unterschiedlichen Urgesteinen. Er stand mehr auf konservatives Verhalten im Schlafzimmer, ich mehr auf kollektives. Und schon war ich ihm suspekt und der Ärger vorprogrammiert. Zu allem Übel hat er auch noch herausbekommen, dass ich mich nach Feierabend mal am Brandy unseres Vorgesetzten vergriffen hatte und anschließend im Halbsuff meinen nackten Hintern kopierte. Als ich kurz darauf noch einen Stick im Büro vergaß, auf dem – nun ja, wie soll ich sagen – sehr persönliche Fotografien gespeichert waren, kühlte unser Miteinander runter gen Gefrierpunkt.

Vielleicht hatte er auch Muffensausen, dass ich eines Tages auf die Idee kommen könnte, ihm einen Schritt näher zu treten oder gar über ihn herzufallen wie ein ausgehungertes Tier. Das hatte ich nicht vor, denn so ausgehungert war ich gar nicht. Außerdem fasse ich verheiratete Männer, wenn überhaupt, nur noch mit der Beißzange an. 2 Mal habe ich mir die Griffel verbrannt, jetzt ist Feierabend. So einer kommt mir nicht mehr in die Tüte.

Gustav ist toll. Allerdings hat er einen gewaltigen Knall: Er fürchtet sich vor Igeln. Er hat nicht einfach nur Angst vor ihnen, sondern diesbezüglich einen so unglaublichen Riss, dass er sich viele Jahre in psychotherapeutische Behandlung gewagt hat, und allein dazu gehört schon jede Menge Mut. Ich wohnte einst neben einer Psychotherapeutin. Die Tante war so gewalttätig veranlagt, auf verbaler Ebene, dass ich mir geschworen habe, in Notfällen lieber Drogen zu nehmen, als mich in die Fänge von grausamen Seelenklempnern zu begeben.

Es soll Leute geben, die sich vor Knöpfen fürchten. Oder eine Sonnenbrillenphobie haben oder Panik vor Reichtum. Das alles traf nicht auf Gustav zu. Zum Glück hatte er auch keine Arbeitsphobie, sonst hätte ich ein Problem gehabt. Nein, bei Gustav waren es Igel.

Igel, Igel, Igel. Er konnte, bis er Anfang 40 war, das Wort nicht einmal aussprechen, ohne sich zuckend, strampelnd und mit zugekniffenen Augen und wild rudernden Armen voller Entsetzen abzuwenden.

Wo kommt so was her? Er wusste es nicht. Als er mir an meinem 3. Arbeitstag davon erzählte, konnte er das Wort sagen, aber vorher machte er eine Sprechpause, schloss die Augen, holte tief Luft und sagte es leise und sehr schnell. Sein ganzer Körper schien angespannt, so wie bei einem Geburtstagskind in dem Moment, wenn es seine Lungen vollgepumpt hat und Anlauf nimmt zum ultimativen Auspuster.

Da er »Igel« sagen konnte, wenn auch nur mit großer Anstrengung, war er dazu in der Lage, von seinen Begegnungen mit ihnen zu erzählen. Bei manchen war er derartig in Panik geraten, dass er sich selbst und seine Familie in Gefahr gebracht hatte. Die Angst war gewaltig. Er hatte schon mehrere Beinah-Autounfälle hinter sich, da er immer dann, wenn ein Igel die Straße kreuzte, das Lenkrad losließ und schreiend die Hände vors Gesicht schlug.

So was checkt der Fahrprüfer nicht, was für ein Elend. »Gut gefahren, bestens, Sie haben bestanden, gratuliere!« Und beim ersten Igel, der spazieren geht, wird der Führerschein-Neuling zum Geisterfahrer. Ich mag Gustav, aber solchen Freaks gehört der Lappen entzogen.

Er erzählte, dass er mit Mitte 30 schreiend eine Straßenlaterne raufgeklettert war, mit glatten Sohlen, weil ihm aus seiner Garage ein Igel entgegenwackelte. Oder wie er in der Grundschule aus dem Fenster sprang, als der Biologielehrer einen Igel aus einem Schuhkarton zauberte. Zu seinem Glück befand sich das Klassenzimmer im ersten Stock und nicht weiter oben. Unterm Fenster wuchs eine Ligusterhecke, die ihn zwar auffing, ihm aber ziemlich zusetzte.

Auf einem Firmenausflug machten sich 2 Kollegen über Gustav lustig.

»Hey Gustav, kannst du das böse, böse Wort jetzt schon sagen, he? Kannst du's?«

Höhö und Harhar.

»Musst du ja nicht, es gibt noch 1.000 andere Wörter, die man sagen kann«, meinte der andere. »Hauptsache, du kannst das Wort hören! Wenn du das schaffst, isses schon mal die halbe Miete!«

»Genau«, bestätigte der Erste. »Übrigens, Gustav, du siehst toll aus heute! Du guckst bestimmt oft in den SpIGEL, oder?«

Harhar und Höhö.

»Oha, guck einer an, was ich hier habe! Einen SchokorIGEL, Schmackofatzi! Willst du die Hälfte, Gustav? Ich bin ein guter Teiler!

Er wollte nicht.

»Und sag mal, wo spielte früher eigentlich der Hans-Peter BrIGEL, bei den Betze-Bube oder der Eintracht?«

Sehr fies, das hämische Gequatsche. Aber anscheinend wuchs Gustav über sich hinaus: Am darauffolgenden Montag drehte er sein Igel-Glas ein Stück weiter zu sich. Das mit dem Glas will ich kurz erläutern: Seine Psychotherapeutin hatte ihn dazu genötigt, sich etwas mit Igel-Print zu kaufen und das Deko-Element in die Nähe seines Schreibtisches zu stellen. Wenn er sich stark genug dazu fühlte, dem Übel ins Auge zu blicken, sollte er es ein Stück näher zu sich drehen.

Gustav fand im eBay-Land ein Glas, auf dem ein stinknormaler Igel aufgedruckt war. Kein Comic- oder Märchenigel, so wie der schlaue aus dem Märchen, der mit seiner Frau den Hasen veräppelt, sondern ein ganz schlichter Igel: braun, spitzes Schnäuzchen, stachelig und bulettenförmig. Perfekt für Gustavs Zwecke.

Er ließ das Päckchen direkt ins Büro liefern, sodass seine Frau nichts mitbekommen konnte. Sie sollte mit dem Thema nicht ständig konfrontiert werden. Schließlich hatten sie genug andere Probleme, mit dem Bausparer zum Beispiel oder mit der Kleptomanie des dementen Nachbarn. Oder mit ihrem Sohn, der mit Entstehung seines Oberlippenflaums in der 8. Klasse plötzlich an chronischer Streitlust erkrankte. Da hat man als Frau schon genug am Hals. Wer braucht da noch einen Ehemann, der mit wild lebenden Tieren auf Kriegsfuß steht?

Gustav wusste nicht, warum der Igelfluch auf ihm lag. Ich glaube, dass er in einem früheren Leben ein traumatisches Igel-Erlebnis hatte. Wenn man was Schlimmes nicht verarbeitet und das karmisch nicht recycelt, schleppt man es mit rüber ins nächste Leben, manchmal auch erst ins übernächste. Man stolpert so lange drüber, bis man sich das Problem genau anschaut. Dann muss man es be- und verarbeiten, am besten bei Familienaufstellungen oder teuren Hypnosesitzungen. So schätzungsweise ab 3.000 Euro Therapiekosten kann man auf Erfolg hoffen, darunter geht wahrscheinlich nix. Aber wenn man die Kohle hat, kann man diesen modernen Ablasshandel ja mal testen.

Wenn man die Angst vor Knöpfen, Brillen oder Tieren erst mal erkannt hat und ordentlich dafür blecht, hat man das Problem gelöst und kann angstfrei ins nächste Erdenleben treten. Shiva erlöst einen dann von den Altlasten und gibt Frieden. Oder Allah, Manitu, Jah und wie sie alle heißen. Ach ja, und Gott, den hätte ich fast vergessen. Aber das nimmt er mir bestimmt nicht krumm. Er weiß: Ich glaube an ihn, und ich kann mir vorstellen, dass Gott Humor hat. Doch, das kann ich mir sogar sehr gut vorstellen. Gott sitzt bestimmt oft bei einem Glas Met auf seiner Wolke, guckt runter und grinst sich einen. Besonders in der Adventszeit, wenn alle dem Kaufrausch und der Völlerei verfallen. Aber so weit wollte ich gar nicht ausholen.

9

Station Nürnberg

In den Klauen eines feministischen Leittieres

Nach 13 ½ Monaten wurde ich in eine Zweigstelle nach Nürnberg versetzt. Mein dortiger Chef war weiblich, zumindest gendermäßig. Benehmen tat sie sich wie ein Kerl. Aber nicht wie Dolph Lundgren oder Tommy Lee Jones, sondern mehr in Richtung androgyner Halbsoftie: grün denkend, anthroposophisch lebend, vegan essend, barfuß laufend, bewusst atmend, aufrecht sitzend, in Stille meditierend, in Achtsamkeit gärtnernd, natürlich parfümierend, kamasutrisch liebend. Dabei auf ganz natürliche Weise offen und chakrisch in vollstem Vertrauen ins Universum die heranschleichende Menopause annehmend – und Bio überall.

Elfriede Rimmler-Schweick.

Jeder und alles war Bio, etwas anderes durfte sich ihr nicht nähern, nicht mal die Paketboten. Der von UPS war ihr zu braun, der von TNT zu orange, der von DPD zu rot und der von DHL war ihr zu gelb. Blau wäre als Knallfarbe okay gewesen, sofern die Botenkluft mit natürlichem Bio-Indigo eingefärbt gewesen wäre. Doch blaue Paketboten gab es nicht, zumindest nicht klamottenmäßig.

Frau Rimmler-Schweick verhängte das Gesetz, das Abstellen von Tetrapaks in den Kühlschrank tunlichst zu unterlassen. Auch sonst hatten unorganische Gegenstände wie Kunststoff oder Alufolie keine Aufenthaltsgenehmigung in ihrem Umfeld. Nicht mal tiereiweißfreie Milch aus Bohnen, Dinkel, Nüssen oder Bäumen durfte in der Büroküche geparkt werden, wenn sie nicht in Glasflaschen abgefüllt war. Da war sie streng.

»Tetraverpackungen sind giftig, so giftig! Bäh!« Sie schüttelte sich. »Meine Schwarzwurzeln liegen daneben und werden kontaminiert!«

Man durfte das Büro auch nicht mit Straßenschuhen betreten. Es herrschte uneingeschränkter Barfuß- oder Schlappenzwang, auch für Kunden. Wer sich dagegen sträubte, musste sich einen anderen Dienstleister suchen. Die Nummer zog sie durch. Für mich hatte es sich also ausgestöckelt – wie schade. Das war hart.

Aber weil ich mich von meinen Stilettos nicht ganz verabschieden konnte, machte ich es halt umgekehrt: Auf der Arbeit Filzschlappen (»Glückliche Zeiten« stand darauf, und eine Stickerei in Form eines Kleeblatts zierte den Spann) und daheim himmelblaue Dolce & Gabbana-Pumps.

Mein Nachbar unter mir fühlte sich dadurch in seinem akustischen Empfinden gestört. An kalten Tagen, wenn ich meine Overknee-Stiefel aus schwarz-gelbem Lack anhatte und mir dabei vorkam wie Uma Thurman in *Kill Bill*, galoppierte ich durch die Zimmer wie ein Steppenpferd, was ihn auditiv besonders irritierte.

Er war fast pausenlos am Kiffen. Morgens kurz vor 7 holte er nicht gelbe Rüben, sondern seine Grasschachtel unterm Sofa vor, drehte sich einen, und schon waberte der grüne Dunst durchs Treppenhaus. Ich machte ihm klar, dass auch ich ein Recht auf Süchte habe, und bei mir sind es nun mal Schuhe mit hohen Absätzen. Das Gespräch war schwierig, doch den Sinn meines Anliegens hat er begriffen. Er brauchte für alles nur ein bisschen länger (ich glaube, das ist normal bei Menschen mit chronisch THC-verklebten Wahrnehmungssynapsen).

Als ihm klar wurde, was da gerade passierte, krallte er sich seine Bong, die weißlich vor sich hin blubberte, und zog resigniert daran, schniefend wie ein Trotzphaser am Schnulli. In den Folgemonaten hatte ich den Eindruck, dass er neuerdings umso exzessiver kiffte und noch lauter Fanta 4, Deichkind und Seeed hörte als sonst schon. Er war so unheilbar marihuanasüchtig, dass er »Seeed« vielleicht mit noch mehr »e«s geschrieben hat (»Ich brauch Nachschub! Wo sind meine Seeeeeds???«).

Er baute selbst an, klar, und wenn er seinen Jahresurlaub in den Niederlanden verbrachte, war ich es, die die pappigen Stinkefarne gießen musste. Stellenweise tropften sie schon vor lauter Überreife. In die Plastikpflanztöpfe im Terracotta-Design hatte er zerstoßene Eierschalen gelegt zur optimalen Kalkversorgung seiner Zucht, und die windschiefen Zitterexemplare waren mit Sisalschnur an einer Wäscheleine angebunden, die sich quer durchs vergilbte Wohnzimmer spannte.

Im Job musste ich mich also auf das Abenteuer einer stylishen Umstellung einlassen. Das war nicht leicht. Filzpantoffeln zu Bleistiftrock und tailliertem Blazer – das sieht nun wirklich mehr als bescheuert aus. Also probierte und kombinierte ich den gesamten Inhalt meines Kleiderschranks rauf und runter, kreuz und quer, jeder mit jedem, und immer diese ätherischen Öko-Treter dazu. Nach langem Hin und Her war mein Fazit: Man *kann* alles dazu tragen, man muss sich nur trauen. Am erträglichsten ist die Variante enge Wollkleider, schicke Strumpfhosen dazu und, ganz wichtig: Stulpen. Unverzichtbar. Wenn man passende Stulpen trägt und der Übergang von Knöchel zu Filzpantoffel bedeckt ist, sieht es sogar richtig sexy aus.

Das darf sich ruhig jede Hausfrau hier abgucken, die daheim keine High Heels tragen möchte, für ihren Liebsten aber trotzdem heiß aussehen will: Tragt ruhig eure Leggings und Hausschlappen, aber besorgt euch geile Stulpen dazu! Wichtig ist: Das weitere Ende muss nach unten und zu etwa einem Drittel über die Schlappen gezogen werden. Und wie seht ihr jetzt aus? Genau – wie eine Primaballerina, die zu Hause nur einen kurzen Zwischenhalt einlegt, ihren Knackarsch kurz in die Küche schwingt, aber ansonsten dem Himmel entgegentanzt.

Schwierig an manchen Tagen war die Einhaltung der Klo-Regel. Elfriede Rimmler-Schweick sah es nämlich nicht gern, wenn jemand auf der Personaltoilette »groß« machte. Sie nutzte das Gebäude auch als Privatwohnhaus. Ihr Schlafzimmer lag direkt über unseren Toiletten. Frau Rimmler-Schweick empfand die Vorstellung, dass fremde Kacke im Abflussrohr und somit in ihren Wänden steckt, als unzumutbar.

Ich wollte sie schon fragen, *warum denn, Frau Rimmler-Schweick, wohnen Sie im Abflussrohr oder wie?*

Aber eine Diskussion über zwischengeparkte Fäkalien wäre mir unangenehm gewesen. Außerdem war sie davon überzeugt: Wer später als eine Stunde nach dem Frühstück erst einen abseilen muss, ist sowieso krank und ein dringender Fall für den Homöopathen.

»Also ich gehe immer kurz nach meinem letzten Klecks Frischkornbrei«, schwor sie, »und genau so soll's fließen und nicht anders.«

Fließen. Na lecker.

Hinzu kam, dass die Katzenklappe ihrer überfetteten Garfield-Doppelgängerin vom Personalklo aus nach draußen ging. Da »Zotta«, wie das kugelrunde Wesen hieß, sich hauptsächlich im Innern des Gebäudes aufhielt, sich zum Pinkeln aber gern in den Sandkasten der Nachbarkinder hockte, durfte die Tür zwischen Toilette und Büroflur *unter gar keinen Umständen* geschlossen werden. Wenn es um Tierliebe ging, war Elfriede Rimmler-Schweick etwas misanthropisch veranlagt.

Wenn es einer nicht mehr aushielt oder aus Zeitmangel nicht aufs Feld gehen konnte und doch seinen Pflampf in ihr Abflussrohr schoss, dauerte es nicht lange, bis der schwefelwasserstoffhaltige Dunst in jeden Winkel unserer Arbeitszimmer drang. Aus Katzengründen durften wir die Klotür ja nicht zumachen. Raumspray war nicht erlaubt, das war unökologisch und giftig. Die Raucher verzogen sich dann nach draußen, um nach frischer Luft zu japsen. Die Nichtraucher hielten sich die Nase zu und atmeten so lange durch den Mund, bis die molekulare Verteilung nicht mehr ganz so brisant war.

Einmal träumte ich die Situation nach: In meiner Verzweiflung tackerte ich mir die Nase zu, und dann kam ein Kollege auf mich zu, in Zeitlupe und zähem Storchenschritt, rüttelte entsetzt an meinen Schultern und operierte mit einem Entklammerer meine geschundenen Nasenflügel wieder frei. Dann wachte ich auf, nicht schweißgebadet, aber mit einem gewaltigen Druck in der hinteren Beckengegend. Schlaftrunken wankte ich in Richtung Toilette und erleichterte mich, und das eine ganze Stunde *vorm* (!) Frühstück.

Krank. Einfach krank. An jenem Morgen beschloss ich: Der Bürodienst muss für heute ausfallen – ich muss erst mal zum Homöopathen.

Nathan, der weise Praktikant

Mitte Dezember 2012, kurz vorm von den Mayas geplanten Weltuntergang, schielte mir in der Mittagspause ein Praktikant über die Schulter, als ich gerade an einer Kurzgeschichte über mutierte Ameisen tippte.

»Was schreiben Sie da?«, fragte er neugierig.

Rotzfrech. Aber das mag ich an Praktikanten. Die verstellen sich nicht. Und wenn sie wissen wollen, was die Frau mit der Banana-Frisur gerade in die Tastatur hackt, fragen sie. Süß.

»Das geht dich einen feuchten Kehricht an, du Naseweis, geh schreddern!«

Fast fiel ihm vor Schreck das Knoppers aus der Hand. »Ich äh Entschuldigung äh ich …«

»Das war doch nur Spaß, Nathan! Verstehst du keinen?«

»Doch, manchmal schon.«

»Ich verrate es dir nur, wenn du es keinem weitererzählst.«

»Okay, ich schwöre!« Ernst wie ein Indianer legte er die rechte Hand aufs Herz, linke nach oben, Augen fest zugepresst. Wie putzig! Knuddel-Alarm!

»In Ordnung, hör zu: Ich bin eine große Schriftstellerin, aber das hat außer mir noch keiner gemerkt, und jetzt schreibe ich meine zwölfte Geschichte!« Dass ich noch kein einziges Manuskript zu Ende gebracht hatte, ging ihn nichts an.

»Was?«, flüsterte er mit ungläubigen Teddy-Augen, »eine echte Schriftstellerin?« Ihm schoss vor Aufregung ein wildes Lachsrot ins Käsegesicht.

»Logisch eine echte! Oder hast du schon mal eine unechte gesehen?«

»Nein.«

»Na siehst du.«

Feierlich tippte ich weiter.

»Also, ähm, wenn ich ehrlich sein soll, öh …«, stotterte er.

»Was? Raus mit der Sprache!«

»Sie lachen mich jetzt vielleicht aus, aber ich, ähm, na ja, also ich schreibe auch Bücher.«

Ich kippte fast vom Stuhl. »Du machst was?«

»Na ja, nicht so richtig. Nicht so wie Sie. Ähm, ich hab bis jetzt nur zwei geschrieben, nicht so viele wie Sie. Zwölf Stück, boah, das ist echt geil!«

Pah! Ich mag es nicht, wenn Grünschnäbel irgendwas an mir »geil« finden, das irritiert mich. Ich bin in den 80ern aufgewachsen, da hatte das Wort noch eine andere Bedeutung.

»Wie machen Sie das nur, Frau König? Zwölf Bücher, boah, das ist fett! Einfach obergeil!«

Urgs. Jetzt kam ich mir schäbig vor. Mit Dampfplauderei kommt man nicht weit, da fliegt man schnell auf. Das hast du nun davon, du »echte« Schriftstellerin! Der Frischling hier ist vielleicht ein echterer Autor als du!

»Hast du 2 fertige Manuskripte? Ich meine, 2 absolut voll und ganz abgeschlossene Geschichten?«

Er nickte. »Und ein paar Kurzgeschichten!«

Definitiv. Nathan war ein echterer Schriftsteller als ich.

»Alle Achtung!«

»Ach, das sagen Sie jetzt nur so!« Verlegen kratzte er sich am Hals und schaute auf seine Sketchers. Blau mit gelben Schnürsenkeln. Gewagt, aber schick.

»Nein wirklich! Das ist toll!«

Das ist toll, also wirklich, geht's noch? Steff, das ist der Gipfel der Untertreibung! Der Zahnspangencharly hier ist dir um Längen voraus!

»Was schreibst du denn?«

»Lyrik.«

»Lyrik? Nathan, du bist 15! In dem Alter *kann* man keine Lyrik schreiben, das geht überhaupt nicht! Hör auf, mich zu veräppeln, sonst gehst du ab morgen ins Archiv!«

»Nein! Im Ernst! Ich schreibe Lyrik! Aber wahrscheinlich nicht so gut wie Sie!«

Nicht so gut wie ich? Oje, der überschätzt mich aber gewaltig. Ich weiß gerade mal, wie man Lyrik schreibt. Also das Wort, meine ich, nicht den Stil.

»Also Lyrik, ja? Du bleibst dabei, oder?«

»Ja, Lyrik. Und Geschichten über korrekte Rechtschreibung. Ich analysiere Fehler.«

Ich wurde misstrauisch.

»Das macht doch Bastian Sick schon. Der macht sogar Brettspiele draus und Konzerttourneen. Klaust du bei ihm?«

»Nein!« Entrüstet trat er einen Schritt zurück. »Ich finde selbst genug Fehler! In Ihrem Text ist bestimmt auch einer, darf ich mal?«

Mit einem Satz hüpfte er auf den freien Drehstuhl am Fenster und rollte auf mich zu. Meine Antwort wartete er gar nicht erst ab. Hemmungslos begann er zu lesen.

Frech! Rotzfrech, also wirklich! Ich musste grinsen.

»Hier, da hab ich schon was!«

»Wo, zeig her!« Ich schob ihn weg. Das konnte nicht sein, das *durfte* nicht sein!

»Hier, schauen Sie: *Am hellichten Tag kam es zu einem Einfall der Riesenameisen, aber alle im Bauerndorf schliefen noch tief und fest.* ›Hellicht‹ ist falsch. Das schreibt man mit Triple-L, nicht nur einfach mit Doppel-L.«

»Triple-L? So ein Quark, das hab ich ja noch nie gehört!«

»Doch! ›Helllicht‹ ist eine Paarung von ›hell‹ und ›licht‹, also Triple-L.«

»Also ich hab das immer schon mit nur 2 Ls geschrieben und kam gut damit zurecht!«

»Ich weiß, das haben die euch früher so beigebracht, vor der Schulreform.«

»Du meinst, vor der Rechtschreibreform. Eine Schulreform hat es schon seit 1900 nicht mehr gegeben!«

»Doch«, berichtigte er mich, »Anfang des 20. Jahrhunderts gab es eine, ich glaube, so um den Ersten Weltkrieg rum, aber ich habe das genaue Jahr vergessen.«

Du kleiner Praktikantenklugscheißer, dachte ich.

»Vor all den modernen Rechtschreibreformen wurden den Schülern solche altmodischen Sachen beigebracht, deshalb schreiben ältere Leute ›Jacketttasche‹ immer noch mit 2 Ts oder eben ›helllicht‹ mit nur 2 Ls.«

Aha, dachte ich, *ältere* Leute, ja? Ich werde nie älter als 39! Jetzt mach mal 'nen Punkt! Aber ich wollte nichts sagen, das hätte mich nur noch älter wirken lassen.

»Also gut, mach dein Triple-L draus, meinetwegen.«

Sofort verschwand die rote Schlange unter »helllicht«.

»Außerdem ist das hier ein Logikfehler, schauen Sie mal: Es war hell, als die Riesenameisen einfielen, und die Bauern schliefen noch? Das ist ziemlich sinnfrei. Die stehen mit den Hühnern auf.« Er paffte am Bleistift wie an einer Zigarette und guckte mich schlaumeierhaft an.

Donnerwetter! Das wäre mir nicht mal bei der fünften Textüberarbeitung aufgefallen, Respekt.

»Wollen Sie mal was von mir lesen? Dann bringe ich es morgen mit!«

»Klar, gern! Her mit dem Stoff!«

Er rieb sich die Hände. »Wow, geil! Aber verraten Sie nichts, ja? Wir sind jetzt Verbündete, so wie im Club der toten Dichter!«

Ha! Ich kippte weg vor Lachen. So einem Schnuckel kann ich einfach nicht böse sein, trotz aller Frechheiten. Am nächsten Tag brachte er mir folgende Texte:

Ich steh auf Duden

Gestern hatte meine Großmutter Geburtstag. Mein Geschenk war eine selbst gebastelte Küchenuhr aus Pappmaschee, in die ich mit Keramiplast einen Uhrwerk-Rohling platziert hatte. Die packte ich ein und schrieb eine runde Grußkarte dazu, weil meine Oma einen Runden hatte. Ich war stolz auf das spannende Päckchen, das ich ihr per Expressversand über einen privaten Paketdienst zusendete. Oder zusandte.

Laut Duden geht beides, aber mein Textverarbeitungsprogramm unterringelt das zweite. Witzig ist, dass beispielsweise das richtige »barfuß« unterringelt wird und das falsche »barfuss« als korrekt durchgeht.

Ich mag Filme und kenne mich aus damit, besonders mit Filmtiteln. Till Schweiger ist mir mit seinem falschen Plakat sofort aufgefallen. Die Macher von »Barfuss« waren sich anscheinend nicht sicher, wie ihr Baby sich schreibt, und haben bestimmt den Filmtitel in Word eingegeben, weil Filmemacher nicht so konsequent die Dudenreihe im Haus haben wie zum Beispiel Lehrer. Schwupp, schon schleicht sich ein Fehler ein. Auf Word ist nämlich kein Verlass. Einem Lehrer würde so was nie passieren, zumindest keinem Deutschlehrer.

Keiner merkt was, auch nicht der Plakatedruckerfuzzi. Die Cineasten des Landes werden Zeugen, dass Till Schweiger eine ß/ss-Schwäche hat. In manchen Filmen kann der auch einigermaßen schauspielern, okay, aber in der Schule hat er nicht so gut aufgepasst. Sagt er auch selber in Interviews, ich habe es selbst in der Bravo gelesen. Macht ja nichts. Wer so aussieht, darf ruhig mal was falsch schreiben, hat meine Mutter gesagt.

Oder er ist klüger, als man auf den ersten Blick vermutet und wusste ganz genau, was er tat. Vielleicht liegt der Fehler ja bei mir, weil ich die Marketingstrategie nicht verstanden habe. Es folgt der zehntausendfache Druck des Kinoplakates, dann die Verteilung in allen Städten. Schüler wie ich sehen es, schreiben »barfuss« beim nächsten Diktat und werden auf dem Pausenhof zum Bespucken an den Pranger gestellt. Oder müssen nachsitzen so wie früher in der Kreidezeit.

Till Schweiger ist schuld an der Misere, denkt sich aber nichts dabei, obwohl er doch selbst so viele Kinder hat und bestimmt schon ein paar Enkelkinder, der ist ja auch schon fast sechzig, glaube ich.

Ich weiß auch gar nicht genau, ob Herr Schweiger Til oder Till heißt, und ehrlich gesagt ist es mir auch ziemlich schnurz. Mir ist es ja auch egal, ob mich als Nathan jemand mit oder ohne h schreibt, Hauptsache, jeder weiß, wo der Name herkommt.

Oder die Filmemacher waren Schweizer. Die haben nämlich überhaupt kein scharfes S. Wenn ein Schweizer Gesundheitsberater in einer Zeitung zitiert wird, steht da: »Trinken Sie Alkohol in Massen!« Die Schweizer können sich dann aussuchen, ob sie lieber viel oder wenig Alkohol trinken, die können da gar nichts verkehrt machen. Und wir Jugendliche können uns prima rausreden, wenn uns mal jemand erwischt.

Man kann den Rechtschreibprüfungen nicht über den Weg trauen. Die sind für uns Schüler wirklich eine Todesfalle. Bei »Arcor« sind besonders die Korrekturvorschläge vernichtend, und auch das Übersetzungsprogramm. Das kann man gleich in die Tonne treten.

Was lernt man als angehender Praktikant daraus? Bei Geschäftsbriefen kann man sich, glaube ich, auf das Warnzeichen »rote Schlangenlinie« verlassen. Wenn man da wenigstens schon mal hellhörig wird und seine innere Schaltzentrale anwirft, führt das zu einer Trefferquote von schätzungsweise 95 Prozent, und das ist passabel, finde ich. Die Wirtschaftswelt ist voll von verhunzten Korrespondenzen, das konnte ich mit eigenen Augen sehen, als ich mal bei meinem Vater im Büro eine Party gefeiert habe, als er auf Fortbildung war. Mein Vater ist Anwalt und Notar, und was in den ganzen beglaubigten Testamenten drinsteht, das glaubt keiner. Alles voller Fehler, und die Tippse verdient einen Arsch voll Kohle, geht aber jeden Freitag pünktlich um zwölf.

Trotzdem laufen die Geschäfte. Umsatzzahlen werden von anderen Dingen beeinflusst. Bei meinem Vater ist es die Telefon-Schnurrstimme von der Sekretrice, glaube ich.

Sind Sie Firmeninhaber? Lehnen Sie sich zurück und entspannen Sie, wenn Praktikanten wie ich Mahnungen, Lieferscheine oder Geschäftsbriefe schreiben und sich Fehler einschleichen. Völlig schnuppe. Bei der Mahnung interessiert sich der Empfänger für den Betrag und beim Lieferschein für die Ware. Orthografischer Müll geht ihm hintenrum vorbei, den sieht er nicht mal. Gibt es nicht eine Geschichte über absichtliche Fehler in handgeknüpften Teppichen?

Also ich bin geheilt. Auch meine Mutter entspannt sich mittlerweile bei dem Thema. Vor Jahren war sie noch eine verbitterte Rechtschreibhexe. Außerdem war sie in Bastian Sick verknallt, und das, obwohl sie mit meinem Vater verheiratet ist. Vielleicht ging es ihr auch gegen den Strich, dass meinem Vater anscheinend die Schnurrstimme der Vollweib-, Sorry, ich meine Vollzeitsekretärin wichtiger war als ihre Rechtschreibkenntnisse, was man ja an ihren Testamenten sehen konnte.

Auch meine Mutter las die gern vorm Einschlafen. Aber dann regte sie sich immer wieder über die blöde Tippse auf. Manchmal hat meine Mutter dann die Testamentauszüge abfotografiert und an Bastian

Sick geschickt, weil sie ihn beeindrucken wollte, aber er hat nie was von ihr gedruckt. Auch nicht geantwortet. Da war sie so sauer, dass sie zum Abreagieren eine böse Kurzgeschichte über Menschen mit ß/ss-Teillegasthenie geschrieben hat. Auch darauf hat Herr Sick nicht geantwortet. Aber sie hatte einen coolen Traum: Meiner Mutter erschien dann nämlich nachts ein Engel und wies sie in die Schranken. »Wie kannst du nur so hochmütig sein?«, fragte er sie, »geh dahin und sei fehlbar!«

Das hat sie mir am Frühstückstisch erzählt, und ich bin vor Lachen fast an meiner Nutellasemmel erstickt.

Fehlbar war sie eh schon, da kann ich als ihr Sohn ein Lied davon singen. Aber mit Engeln diskutiert man lieber nicht, das bringt nichts. Die haben für alles einen klügeren Spruch parat. Aber es war gut, dass er durch ihre Raufasertapete durchgewandelt ist und sich aufs Bettende setzte. Er half ihr dabei, ihren buddhistischen Frieden mit dem Thema zu schließen. Wenn meines Vaters Tippse jetzt ihre Unwissenheit als »Tippfehler« verpackt, macht meine Mum eine tantrische Atemübung und schließt sie abends ins Gutenachtgebet ein. Oder macht sie das mantrisch? Ich muss erst im Wahrig nachschauen.

Meiner Meinung nach gibt es nur vier Arten von Briefen, die keine Fehler enthalten dürfen: Bewerbungen, Lebensläufe, Liebesgedichte, Kondolenzkarten.

So was wie »Es schmerzt uns das er so früh von Uns gehen musste« oder »Seid ich dich sah, isst der Himmel wieder blau« geht gar nicht. Und das Fatale dabei: Word schläft. Unterringelt nichts, weil es die falschen Wörter in dieser Schreibweise ja auch gibt, nur in einem anderen Zusammenhang.

Das Gute daran: Wenn nicht so viel rot unterringelt ist, bekommt der Tippende ein kluges Gefühl ergo Selbstbewusstsein, und das beruhigt Liebes-Anfänger wie mich beim Schreiben von Liebesgedichten oder einer Liebesmail beim ersten Dating. Noch haben Textverarbeitungsprogramme keine Logikprüfungen, aber das kommt noch, das spür ich. Vielleicht erfinde ich so was, wenn ich mit der Schule fertig bin. Aber jetzt mache ich erst mal mein Praktikum.

Wir lernen daraus: Wer sich bewirbt, verliebt oder eine Trauerkarte schreibt und zu »Vertippungen« neigt, kann ruhig ein bisschen im Duden schmökern, bevor er seine Emotionen zu Papier bringt.

Das war Nathans erste Geschichte. Hier kommt die zweite:

Echt scharf!

Letzten Sonntag. Ich sitze im Zug und fahre heim. »Dann bekomme ich 60 Euro«, pöbelt mich die Kontrolleurin an. Sie sagt, ich bin ein Schwarzfahrer. Dann tippt sie meine Personalien in ihr portables Datenabspeicherungsdings. Ihr Utensil flötet vor sich hin. Obwohl sie ziemlich dick ist, liegt ihr das Teil elegant in der Hand. Aber das Royalblau beißt sich mit ihrer Uniform. Die ist marineblau.

Der Minicomputer spielt für mich in den nächsten Minuten die Hauptrolle. Der rettet mich nämlich vor dem Schwarzfahren. Folgendes ist passiert: Keine zehn Minuten vorher näherte sich mir auf dem Wertheimer Hauptbahnhof ein Mann mit Dreitagebart und staubigem Rucksack. Gerade wollte ich ein Bayern-Single-Ticket zum regulären Preis von rund 20 Euro lösen.

»Brauchst du ein Bayernticket?«

»Ja. Warum?«

»Hier hab ich ein gebrauchtes, aber es gilt ja noch bis 0 Uhr. Für 10 Euro kannst du's haben.«

»Aber der eingetragene Karteninhaber muss mitreisen«, sagte ich.

»Nö, stimmt nicht. Du kannst sogar noch vier Leute mitnehmen – das ist ja das Tolle am Bayernticket.«

Okay, dachte ich, der wird mich schon nicht verscheißern. Ich schob dem Ticketdealer den Zehner zu und hechtete zum Zug. Der rollte auch sofort los.

Die alte Schaffnerin sagt aber, nee, keine Chance, das Länderticket ist nicht übertragbar, und dass der eingetragene Karteninhaber mitfahren muss. Sonst »gildet« es nicht. Warum sie »gildet« sagt statt »gilt«, checke ich nicht.

Blitzartig fällt mir das 55-Euro-Sparpreisticket von Lidl ein, das habe ich zu Weihnachten geschenkt bekommen. Eigentlich wollte ich über Fasching mal allein wohin fahren und es für eine längere Fahrt verwenden. Das ist innerhalb von ganz Deutschland gültig, für eine Hin- und Rückfahrt. Super Preis. Dafür hätte es sich auch gelohnt, aber nicht für die Furzstrecke hier von Wertheim nach Großwallstadt. Euphorisch fische ich es heraus. Es ist ja noch vier Wochen gültig.

Sie lehnt aber ab. Die blöde Kuh sagt, der Abfahrts- und Zielbahnhof muss **vor** *Fahrtantritt eingetragen sein. In leserlichen Druckbuchstaben und bitte mit Kuli und auf gar keinen Fall mit Bleistift. Und dann fragt sie, ob sie wegen mir ihren Job riskieren soll.*

Mein Schicksal ist besiegelt, voll Bozz. 60 Euro, meine Fresse.

Dann braucht sie meinen Ausweis. Mein Nachname hat hugenottische Migrationshintergründe. Den kann sie eintippen, und ihr Dienst-Nintendo schluckt alles. Bei meinem Wohnort Großwallstadt streikt es aber. Die Kontrollöse, die böse, versucht es ungefähr 300 Mal, aber das Ding gibt nur ständig seinen Piep von sich.

»Mir schmeißt's das Doppel-S immer raus!«, sagt sie genervt.

»Welches Doppel-S?«, frage ich.

»Na das Doppel-S in ›Grosswallstadt‹!«

»Das schreibt man mit scharfem ß«, sage ich, ich Depp, und merke im selben Moment, dass ich gerade kamikazemäßig ins Messer springe.

»So schlau war ich auch schon, aber er schluckt es nicht!«

Er. »Der Gerät« war also ein Mann.

Sie gibt nicht auf und legt sich jetzt richtig ins Zeug. Ein paar Mal versucht sie es noch mit Grosswallstadt, dann geht es weiter mit Gross-Wallstadt, Grosswall-Stadt. Dann alles noch mal in klein: grosswallstadt, gross-wallstadt, grosswall-stadt. Und noch eine Runde: jetzt alles noch mal ohne Bindestrich. Dann kaut sie diesen irre langen Rattenschwanz noch mal komplett mit »ß« durch. Ein Wahnsinn. Auch beim richtigen Großwallstadt funktioniert nichts, das Ding frisst meine Daten einfach nicht.

Und dann geschieht etwas Eigenartiges. Irgendwie ist es magisch. Auf einmal merke ich: Alles wird gut. »Der Gerät« ist auf meiner Seite.

Jetzt noch ein allerletztes Mal, sie will es wissen:

G r o ß w a l l s t a d t

Gaaaaanz langsam. Aber nichts passiert. Gar nichts mehr. Der Gerät schweigt. Sie hat ihn zerlegt.

»Dann nehm ich halt das depperte Supermarktticket«, zischt sie, »mein Mobile Terminal streikt!«

Aha. So heißt er also. Mobile Terminal, alles klar.

Mit dem geilen Teil fühle ich mich irgendwie verbunden. Rechtschreibmäßig ist es unterwegs wie ich. Ich packe es auch nicht, wenn jemand Scharf-S-Wörter mit Doppel-S schreibt, besonders in Testamenten nicht, das ist total beknackt.

»Ich möchte im Totenbett eine weisse Bluse tragen.« Mann, das ist Leichenschändung. Deutschlehrer rasten aus, wenn sie so was sehen, und die Tippse vom Anwalt denkt sich nichts dabei. Scheiße ist das, ja, richtig Scheiße. Und nicht Scheisse! Das ist die falsche! Die richtige ist: S c h e i ß e !

Der Gerät sieht das auch so und rettet mich.

Die Tippse tippt auch »Mit freundlichen Grüssen«. Genauso hohl. Es heißt »Mit freundlichen Grüßen«, und wer's nicht glaubt, soll im Duden nachschauen. Oder im Wahrig, der hat die gleiche Meinung.

Leute, die das nicht raffen, behaupten, seit der Rechtschreibreform kann man sowieso jedes ß durch ss ersetzen. Das ist Schwachsinn. Aber wen wundert's, das Internet macht's ja auch nicht besser, weil es ß in Links nicht gibt. Das wird da andauernd durch ss ersetzt, und raus kommen grosswallstadt.de, strassenverzeichnis.de; fussballschu-

le.de, weisswurstfanclub.de, massanzuege.de, grusskarten.de, klugscheisser.de und solche Sachen.

Word nervt auch. Strasse, Grüsse, vermasst, barfuss – alles falsch. Und nichts wird unterringelt. Ich habe einen super Merksatz dafür erfunden: »Es kaselt an den Füßen, ich komme aus Bad Füssen.«

Es sind nur drei Regeln, interessiert es wen? Is there anybody out there? Hier:

1. *Auf einen kurz gesprochenen Vokal (=Selbstlaut) folgt »ss«. Beispiele: Erdgeschoss, dass, bewusst, verpasst, lasst, nass, Schuss, Kuss*
2. *Auf einen lang gesprochenen Vokal folgt »ß«. Beispiele: Straße, Grüße, Fußball, Bußgeld, gemäß, barfuß, Gesäß, Größe, vermaßt (welcher Dödel sagt Strasse, Grüsse, Grösse, Fusspilz oder vermasst? Das nervt mich!)*
3. *Auf einen doppelten Selbstlaut folgt »ß«. Beispiele: Fleiß, veräußern, schließlich, weiß, scheußlich, heiß, schmeißen und so.*

Drei. So überschaubar ist das Ganze.
Der Gerät und ich verstehen uns. »ß« finden wir geil. Ich stehe auf Rechtschreibkunst. Oder soll ich lieber Drogen nehmen? Na also.

Nathan Sagesse, geb. am 1.11.1997 in Erlangen

Danke, mein lieber Nathan. Du Weiser.

»Und? Was sagen Sie?« Er grinste sein breites Praktikantengrinsen.

»Gut. Echt gut.« Wow, der Pimpf war gerade mal 15.

»Welche ist besser? Die erste mit Til Schweiger oder die zweite mit Der Gerät?«

»Die erste!«

»Ha!« Sein Grinsen wurde noch breiter. »Ich wusste es!«

»Was?«, fragte ich.

»Dass ich besser bin. Die erste ist von mir. Die zweite von meiner Mutter.«

»Jetzt hast du mich aber ganz schön ausgetrickst, du Hundling!«

»Nö, wieso, ich wollte nur testen, ob Sie was merken!«

Ich fragte Nathan, ob ich seine Texte im nächsten Skript verwenden darf, falls die Welt nächste Woche doch nicht untergeht.

»Klar«, sagte er, »aber nur, wenn Sie mich beim Chef nicht verpetzen, wenn ich ’ne Packung Kopierpapier mopse, ich muss nämlich heute Abend mein drittes Buch ausdrucken!«

Angeber.

10

Wir sind kein SwingerKlub!

Im Reich der Untoten ...

Im Wesentlichen geht's um Sex und Fressen«, behauptet ein bayrischer Kabarettist in einem seiner Songs. Darüber dachte ich nach. Bei mir ist es so: Zu Nahrung habe ich ein entspanntes Verhältnis (außer zu Nugatschokolade). Das Thema Essen oder Gewicht ist bei mir noch nie zum Problem geworden. Sex war auch noch nie ein Problem für mich.

Doch auffällig ist, dass Sex, seit ich damit zu tun habe, ständig irgendwie in der Luft liegt und mir fast immer in irgendeiner Form um die Ohren schwirrt. Meistens bin ich unschuldig am Geschehen beteiligt und kann nicht mal was dafür. Immer wieder begegnen mir Leute wie die Nymphomanin Nadine Klöppelstätter, die Sadomaso-Beobachterin und Hobbyhure Liane Lenk, der Bürowichser Albert »ASch« Schlenk, Pornokonsument-Schreibtischvögler Dankwart Suggerich und Tittenstemmer-Busenmelker Dr. Ephraim Grumser. Und dann noch Erotikcomic-Sammler Bruno Kadel-Zanker, aber der kommt erst später.

Bitte nicht beißen…

Als ich einer Freundin erzählte, dass ich mich als Thekenkraft in einem Swingerklub bewerben möchte, reagierte sie pikiert.

»Was?! Da willst du arbeiten? Da wirst du doch pausenlos angegafft! Und wer weiß, wie du dann hinterher wieder rauskommst. Ziemlich ungeduscht wahrscheinlich – igitt!«

Sie beugte sich vornüber und klopfte mit der flachen Hand auf ihren Bauch. Das tat sie immer, wenn sie etwas eklig fand, und dann sagte sie dumpf »Ohohohoho!« wie ein Weihnachtsmann.

»So schlimm wird's schon nicht werden. Ich brauche den Job.«

»Ist es so dringend? Ich kann dir gern was leihen, wenn du magst. Hey, du bist meine Freundin!«

»Danke, aber Geld ist dabei Nebensache. Ich will mir das nur angucken, um Material für eine Kurzgeschichte zu sammeln.«

»Jaja, von wegen«, sagte sie misstrauisch, »das sagen alle! Jeder geht nur irgendwie so halb rein, und alle legen sich vorher schon eine Entschuldigung parat!«

»Woher weißt du das so genau? Kennst du so viele Swing-Klubber?«

»Es heißt Klub-Swinger! Nein, ich kenne keinen einzigen, aber ich denke es mir halt.«

Pause.

»Geh doch mit! Dann setzt du dich gemütlich an die Theke, und wenn der Chef wegschaut, geb ich dir einen aus!«

»Da drin? Bloß nicht! Ohohohoho!« Wieder dieses Bauchklopfen. »Aber ausgeben kannst du mir trotzdem einen!«

Einen Tag zuvor hatte ich morgens eine Blindbewerbung an den Klub geschrieben. Ein Tipp am Rande: Bei Online-Bewerbungen sollte man darauf achten, zu welcher Uhrzeit man den »Senden«-Button klickt. Wer zwischen 2 und 4 Uhr früh ein Anschreiben rausschickt, outet sich als Nachteule, und welcher Arbeitgeber findet das schon lustig? Also wenn schon Nachteule, dann richtig:

Dann die Nacht lieber komplett durchmachen und die Bewerbung zwischen 5.30 Uhr und 7 Uhr versenden. Dann denkt sich der Angeschriebene: Hey, schau mal einer an, der ist ja früh auf den Beinen, der wäre doch was für unser ausgeschlafenes Team!

In meinem Fall war es so, dass ich mich vormittags per E-Mail bewarb und nachmittags gegen 16.30 Uhr anrief, um nachzuhaken, ob die Anfrage schon bearbeitet worden sei – nach meinen Erfahrungswerten der optimale Zeitabstand zwischen einer virtuellen Kontaktaufnahme und dem ersten Telefonat.

Eine müde Männerstimme meldete sich.

»Schüttler?«

»Guten Tag, mein Name ist König. Heute Morgen habe ich Ihnen blind eine Bewerbung geschrieben, also eine Blindbewerbung meine ich, und da wollte ich mal nachhören, ob Sie die schon gelesen haben.«

»Nein, habe ich nicht«, gähnte er, »ich hab heute noch nicht mal gefrühstückt.«

»Oh«, sagte ich.

»Wie spät isses überhaupt?«

»Och … noch früh am Tage. Habe ich Sie geweckt?«

»Ja. Aber das ist schon in Ordnung, ich muss jetzt eh mit den Dobermännern raus. Und Sie wollen bei uns arbeiten, ja?«

Da war ich mir jetzt nicht mehr sicher. In einem Swingerklub, in dem Dobermänner rumschnüffeln, wollte ich nicht unbedingt angestellt sein. Nichts gegen Hunde im Schlafzimmer, aber seit meiner Zeit als kleine Zeitungsausträgerin schleiche ich mich an großen Hunden vorbei wie der Rosarote Panther.

Herr Schüttler, vielleicht ein mutiger Dobermann-Dompteur, holte mich aus meinen Gedanken zurück ans Telefon.

»Sie können gern vorbeischauen, von mir aus heute schon. Wir brauchen immer wieder neue Leute!«

Das verunsicherte mich doppelt. Was verstand er unter »neu«? War ich neu? Die Jüngste war ich nicht mehr. War ich neu genug, oder wie? Er sprach in Rätseln. Mehr noch: Wieso braucht er immer wieder neue Leute? Was passierte mit den alten? Wurde denen nachts das Blut ausgesaugt, oder wie?

Ein Problem von mir ist, dass ich manchmal sage, was ich denke, und ich weiß nicht, ob mir das schon jemals Glück gebracht hat. So auch jetzt.

»Wieso brauchen Sie ständig neue Leute? Was passiert mit den alten? Wird denen nachts das Blut ausgesaugt, oder was?«

Pause.

Plötzlich platzte er fast vor Lachen, und es war echt. Manchmal bringt man mit Direktheit die Menschen zum Lachen, aber wirklich nur *manchmal*. Es klappt nicht immer. Das kann auch nach hinten losgehen, und ich habe noch kein Geheimrezept dafür gefunden, wann ein Gesprächspartner Ehrlichkeit lustig findet. Ich glaube, es hängt von folgenden Faktoren ab: innere Ausgeglichenheit, Hormonspiegel, Ausgeschlafenheitsgrad, Sättigungsgefühl.

»Hahaha, klasse! Ja, genauso läuft es bei uns! Kommen Sie doch einfach vorbei, dann trinken wir zusammen einen Tee, und Sie schauen sich unseren Klub an.«

Oho. Nobel. Wenn der Betreiber eines Swingerklubs nicht »Laden« sagt, sondern »Klub«, dann hat das schon einen gewissen Klang. Das überzeugte mich. Klub, das gefiel mir. Außerdem wollte er mit mir »einen Tee trinken«, bravo. Nach all den Saufnasen, für die ich in den letzten Jahren gearbeitet hatte, durfte mir jetzt gerne ein Teetrinker unterkommen, der war schon lange fällig.

»Ich könnte gegen 18 Uhr da sein. Ist das zu früh?«, fragte ich.

»Nein, das passt perfekt. Bis dahin bin ich wach.«

Vorstellungsgespräch bei einem Wesen aus der Unterwelt

Tage vorher hatte ich schon im Internet recherchiert. Ich wollte ja nicht in eine schleimige Lusthöhle hineinstolpern. Also machte ich mich im Vorfeld schon mal schlau darüber, was mich dort erwarten könnte – und war überrascht. Die Homepage war übersichtlich und informativ in einem dezenten Nachtblau gestaltet. Sie machte mich, und das muss ich an dieser Stelle ehrlich zugeben, richtig neugierig.

»Die Insel« lud ihre Gäste auf einer 300 Quadratmeter großen Fläche zum »Spielen« ein. Das »Erlebniszentrum« war im Erdgeschoss aufgeteilt in einen gastronomischen Bereich mit Theke, einem meterlangen Buffet, einer zentralen Tanzfläche und einer Bühne. Im ersten Stock konnte man sich anderweitig austoben.

Die Bilder waren künstlerisch, perfekt belichtet und machten dem Betrachter Lust auf »mehr«. Sie waren von einem Profifotografen gemacht worden, das sah man sofort.

Nach meinem Telefonat mit Herrn Schüttler machte ich mich fürs Vorstellungsgespräch zurecht. Als ich fertig war, hatte ich noch etwa 20 Minuten Zeit bis zur geplanten Abfahrt, und ich sah mir die Website noch einmal genauer an, sodass ich halbwegs informiert war. Dabei aß ich eine Handvoll ungespritzte Zwetschgen aus Nachbars Garten und eine gespritzte Birne aus dem Supermarkt.

Unter dem Menüpunkt »Kulinarisches« wurde die Vielfalt der Köstlichkeiten angepriesen, mit denen die Gäste verwöhnt wurden. Die Köche zauberten angeblich jeden Abend zahlreiche Häppchen, Salate, Vorspeisen, Suppen, Hauptgerichte, Gebäck und Desserts, immer unter einem anderen Motto. Als Beispiele wurden eine »Orientalische Nacht« genannt, »Sonnenaufgang in Fernost« oder auch »Lateinamerika – scharf & heiß!«.

Mein lieber Schwan, wenn das stimmte, lohnte sich die Unterzeichnung des Arbeitsvertrages schon allein wegen der Verköstigung. Selbst wenn ich nach getaner Arbeit im Morgengrauen nur die Reste von den Servierplatten kratzen durfte, war ich immer noch besser dran als bei mir zu Hause. Wenn ich koche, gibt es Milchreis oder Tütensuppe. Sonntags manchmal auch Rühreier.

Apropos Schwan, da fällt mir eine Geschichte von einer Freundin ein, deren Sohn mit 3 ½ wissen wollte, was Fleisch eigentlich genau ist und wo es herkommt. Meine Bekannte wollte ihm weitere Märchen ersparen, denn die über die Existenz vom Osterhasen und dem Nikolaus reichten schon. Die wurden im Kindergarten erzählt. Wahrscheinlich ist das überall auf der Welt so, und keiner kommt dran vorbei. Die Eltern müssen die Verhohnepipelei ihres Nachwuchses übernehmen und 1:1 an ihre Sprösslinge weitergeben, sonst werden sie von den Erzieherinnen gemobbt und durch gezielte Nicht-Information benachteiligt und ausgegrenzt, worunter die Kinder dann wieder leiden. Also wählt man das kleinere Übel, das da heißt: »Lasst uns gemeinsam den bequemen Weg gehen und getrost unsere Kleinen veräppeln.«

Also keine weitere Mär mehr bei der Fleischfrage. Meine Freundin nahm ihren Sohn bei der Hand, ging mit ihm hinaus an ein idyllisches Plätzchen in einem nahe gelegenen Park und setzte sich mit ihm auf eine Bank. Sie holte die Tüte mit getrockneten Brot- und Berlinerresten von der letzten Faschingsparty (in Bayern heißt es Krapfenreste, in Hessen Kreppelreste) aus der Tasche und schnippte die ersten Stücke ins Wasser. Die Bewohner des Seeufers bekamen Wind vom 37. Picknick des Tages, und träge kamen die ersten dahergewatschelt.

»Was ist denn jetzt mit dem Fleisch, Mama? Wo kommt es her?«, wollte Fabian wissen.

»Weißt du, mein Schatz, jetzt musst du ganz tapfer sein«, begann die Mutter.

In knappen Sätzen erklärte sie ihrem Kind, was Fleisch ist, was Würstchen sind, warum Fischstäbchen Fischstäbchen heißen, wo Chicken Nuggets herkommen und die dunkelbraune Scheibe auf dem Hamburger. Sie erzählte ihm, was im Metzgerladen so alles hinter der Scheibe liegt und was der Papa am Wochenende auf den Grill legt.

Fabian hörte aufmerksam zu.

Als seine Mutter ihre Geschichte zu Ende erzählt hatte, hielt sie inne und wollte ihrem Sohn ein paar Augenblicke Zeit lassen, um das Gehörte zu verdauen. Fabian dachte kurz nach, biss in seinen

Butterkeks, deutete auf den See und sprach: »Mama, dann koch doch mal einen Schwan!«

Kindermund. Die kleinen Racker haben's manchmal faustdick hinter den Ohren.

Bei meiner Kochkunst war ich stehen geblieben. Die ja keine ist, zumindest nicht im Vergleich zum Swingerklubmenü. Wenn ich Orientalisches, Fernöstliches oder Scharfes & Heißes kosten darf, schrubbe ich sogar im Anschluss an den Thekendienst freiwillig den Boden der Hauptspielwiese.

Die Speisen auf den Bildern hätten nicht appetitlicher aussehen können. Ob es in Wirklichkeit auch so ist, würde ich bald sehen. Vielleicht waren die fotografierten Leckereien nur Attrappen aus Fimo oder Knete, so wie Bäckereien sie manchmal in den Schaufenstern auslegen, um Kundschaft reinzulocken.

Das Teamfoto zeigte gepflegte Mitarbeiter und ein sympathisch wirkendes Ehepaar Schüttler. Schön war die Chefin nicht (sie war geliftet und hatte geschwollene Glotzaugen wie die Mutter des Hauptdarstellers in *Brazil*), doch wenn sie nur halb so nett war wie ihr Mann vorhin am Telefon, ließ sich bestimmt gut mit ihr auskommen.

Auch die einzelnen Erlebnisbereiche und -zimmer wurden stilvoll dargestellt und in gehobener Sprache beschrieben. Kein einziges vulgäres Wort war zu lesen, auch nicht bei den Beiträgen im Gästebuch. Ein Paar bedankte sich hier noch einmal bei der »kleinen Brünetten« von gestern, die so »nett und einfühlsam war«, ein anderes lobte die Ausdauer eines hübschen Russen, »der in dem schillernd grünen Seidenkilt«.

Wow. Ich schluckte. Männer mit Kilt finde ich lässig.

»Hoffentlich kommt der wieder, wenn ich dort arbeite!«, murmelte ich vor mich hin. »Der kriegt von mir Wodka bis zum Abwinken ins Bitter Lemon, Ehrensache.«

Einer, der einen Kilt trägt, und dann auch noch aus schillernd grüner Seide, der kann von mir so ziemlich alles doppelt und dreifach haben.

Auffällig an der Internet-Präsentation war auch, dass das Kind nicht beim Namen genannt wurde. Das Wort »Swingerklub« war nicht zu entdecken, stattdessen »Paarklub«. Ich fragte mich, ob es einen Unterschied gab.

Den gibt es tatsächlich. Er wurde mir später von Herrn Schüttler detailliert beschrieben.

Ich fuhr los und war eine knappe halbe Stunde später am Ziel. Vor den Toren Frankfurts steuerte ich in einer ländlichen Gegend durch die Einfahrt und fuhr durch den gusseisernen Bogen, an dem sich Kletterpflanzen emporschlängelten. Die Dobermänner hatte Herr Schüttler weggesperrt. Das hatte er mir versprochen, bevor wir uns am Telefon verabschiedeten.

»Die haben ihre eigene Wohnung im Nebenbau und laufen nicht frei rum, nur im Garten«, versicherte er mir. Trotzdem hatte ich das Seitenfach meiner Handtasche mit Leckerlis vollgestopft. Nervös fingerte ich an den Fleischabfallpresslingen herum, als ich den Messingklingelknopf drückte.

Es dämmerte bereits.

Knarrend öffnete sich die halbbogenförmige Pforte.

Ein hochgewachsener, schlanker Mann kam zum Vorschein. Wie ein dunkler Lavafels stand er da. Er wirkte wie eine riesenhafte Statue, die man während einer niemals endenden Dämmerung unter einen finsteren Regenbogen gemeißelt hatte.

Ich erkannte ihn: Herr Schüttler – ganz in Schwarz gekleidet. Ein Schauer überflog mich. Ernst blickte er auf mich herab. Wie ein Vampir sah er aus.

»Hallo, ich bin Stephanie König«, raunte ich unsicher, hielt ihm aber wagemutig die Hand entgegen.

Auf dem Teamfoto hatte er eine Sonnenbrille getragen. Das tat er jetzt nicht, und ich sah, dass er auf einem Auge erblindet war. Sein gesundes war stahlblau, die pupillenlose Iris des anderen milchig grau. Das verlieh seinem Blick eine geheimnisvolle Eigentümlichkeit, die mich faszinierte.

Frauen sind da etwas meschugge. In einer Welt von Photoshop, Botox, Beauty-OPs und sonstigem Perfektionswahn fahren wir auf optische Auffälligkeiten regelrecht ab. Da bin ich kein Einzelfall. Frauen haben eine Vorliebe für »markante unveränderliche Kennzeichen«. Das konnte ich in zahlreichen Gesprächen über männliche Erscheinungsformen mit Freundinnen herausfinden. Sorry, Mr Clooney, und ursäkta mig, Herre Marcus Schenkelberg.

Bunte Launen der Natur: Das können Narben sein oder auch Zahnlücken, prankenartige Hände, Halbglatzen, rotes Haar, Sommersprossen, ein fehlender Finger, eine krumme Haltung, ein hinkender Gang, herauswuchernde Augenbrauen, Segelohren oder auch Exsegelohren, also operativ angelegte. Ein solcher Makel kann eine umwerfend erotische Wirkung auf eine Frau haben. Auch Kombinationen sind denkbar. Nur alles auf einmal wäre zu viel des Guten.

Ein blindes Auge, Wahnsinn. Das passte zu ihm wie die Faust … na ja, lassen wir das.

»Ich bin Arthur«, sagte der hübsche Finsterling mit sonorer Stimme.

Behutsam fasste er unter meine Hand, erhob sie ein Stück und neigte sein Haupt. Ein dezenter Handkuss schwebte auf meine Rechte hernieder. Stil-Alarm. Respekt. Eleganz grenzt bei männlichem Verhalten oft an Anbiederei, nicht jedoch bei diesem Herrn hier. Der hatte es drauf.

»Hallo Arthur«, entgegnete ich (heißt nicht einer von den Munsters so?), »ich bin Stephanie.«

»Ich weiß.« Er lächelte und zog eine Braue leicht nach oben. »Danke für deine Bewerbung.«

»Bitte.«

»Komm doch näher!«

Mit einer gastfreundlichen Geste trat er zur Seite.

Ich raffte meinen Mut zusammen und betrat sein schlossartiges Reich.

Mit einem »Kawong!« krachte hinter mir die Pforte zu.

Locked!

Ich war gefangen. Jetzt gab es kein Zurück mehr. Ich schluckte.

Wir standen in der schummrig erleuchteten Eingangshalle. An den Wänden flackerten Kerzen wie in einer mittelalterlichen Burg.

»Ich möchte dir den Weg weisen. Darf ich?«, fragte er.

»Klar«, antwortete ich, aber die aufgesetzte Lässigkeit konnte ich mir sparen, denn der hier war einer von denen, die Angst wittern konnten wie hungrige Wölfe. Normalerweise reagiere ich verschnupft, wenn einer plump an mir herumduzt, ohne vorher zu fragen, aber bei Arthur war es anders. Er hatte mich verhext.

Stolz wie Christopher Lee in *Dracula jagt blutjunge Mädchen* schritt er voran, hinein ins Zentrum seiner Gruft.

Dem fehlt nur noch der fledermausartige Flatter-Umhang, dachte ich. Großer Gott, warum hatte ich mir nicht das Kruzifix-Erbstück von meiner Oma um den Hals gehängt oder wenigstens ein paar Knollen Knoblauch? Meine Knie füllten sich mit Wackelpudding.

Arthur führte mich durch düstere Gänge, vorbei an verschlossenen Räumen und schwarzen Vorhängen. Es roch angenehm. Mitnichten so, wie man sich den Geruch in einem Gebäude vorstellt, in dem seit über 20 Jahren sexuelle Begegnungen im Vordergrund stehen. Am Lüftungssystem hatte der Graf nicht gespart, das war zu erschnuppern. Eine vage Idee eines aphrodisierenden Duftöles lag in der Luft.

Wir gelangten in den Saal, der auf der Homepage als Gastronomiebereich beschrieben war. An einem runden Tisch, auf dem Gläser, kühle Getränke und ein Teegedeck standen, nahmen wir Platz. Aus der grau marmorierten Hämatitkanne dampfte es.

»Es ist Earl Grey«, sagte er. Fast hätte ich losgeprustet vor Lachen, jetzt auch noch der Tee des Grauen Grafen, das konnte nicht wahr sein! Doch sofort fiel mir ein, dass ich mir vor Schiss ins Hemd machte, also lachte ich nicht.

»Darf ich?« Er berührte die Kanne und sah mich fragend an. Einäugig, aber dafür doppelt so intensiv wie herkömmliche Teetrinker.

»Ich liebe Bergamotte«, krächzte ich und hätte mir am liebsten sofort die Zunge abgebissen! Was für eine Schwachsinns-Antwort!

Arthur lächelte erhaben und goss jedem ein Hämatit-Tässchen voll ein. Unhöflich grapschte ich danach, um etwas in der Hand zu halten. Irgendwas! Ich konnte ja unmöglich vor Aufregung hochspringen und mich am Kronleuchter festklammern!

Jetzt fall bloß nicht in Ohnmacht, dachte ich panisch, der springt dir sofort an die Gurgel und saugt dich aus bis auf den letzten Tropfen, und Nächte später wachst du als Untote wieder auf!

»Was möchtest du wissen?«, fragte er.

Locker bleiben, Steff, locker bleiben. Komm runter, er beißt schon nicht (noch nicht).

Tief sog ich den jasminhaltigen Sauerstoff ein. Sein Blick durchbohrte mein Stirnchakra. Normalerweise verunsichern Männer mich nicht, aber der hier wirkte wie ein Wesen, das sich zwischen endlichem Erdenleben und unendlichem Unterweltdasein noch nicht entschieden hatte.

Wer zur Hölle bist du?, dachte ich.

Die Blöße, jetzt komatös zur Seite zu kippen, wollte ich mir nicht geben. Zur Ablenkung schlug ich betont lässig die Beine übereinander. Die hatte ich in meine besten Stay-ups gepackt. Anthrazit. Die machen ein interessanteres Bein als schwarze, das hat mir mal eine Stilberaterin gesteckt, und seither halte ich mich daran.

Was nun? Ah ja, ich weiß was: unmerkliches Zur-Seite-Kippen des Oberkörpers, das Becken rastet ein, Hand hierher stützen. Leicht schräge Kopflage, Haupt leicht nach vorne beugen, strenger Blick von unten nach vorne. Augen weit auf, aber nicht glotzen, bloß nicht glotzen. Nur feste gucken. Schau ihm in die Augen, Kleines!

Genau so.

Ich muss umwerfend cool ausgesehen haben. Meine lila Overknee-Stiefel glitzerten vor sich hin.

Er räusperte sich.

Gut so, sehr gut, der kocht auch nur mit Wasser, versuchte ich mich zu beruhigen.

»Was ich wissen möchte?«, wiederholte ich und schlürfte schmollmundig am Earl Grey.

»Nun, Arthur«, laszive Pause, Wimper-Blinker, »mich interessiert nur das Wesentliche.« (Einer Kippe hätte ich jetzt vampartig bis zum Ultra-Glimmen einen Super-Sog verpasst, doch hier war Rauchverbot, diesen Trumpf konnte ich nicht spielen.)

Er nickte. »Nur zu!«

»Sind wir allein?«

»Ja.«

»Gut.« Laszive Pause die Zweite. »Wann öffnet der Klub?«

»21 Uhr. Wir haben Zeit. Das Küchenpersonal kommt um 19 Uhr.«

»Was? Die zaubern doch nie in 2 Stunden ein solches Buffet!«

Er lächelte nachsichtig. »Es sind 5 Mann. Ich habe nur die Besten. Die schaffen das.«

»Oh.« Beschämte Pause die Erste. »Tut mir leid.«

»Kein Problem.«

Ich vorlautes Gör!

»Ähm … tja also, warum nennt ihr euren Swingerklub Paarklub?«

»Wir sind kein Swingerklub.«

War da eine leichte Verärgerung herauszuhören? Bist du stinkig, Arthur, hm? Bin ich dir auf deinen Vampirschlips getreten, hä?, dachte ich, sagte aber nichts.

»Wo ist der Unterschied?«

»Wie viel Direktheit verträgst du?«, wollte er wissen.

Quoi? Versuchte er jetzt ein Psychospiel? In Ordnung, kannst du haben.

»Die ganze. Ich vertrage die ganze Direktheit.«

»Gut. Sehr gut.« Er nippte am Tee.

»Swingerklubs haben meist 24 Stunden am Tag geöffnet. Manche bieten All-you-can-survive-Flatrates an. Jeder kommt rein, egal, ob allein oder die ganze Truppe vom Geflügelzuchtverein.«

»Aha.«

»Das ist bei uns nicht so. Wir haben an vier Abenden pro Woche geöffnet. Nur Paare haben Zutritt, keine Einzelpersonen.«

»Warum nicht?«

»Um einen lästigen Männerüberhang zu vermeiden.«

Männerüberhang? Das Wort hatte ich noch nie gehört. Sofort krönte ich es zum Unwort des Jahres. Als ob das was Lästiges wäre!

Arthur fuhr fort: »Wenn Männer in der Überzahl sind, kann es ungemütlich werden.«

Wenn Frauen in der Überzahl sind, noch ungemütlicher, dachte ich, sagte aber nichts.

»Nur Paare?«

»Ausschließlich. Keine Einzelpersonen. Daher die Bezeichnung ›Paarklub‹.«

»Verstehe. Nur Hetero-Paare oder auch homosexuelle?«

»Selbstverständlich auch homosexuelle. Nur ist es so …«, er dachte kurz nach, »bei homosexuellen Männern kontrollieren wir, ob sie ihre Neigung nur vortäuschen, um sich ohne Frau Zutritt zu verschaffen.«

»Kontrollieren? Wie denn das?«, fragte ich verwirrt.

»Sie bekommen eine Begleiterin. Diese prüft ihr Verhalten. Sobald die Herren auffällig werden, müssen sie den Klub verlassen.«

Hoffentlich beabsichtigte Arthur, mich als Servicekraft einzustellen. Als Schwulen-Kontrolleurin hatte ich noch keine Erfahrungen (für diese Aufgabe müsste ich erst einen Crashkurs belegen).

Telepathisch pflückte Arthur meinen Gedanken aus dem Äther und sprach: »Keine Sorge. Diesen Part übernimmt Marlene, meine Frau. Sie ist gut.«

»Das glaube ich!«

Ups! War das jetzt die richtige oder die falsche Antwort gewesen?

Ich mach's kurz: Das Gespräch verlief bestens. Arthur saugte mich nicht aus, bot mir eine angemessene Bezahlung an und lud mich für den nächsten Abend zum Probearbeiten ein. Ich war einverstanden.

Zum krönenden Abschluss zeigte er mir die Räumlichkeiten: Im Obergeschoss bestanden diese aus einer großen Sauna mit »Ruhebereich« (ich glaube nicht, dass dieser hier zum Ausruhen genutzt wurde) und der »Spielwiese«, einer Art Arena, in der sich mittig die ganz Extrovertierten kreuzweise gern haben konnten, daran angrenzend terrassenartige Ränge wie im Zirkus.

Danach folgte eine Sadomaso-Höhle mit Liebesschaukel, allen möglichen Handschellen, Ketten, Erotikspielzeug und einer riesigen Drehscheibe, die an die Wand gezimmert war: Hier konnte man sich nackt oder im Zwirn dranfesseln und sehr langsam bis sehr schnell drehen lassen – oder während der Kopulation kopfüber oder auch quer am Glücksrad hängen, wenn man drauf abfuhr. Überall gab es viel zu entdecken, je nachdem, was man suchte: oral, rektal, normal, brutal, fatal und was weiß ich noch alles.

Zuletzt zeigte Arthur mir eine Art Boxring, der mit Matten ausgelegt und auf 3 Seiten von schwarzen Wänden umgeben war, in denen in verschiedenen Höhen Löcher gebohrt waren. Da konnten die Männer ihr Teil reinstecken und darauf hoffen, dass ihnen ein weiblicher Mund auf der anderen Seite Beachtung schenkt.

Das war's. Fin. Mehr gab es nicht. Reicht aber auch, finde ich. Also daheim habe ich nicht so viele Möglichkeiten.

In jeder Ecke standen hier hübsche Schälchen mit Kondomen in verschiedenen Größen, Farben und Geschmacksrichtungen. Daran konnte man sich bedienen, musste es aber nicht. Arthur setzte als Klubbetreiber eher auf Kondomempfehlung als auf Kondomzwang.

Nachdem er mir ohne Anzüglichkeiten seine Lustgrotte gezeigt hatte, fragte er, ob ich noch Fragen hätte, aber ich hatte keine. Ganz Gentleman, geleitete er mich aus dem düsteren Gemäuer heraus zu meinem Wagen.

Die erste Nacht in der »Insel«

Nächster Tag: gleiche Welle, gleiche Stelle. Punkt 20.30 Uhr läutete ich an der Pforte – wie bestellt. Ein Sindbad mit Turban, Sichelschühchen, türkis-goldenem Gewand, braun geschminkt und mit Eyeliner, öffnete mir das Tor.

»Salem aleikum!«

Wie bitte? Was ging denn jetzt ab? »Ähm … hallo, ich bin Stephanie!«

»O welche Freude!«, strahlte er, legte die Handflächen aneinander und verbeugte sich. »Wir warten schon sehr gespannt auf dich!«

»Oh!«, sagte ich überrascht.

»Komm schnell, ich zeig dir gleich, wo's langgeht!« Emsig winkte er mich herein.

Kurz, knackig, herzlich. Kein Quassler. Sehr gut. Gleich konnte es losgehen.

»Hier lang!«, bestimmte er aufgekratzt.

Ich folgte ihm über Treppen, durch Gänge, vorbei an der Küche, aus der ein Kräutermix aus Koriander, Kreuzkümmel, Kardamom und was weiß ich noch alles herausduftete. Wann würde ich mich in diesem Labyrinth wohl alleine zurechtfinden?

In den Katakomben blieb er vor einer Spindreihe stehen.

»Hier kannst du dich umziehen!«, sagte Sindbad.

Wieso umziehen?, dachte ich.

»Wieso umziehen?«, fragte ich. »Ich lass das hier an.«

»Das?« Er musterte mich von oben bis unten. »Bist du sicher?«

»Ja klar. Wieso? Ist das nicht sexy genug? Oder zu sexy? Lenkt es die Männer ab? Was ist verkehrt daran?«

Ich hatte mich in einen knappen Rock gezwängt, dazu eine halb durchsichtige Spitzenbluse, Perlmuttkette drüber, schlichter Body drunter, flache Stiefel. Zu flach vielleicht? Immerhin lag eine Nacht als Servicekraft vor mir, da kann ich nicht mit hohen Absätzen rumhüpfen, als gäbe es kein Morgen.

»Nee … öhm … nicht direkt verkehrt, aber Bauchtänzerinnen tragen bauchfrei, oder?«

Pause.

»Bauchtanz?« Ich guckte verwundert aus der Wäsche. »Ich soll hier bedienen!«

»Ach soooo, haha, höhö!«, johlte er und klatschte sich mit der flachen Hand auf die Stirn, sodass sein Kopf nach hinten kippte. »Und ich dachte, du bist Soraja, die Bauchtänzerin!«

»Nee, kein Bauchtanz! Da müsste ich mir erst ein paar Kilo anfuttern.«

»Haha, lustig! Na hoffentlich kommt die bald! Gut, also umdenken. Dann bist du die Neue an der Theke, du arbeitest mit mir heute. Wir haben heute Tausendundeine Nacht! Hat Arthur dir nicht gesagt, dass wir uns dafür mottomäßig kleiden?«

»Nein.«

»Na egal. Komm mit!«

Dann folgten Tätigkeiten, die überall in der Gastronomie anfallen: Gläsercheck, eventuell nachpolieren, Getränke auffüllen, Servietten falten, Zitronenscheibchen schneiden, Kollegen begrüßen. Und die Info von Sindbad (ich weiß nicht mehr, wie er in echt hieß, jedenfalls war er schwul): »Softdrinks so viele du magst, Alkoholisches nur ein Getränk alle zwei Stunden. Klare Regel.«

»In Ordnung.«

Mehr sagte ich nicht. Die Vorgabe fand ich etwas wässrig, denn es kommt ja drauf an, *was* man wählt, und nicht wie viel, oder? Wenn ich alle 2 Stunden einen Triple Sec trinke, bin ich nach einer halben Nacht tot. Egal. Heute hatte ich ohnehin keinen Appetit auf Triple Sex äh Sec.

Dann kamen die Paxe. Das Wort kenne ich aus meiner Zeit als Flugbegleiterin, und es bedeutet: Reisende. Das waren die Menschen hier auch.

In den ersten anderthalb Stunden nach Öffnung der Tore fand nichts Außergewöhnliches statt. Auffallend war, dass alle Gäste sehr stilvoll gekleidet und frisiert waren. Manche stark parfümiert, manche schwach, manche gar nicht. Aber stinken tat keiner. Darüber wunderte ich mich. Im Supermarkt oder an der Tankstelle gibt es immer einen, der stinkt. Hier nicht.

Ein unerhört erotisches Knistern lag in der Luft. Anfangs wurde gespeist: Man bediente sich am üppigen Buffet, hielt Small Talk, schielte schon mal zum Nachbartisch rüber. Aber keiner stieß den anderen lüstern zu Boden und besprühte ihn mit Dosensahne, wie man es aus billigen Pornos kennt (also ich nicht, ich kenne überhaupt keine Pornos, noch niemals habe ich auch nur einen einzigen Porno gesehen, aber es wurde mir darüber berichtet). Kein Ausraster, kein Stöhnen, kein »Hey-wollen-wir-mal« oder so was in der Art.

Soraja war mittlerweile eingetroffen und schüttelte tapfer die Hüften zu Tarkans *Kuzu Kuzu*.

Der Klub gefiel mir immer besser. Ich genoss die Abwesenheit von schmierigen Klischees und die Anwesenheit von erfreulichen. In dieser gediegenen Atmosphäre ließ ich mich vom Zauber des Unbekannten durch den Abend tragen. Erstaunt beobachtete ich die Gäste, die alle zum Poppen hier waren, sich aber nichts anmerken ließen.

Nach einer Weile leerte sich der Restaurantbereich.

»Die geh'n jetzt alle hoch, jetzt wird's 'ne Stunde ruhiger, zumindest bei uns hier«, sagte Sindbad, und so war es dann auch.

Das war sozusagen unsere Pause. Im Obergeschoss kreuzte man sich nach Lust und Laune, und wir hier unten konnten uns stärken, bevor der große Run auf kühle Getränke losging. Die Reste auf den Platten reichten dicke fürs ganze Team. Auch das Küchenpersonal kam hinzu. Lustige Runde. Über uns wurde geschnackselt wie verrückt, und wir hatten Auszeit.

Die Phase, die von den Gästen als nächste eingeleitet wurde, war die interessanteste: Einer nach dem anderen kam die Treppe heruntergeschwebt, -getaumelt, -gestolpert. An die 150 mehr oder minder befriedigte Wesen: zutiefst erfüllte, selig lächelnde Frauen, alle in hübscher Wäsche, manche oben ohne, und erschöpfte, zerzauste Männer, zwar auch alle in hübscher Wäsche oder oben ohne, aber bei den Frauen sah beides irgendwie besser aus. Ich weiß auch nicht wieso. Ich mag Männer, keine Frage, aber nackt oder halb nackt sehen die meisten dann doch nicht so aus, dass man noch mal hingucken möchte. Das ist bei Frauenkörpern anders, weiß der Henker, warum.

Diese Menschen hielten uns mit ihrem Verhalten einen Spiegel vor, auf dem stand: »Seht her, so benehmt ihr euch alle nach dem Sex!«

Manche machten an der Theke oder an den Tischen noch ein bisschen weiter, aber das war dann eher harmlose Nachspiel-Tändelei.

Es gab auch welche, die zwischendurch einen Happen essen wollten und sich anschließend eine zweite oder dritte Runde gönnten, je nach Kondition. Manche hielten etwas Petting ab an der Bar, direkt vor meiner Nase. Dabei bekam ich ein paar fremde Penisse zu sehen. Aber Augen zu und durch, das war schon in Ordnung, damit kam ich klar. Wer in einem Paarklub anfängt, sollte sich bei so was nicht allzu empfindlich aufführen, jedenfalls nicht in der ersten Arbeitsnacht.

An meinem dritten Abend in der Insel geschah das, was mich im Nachhinein bis heute von all den Erlebnissen dort am meisten berührt. Es war ein Gespräch zwischen einer etwa 35-jährigen Frau und ihrem Freund oder Mann, der etwa 15 Jahre älter war. Ein hübsches Paar. Ich war gerade am Besteckpolieren, konnte nicht weg und wurde Zeuge von tiefster weiblicher Verzweiflung. Sie weinte herzzerreißend und konnte nicht begreifen, warum ihr Liebster unaufhörlich »an der Blonden mit dem Riesenbusen rummacht«.

Jetzt sah ich, dass sie fast flachbrüstig war und höchstens ein A-Körbchen füllen konnte. Da hatte ja sogar ich noch mehr, und das will was heißen.

»Und dann sagst du immer, mein kleiner Busen stört dich nicht, aber wenn es drauf ankommt, drehst du dich weg und streichelst lieber große Brüste, das tut so weh, das tut mir so weh!« Sie schluchzte jämmerlich. Ihre Wimperntusche wurde zu schwarzer Soße und lief in traurigen kleinen Bächen an den Wangen runter. An ihrem Kinn traf das rechte Rinnsal auf das linke, und ein dicker Tropfen fiel in den Schoß der Enttäuschten, in den sie ihre zarten Hände gedrückt hielt.

Sie war wunderschön. Wie eine Fee aus einem Zauberland, die sich verirrt hatte, durch glühende Sonnenstürme gewirbelt und auf irdisches Terrain gepeitscht worden war: hier, wo Empathie und zwischenmenschliche Wärme während der letzten Jahrtausende stellenweise verloren gegangen waren.

Der Eisklotz an ihrer Seite raffte nicht, wer ihm da begegnet war, welches Geschenk ihm der Himmel in die Hände gelegt hatte, und wer hier vor ihm sein Herz öffnete, das jetzt Risse bekommen hatte und dringend Heilung brauchte. Er glänzte durch Matschbirnigkeit und emotionales Unvermögen. Stand da wie ein abgebackener Salzteigklops und rührte sich nicht. Entweder war er zu besoffen, um sie wenigstens kurz in den Arm zu nehmen, oder er dachte sich: selber schuld, wenn sie mich hierherschleift.

Seltsam. Ich konnte doppelt nachempfinden, wie sie sich gerade fühlen musste. Zum einen wurde ich daran erinnert, dass auch ich schon von allen möglichen Männern aufgrund ihrer Tröstungsunfähigkeit durch viele, zu viele finstere Täler gehen musste. Zum anderen war auch mir der Satz »Och nö, dein kleiner Busen stört mich überhaupt nicht« bekannt. Sobald dann aber ein C-Cup oder mehr vorbeiwippt, strudelt es ihnen das Hirn weg. Völlig normal.

Früher schluchzte ich darüber genauso wie die Frau hier an der Bar, doch heute bin ich schmerzfrei. Das habe ich Gisela zu verdanken. Gisela ist eine gute Freundin von mir und sagte einst: »Ich habe nichts dagegen, wenn ein Mann einen kleinen Penis hat. Ich hab aber auch nichts dagegen, wenn er einen großen Penis hat.«

Da ist was dran. Ich denke, Männern geht es mit Brüsten ähnlich: Nö, ist nicht schlimm, wenn eine kaum was auf den Rippen hat – es macht ihnen aber auch nichts aus, wenn sie durch Riesenmöpse fast erdrückt werden.

Das hätte ich der Weinenden gern gesagt an jenem Abend. Doch die Angestellten hatten von Arthur und seiner Frau die strikte Anweisung, sich nicht in Unterhaltungen der Gäste einzumischen. So schluckte ich meine Gedanken dazu runter und starrte auf das Silbermesser, an dem ich schon minutenlang herumpolierte.

Von Zeit zu Zeit dachte ich an den Russen im grünen Seidenkilt. Immer wieder hielt ich Ausschau nach ihm – doch ich wartete vergebens. Ohne es zu wissen, verdammte er mich zu einem Dornröschendasein und ließ die Neue an der Theke sehnsüchtig vor sich hin schmachten.

Arthurs arme Frau Marlene war durch ein oder mehrere Faceliftings bei einem schlechten »Schönheits«-Chirurgen so dermaßen entstellt, so grauenhaft monströs, dass es mich nicht wundern würde, wenn ihr Arthur aus diesem Grund einseitig erblindet war. Vielleicht konnte sein Innerstes ihren Anblick nicht mehr ertragen, und das manifestierte sich körperlich als chronische Krankheit. So was kommt vor. Jeder kennt die Sprüche von selbst ernannten Naturheilern wie: »Du hast Schnupfen? Von was hast du denn die Nase voll?« oder »Bauchweh? Aha, dann schlägt dir also was auf den Magen«.

Was an Marlene echt war, weiß ich nicht. Vielleicht nicht einmal der Name. Man konnte kaum erahnen, wann sie lächelte, denn sie hatte ständig einen nach beiden Seiten auseinandergezogenen Mund. Die Haut um die Augen war faltenfrei, aber rundum so extrem gestrafft, dass ihre Sehorgane ständig weit aufgerissen waren und glupschiger wirkten als die von Marty Feldman.

Die Arme. Da vertraut man sich einem studierten Arzt an, hofft auf jugendliche Schönheit, bezahlt ein Schweinegeld und kann danach beim Schlafen nicht mal mehr die Augen schließen. Wie sie das mit der Bindehautbefeuchtung machte, weiß ich nicht. Vielleicht waren die Dobermänner darauf abgerichtet, alle paar Minuten drüberzuschlecken.

Ich hätte nicht gedacht, dass dieses ästhetische Kapitel mit einem so unästhetischen Gedanken schließt.

11

Sprung in die Kindheit

Vom Überleben als Viertgeborenes

Wenn ich als kleines Mädchen meine Geschichten schrieb, tat ich das fast immer 4-fach. Der erste Entwurf entstand meist draußen unter freiem Himmel, der zweite heimlich im Kinderzimmer, und die dritte Fassung in Schönschrift wurde am runden Tisch in unserer Essecke im Wohnzimmer geschnörkelt. Dort saß ich am liebsten, weil auf diese Weise jeder aus der Familie gleich über meinen aktuellen Kreativschub informiert wurde und mich dementsprechend königlich zu behandeln hatte. Quassler, Naseweise und In-den-Text-Späher bekamen meine künstliche Aufregung zu spüren und wurden notorisch angefaucht – das gehörte zur Entstehung jeder neuen Geschichte dazu.

Lippenstiftchen von der Avonesse

Wenn die dritte Abschrift fehler- und tintentropfenfrei vollendet war, setzte ich mich an unsere alte mechanische Olymp-Schreibmaschine und tippte sie ab. Wenn wir gerade mal wieder umgezogen waren, weil mein Vater wieder versetzt worden war, handelten die Erzählungen hauptsächlich von neuen Eindrücken – oder von alten, die von den Erwachsenen gedankenlos aufs innere Abstellgleis geschoben wurden, und von denen ein Teil für immer verloren gehen würde. Um das aushalten zu können, schrieb ich vor, während und sofort nach einem Umzug alles nieder, was ich auf keinen Fall vergessen wollte.

Dabei setzte sich gewöhnlich Benvenuto auf meine Schulter – der grüne Wellensittich mit dem dottergelben Tupfen auf der Brust, den ich einige Jahre zuvor unter der Zeitungsfolie gefunden hatte. Benvenuto bedeutet »Der Willkommene«, wie bereits erwähnt. Ich selbst wusste das nicht, sondern musste erst bei einem der 4 Studierten nachfragen, die ich mit der *Welt am Sonntag* versorgte.

Diese 4 Akademiker im Dorf waren die Verkopften unter all den Winzern, Hilfsarbeitern und Handwerkern, und diese Universitätsfürsten bezogen nicht die *BamS*, sondern die *WamS*. Sie lebten hinter verschlossenen Hoftoren, redeten schnöseliges Schriftdeutsch statt Woipälzer Schlappschnuut und kommunizierten miteinander wie Wesen aus einer anderen Galaxie. Mit maischetretenden und büttetragenden Traubenbauern sprachen sie nur, wenn ihnen nach Ladenschluss der weiße Pfeffer ausging oder die Speick-Seife. Dann ging man sich notgedrungen nebenan »was ausborgen«.

Ansonsten mieden sie den Mob und genossen den Ruf als unnahbare Aussätzige. Bei Weinfesten, Vereinsversammlungen oder der Fronleichnamsprozession ließen sie sich nicht blicken, auch nicht bei »Frau Pflock«, der hiesigen Tante Emma. Stattdessen kauften sie in Supermärkten in Landau oder Neustadt ein, nachdem sie die Angebotsprospekte vom MiniMal und Massa studiert und die Butterpreise verglichen hatten.

Gehirnjogger lesen keine Schundliteratur, das passt nicht zum Lifestyle. Edelst ließen sie sich »Die Blaue« zustellen und bezahlten monatsweise. Das war dann mein großer Tag. Am ersten Sonntag des Monats klingelte ich und kassierte die Monatszeche von der Dame des Hauses. Mit Lockenwicklern und Hauspuschenpumps öffneten sie das Portal – eingehüllt in champagnerfarbene Morgenmäntel aus schimmernder Seide.

An ungemütlichen Tagen flatterte der kostbare Stoff um Knöchel und Fesseln, und auch der fluffige Federpompon auf den Klapperschühchen zitterte im Wind. Verschlafen hingen sie im Türrahmen und sogen an ladylangen Eve-Kippen, die zwischen ihren Lippen klebten. Ihre Münder waren bronzefarben bepinselt, und zwar mit dekorativer Kosmetik. Damals hieß es noch Schminke. Besserverdienerfrauen schworen auf Edelfarben von Lancôme oder Ellen Betrix.

Meine Mutter und die anderen Frauen aus dem Dorf kauften bei Avon. Das war billiger und fast genauso dekorativ. Wenn die Avonesse 3 Wochen nach ihrem Präsentationsabend im Sportlerheim die Bestellung vorbeibrachte, durfte ich mir aus ihrem Musterkasten entweder ein Parfümröhrchen aussuchen oder einen Lippenstift im Miniformat. Die »Düfte« von Avon habe ich schon als Kind nicht vertragen, am ehesten vielleicht noch »Sweet Honesty«. Das benutzte meine große Schwester.

Ich nahm lieber die Lippenstifte. Die hatte ich in allen Tönen außer Gelb. Sogar Weiß und Schwarz, die wurden an New Waverinnen verkauft. Grün und Blau besaß ich auch, das waren Lidschattenstifte. Weil ich mir aber mit 10 noch nicht die Augen schminken durfte, schmierte ich mir auch die auf den Mund. Getönte Tagescremes oder Make-up fand ich befremdend. Ich verstand nicht, dass erwachsene Frauen sich etwas ins Gesicht cremten, was aussah wie das halb verdaute Möhrenmus, das meine neue Frischlingsschwester nach dem Füttern auf die Bluse meiner Mutter spie.

Zurück zu den feinen Damen. Nachdem sie die Botin aus dem Karnickelstall durch eine milde Gabe abgeschüttelt hatten, schlenderten sie zur Loftküche ans Brunchbuffet und überreichten ihrem Professorengatten die Sonntagslektüre. *Die (!)* Sonntagslektüre. Dicker, teurer, gehaltvoller, geistreicher. Wenn da in der Überschrift oder im Text ein Verb gefehlt hätte, wäre aber was los gewesen. Die hätten sich telefonisch gleich bei der Redaktion beschwert oder das Ärgernis in einen zornigen Leserbrief gepackt.

Mich juckte das nicht. Hauptsache, sie gaben mir ein angemessenes Trinkgeld und an Weihnachten eine Tafel Nugatschokolade. Andere Sorten mochte ich nicht, und bei aller Verkopftheit fand ich es löblich, dass sich alle 4 den trivialen Wunsch des Zeitungsmädchens auswendig gemerkt hatten.

Teddyhamster tun es im Stehen

Später nahm ich weitere Ferienjobs an. Bei Schülern wurden sie damals immer so genannt, unabhängig davon, ob man sie vor, in oder nach den Ferien ausübte. Meine Groschen verdiente ich mit Autos aussaugen, Rasen mähen, älteren Damen die Haare waschen und solchen Sachen. Aber hauptsächlich tätig war ich während der Schulzeit als Baby-, Kinder- und Wellensittichsitterin.

Einer davon, ein Albino mit leuchtend roten Augen, starb am ersten Pflegetag. Also einer der Wellensittiche. Sein Name war Julie. Armer Julie. Ein Männchen mit einem Frauennamen. Ich glaube, da schämt man sich sogar als Sittich. Das kam daher, weil die Nüsternfärbung erst nach ein paar Monaten abgeschlossen ist, beim Männchen blau und beim Weibchen braun. Frische Wellensittiche haben rosa Nüstern. Es heißt bei Vögeln auch nicht Nüstern, sondern Dingenskirchen-Haut. Irgendeine Haut. Ich hab's vergessen. Es ist das Häutchen über dem Schnabel.

Die Besitzerin konnte die abgeschlossene Ausbildung des Erkennungsmerkmales nicht abwarten und taufte nach ihrem Vogelerwerb sofort drauflos. Zu diesem Unglück kam bei Julie hinzu, dass ihm der Tapetenwechsel zu viel gewesen war oder meine bedingungslose Fürsorge. Er war keine 12 Stunden in meiner Obhut und gab dann schon den Löffel ab. 2 Wochen später musste ich das dem Nachbarsmädchen beibringen, als es vom Ponyhof zurückkehrte.

1985 lernte ich auch ein Hamsterpärchen mit falschem Namen kennen. Der Halter, ein Klassenkamerad namens Mirko Müller, hat seinen Irrtum erst erkannt, als die beiden sich paarten. Dabei stand »Gabi« hinter »Hans« und verausgabte sich mit vollem Einsatz.

Ich selbst habe es nicht gesehen, doch Mirko hat herumerzählt, dass Hamster es im Stehen tun. Warum auch nicht? Hamster fressen ja auch im Stehen, zumindest Teddyhamster. Ich fand, das mit der Vermehrung sollten sie so handhaben, wie es für sie am bequemsten ist. Die beiden würden vorher bestimmt darüber sprechen, was der andere so mag, und dann aufeinander eingehen. Außerdem fand ich, Mirko war ein Spanner und darüber hinaus eine unsensible Petze, weil er die Bed Stories seiner Haustiere nicht nur beobachtete, sondern auch herumerzählte.

»Vertauschst du jetzt die Namen?«, fragte ich ihn.

»Ach nee, das ist mir zu stressig, die werden ja eh nur 3 Jahre alt.«

Diese Erklärung konnte ich nicht nachvollziehen, aber ich fand es bemerkenswert, wie der Gabi und die Hans ihre Jungen aufzogen.

Das Ende der beiden ließ nicht lange auf sich warten, jedenfalls keine 3 Jahre. Gabi, der alte Kletterer, stürzte von einer Yuccapalme ab und war sofort im Hamsterhimmel.

Die Kinder waren alle schon aus dem Haus, als ihr Vater starb. Das geht bei Nagern schneller als beim Menschen. Hamstereltern erziehen ihre Kids innerhalb von wenigen Wochen zu lebenstüchtigen Persönlichkeiten, und an den Homo sapiens fütterst du teilweise 30 Jahre hin und immer noch kein Land in Sicht.

Was mit Hans passierte, ist bis zum heutigen Tage nicht geklärt. Mirko hatte sie wie meistens im Wohnzimmer laufen, und das, obwohl es dort eine Menge zu besteigen, zu bepieseln und anzuknabbern gab, besonders Kabel und Tapeten. Das fand ich selbstlos und edelmütig von ihm und seinen Eltern.

Eines Tages hatte Mirkos Vater die Tür zur Terrasse offen stehen lassen, weil er vom Garten ins Wohnzimmer zum klingelnden Telefon stürmte. Es war nur der Pizzabote, der nachfragte, ob Käse extra mit drauf soll oder nur einfach.

»Einfach nur einfach«, sagte Herr Müller.

Diesen Moment nutzte die ausgefuchste Hans zur Flucht. Mirko suchte tagelang in allen Ecken und Ritzen der Wohnung und auch im Garten – die Hans war spurlos verschwunden. Stattdessen tappte immer mal wieder ein schlecht gelaunter Kater durchs Gurkenbeet der Familie Müller.

Bienenpudding im Gesicht

Wenn ich zu lange an der alten Olivia saß (so hatte ich die Olymp-Schreibmaschine getauft und kam mir irre kreativ dabei vor) und meine Geschichten eintippte, bekam ich nach ein paar Tagen pelzige Fingerkuppen. Verhornen sollten sie nicht, da passte ich auf. An solchen Tagen benutzte ich dafür heimlich die Antifaltencreme meiner Mutter.

Teure Gesichtspflege und -deko konnte sie sich nicht leisten. Das konnte sie unserem Vater unmöglich antun. Einmal jedoch orderte sie einen Tiegel Entspannungsmaske mit Gelée Royale. Fast unbezahlbar für ein Einfachverdiener-Ehepaar, das 6 Mäuler zu stopfen hatte. Neben all den anderen Peelings, Masken und Lotionen war der Bienenpudding fürs Gesicht sozusagen die Crème de la Crème.

Bei der Bestellung war ich dabei. Die geheime Zeichensprache zwischen der Avonesse und meiner Mutter habe ich verstanden, und so wurde ich Zeuge einer nonverbalen Handelsvereinbarung zwischen den beiden. Die hielten mich wohl für verdooft.

»Darf ich die dann auch mal benutzen?«, fragte ich, nachdem sich die Jugend versprechende Beraterin verabschiedet hatte.

Mit so viel Kleinmädchen-Cleverness hatte meine Mutter nicht gerechnet. Sie strafte mich mit einem strengen Blick, die Fäuste in die Taille gestemmt, schloss dann aber die Augen und holte tief Luft.

»Alla«, begann sie (das ist pfälzisch und bedeutet »also«), »Alla gut, von mir aus, aber nur einmal und nur dann, wenn du dem Vadder nichts davon erzählst.«

»Nein.«

»Wie? Was nein!?«

»Ich sag nichts.«

»Gut.«

Sie beruhigte sich. Ich kann schweigen wie ein Totengräber, und das wusste sie. Sie konnte sich auf mich verlassen. Kinder wie ich, bei denen schon im Vorschulalter F84.5 diagnostiziert wurde, bringen auch Vorteile mit sich: Sie lügen selten, lächeln unerklärlich in sich hinein und teilen alles.

Aber nur das Materielle. Ihre Gedanken teilen sie kaum. Außerdem machen sie genau das, was man ihnen sagt, solange das Geforderte einen logischen Sinn ergibt und niemand dabei zu Schaden kommt.

Mein Vater erfuhr nie den Preis für die Bienenglibbercreme. Ich hingegen erfuhr, warum die so streng roch und was Gelée Royale überhaupt ist. Danach wollte ich sie eh nicht mehr benutzen, und meine Mutter hatte den ganzen Entfaltungsluxus für sich allein.

Für mich waren andere Sachen kostbarer. Filzstifte zum Beispiel. Gutes Malzubehör war für mich der größte Luxus. Malen war neben der Schreiberei als Kind mein zweitgrößtes Hobby. Zuerst zeichnete ich sanft mit Bleier vor, dann die Konturen mit dünnem Filzer nach, und mit dicken wurden die Flächen ausgefüllt. Das Motiv war immer das gleiche: Himmel, Hügel, Haus, Baum, Teich, Blumenwiese. Das waren die Basics. Auf die Wiese platzierte ich mal ein Pferd, mal eine Kuh, mal ein Krokodil oder eine Horde Schafe von hinten. Schafe von hinten konnte ich besonders gut malen. Die bekamen ein Sternchen in die Mitte des Popos gezeichnet, das sah lustig aus.

Einmal malte ich einen Hai in den Teich, der den Kopf aus dem Wasser reckte und nach einem Kolibri schnappte. Der wich aus und flog nach Kolibri-Manier rückwärts. Das konnte man aber auf dem Bild nicht sehen. Der Betrachter sah nicht, was als Nächstes passierte, aber ich wusste es, und das reichte mir.

Der Vogel würde davonkommen, nach oben flattern, sich flugsflink auf meine blaue Wolke setzen und gleich Besuch von seiner verehrten Kolibridame bekommen. Der Hai würde neidisch in den Himmel gucken und auch ein bisschen traurig, und eine dicke Einsamkeitsträne würde die Haifischwangen hinabkullern und mit dem Fischteich eins werden. Dieser wiederum stand kurz vorm Kippen, so giftgrün und petrolblau schattierte ich ihn aus. Meine große Schwester wurde aggressiv, wenn sie meine Bilder sah.

»Warum malst du immer dasselbe?«, zischte sie mich an. »Immer der blöde Teich, ich kann's nicht mehr sehen!«

»Ich kann nichts anderes.«

»Das sehe ich! Jetzt mal endlich mal was anderes, sonst setzt's was!«

»Okay. Ich versuche es.«

Sie war in der Pubertät. Damals wusste ich noch nicht, was das bedeutet. Ich dachte immer, sie kann mich nicht leiden oder findet meine Frisur oll. Im Kindergarten und in den ersten 3 Grundschulklassen verpasste mir die Dorffriseuse 2 Mal pro Jahr einen Mireille-Mathieu-Schnitt, und das war neben dem Auftragen der braunen Grobcordhosen meiner großen Brüder das Entsetzlichste, was meine Eltern mir je angetan haben. Ich habe auch die gleiche Haarfarbe wie Mireille Mathieu und sah aus wie ihr Klon.

Mittlerweile verstehen meine große Schwester und ich uns besser, und heute lässt sie mich malen, was ich will. Aber damals machte ich die Erfahrung: In der Pubertät leiden nicht nur Eltern und die Betroffenen selbst, sondern auch ihre kleinen Geschwister.

Was passiert mit Segelohren und Wasserverweigerern?

Unser Vater war Pharmareferent, studierter Chemiker, Erdnusscreme- und Jazzliebhaber, Pianist, Schifferklavierer, Tier-, Blumen- und Pflanzenfreund und -kenner, ein Steinesammler, Poet und Träumer, 6-facher Vater, ein fürsorglicher Familienmensch mit unerfüllten Musikerträumen, eine Ausheul- und Trostspende-Oase und ein guter Griller.

Wenn er das Festessen für den Sonntag plante, fuhr er am Tag vorher mit seinem Firmenkadett, der in einem adretten Beige lackiert war, nach Landau, quälte sich durch den Samstagswust und pickte beim Kaufhof in der Fleischabteilung die besten Stücke raus.

Normalerweise kauften wir nur beim Metzgermeister Mummel im Dorf, doch die Kaufhofer waren mit die Ersten, die das Fleisch luftdicht verpackten. Wenn es platt gedrückt unter der Frischhaltefolie schlummerte, sah es saftig und edel aus, und mein Vater schmolz dahin. Fleisch auf länglichen Plastikschalen war etwas Neues, und seine Lieben sollten wenigstens am Wochenende mal »so richtig schlemmen« dürfen.

Wieder zu Hause, packte er aus, wusch die einzelnen Stücke, tupfte sie vorsichtig ab, und dann wurde alles wegfilettiert, was nicht nach Muskelfleisch aussah. Jedes Sehnenfitzelchen wurde erspäht und aus Steaks und Schnitzeln herausoperiert. Die Fleischstücke marinierte er dann in selbst gerührtem Thymianöl, für das er die Zweige von den Pflanzen kappte, die auf der Fensterbank in der Küche standen.

Thymian putzen ist eine Aschenputtelarbeit und nichts für Grobmotoriker. Mein Vater war Meister darin. Dann kamen noch zerstoßene Koriandersamen, Bockshornklee und Pfeffer dazu. Damals dachte noch keines seiner Kinder an Vegetarismus (was sich später ändern sollte), und wir hauten rein wie eine Horde Höhlenkinder in der Steinzeit.

Dazu gab es »Pommfritt«, die unser Vater selbst herstellte. Kartoffeln schälen, in feine Stifte und ab in die Fritteuse. Unsere Nachbarin sagte »Frittiere«, und das, obwohl sie mal eine Affäre mit einem französischen Austauschschüler gehabt hatte, wie unpassend.

Danach kamen sie, also die Pommes, zusammen mit Salz und Paprikapulver in eine große Schüssel und wurden feste geschüttelt. Das waren die besten Fritten der Welt. Meine kleine Schwester und ich ertränkten sie in einer halben Flasche Ketchup und löffelten sie anschließend selig aus dem Suppenteller. Die anderen aßen ihre Pömmse nackig ohne alles, bis auf meinen kleinen Bruder Paul.

Er war ein blasses Achtmonatskind. Seinen Kopf hatte man in Mullverband gewickelt, weil ihm operativ die Segelohren angelegt worden waren. Das fand ich doof, denn ich fand ihn auch mit abstehenden Ohren nett. Mir graute vor dem Tag, wenn der Verband mal nicht mehr war und er mit neuen Ohren herumlaufen würde. Mit seinem Krankenhausturban sah er aus wie eine ägyptische Kindermumie. Seine Fritten aß er mit Senf, und dazu trank er Unmengen von überzuckertem Kakao.

Unsere Eltern haben sich nie um eine ausreichende Vitamin- und Mineralstoffzufuhr geschert. Wir saßen zusammen am Tisch, erzählten uns Geschichten und lachten, auch mit vollem Mund, und das war mit das Gesündeste, was uns überhaupt passieren konnte.

Ernährungsphysiologisch hatte ich nur wenige Male Pech, beispielsweise 2 Jahre nachdem mich mein kleiner Bruder mit seiner Kakao- und Milchsucht angesteckt hatte. Über 700 Tage lang trank ich nichts anderes. Milch lässt der Körper als Flüssigkeit aber nicht gelten. Das wusste ich damals noch nicht, und unsere Eltern hatten andere Dinge zu tun, als uns mit einem Glas Sprudelwasser hinterherzulaufen. Durst hatte ich selten, und wenn, rührte ich mir einen Kaba oder fischte ein Eisbonbon aus dem Süßigkeitenschrank.

Allmählich und unmerklich wuchsen aufgrund des Flüssigkeitsdefizits Nierensteine in mir heran. Wenn man zu wenig trinkt, werden die Nieren nicht mehr durchgespült. Der ganze Dreck versammelt sich an einer Stelle und setzt sich fest. Wenn die Steine groß genug sind, wird es ihnen zu eng. Dann wollen sie ausbrechen, verbünden sich und versuchen, sich ihren Weg aus einem heraus nach draußen zu bahnen.

Ich war 11, als es passierte. Innerhalb von wenigen Stunden ging ich durch die Hölle und durch mehrere Nierenkoliken. Das innere Harnsteingeröll, das dabei in Bewegung kommt und sich in Richtung Blase aufmacht, verursacht die scheuernden Schmerz-Höhepunkte. Eine ganze Woche lang lag ich, mit Schmerzmitteln zugedröhnt, in der Kinderklinik und musste Schleimsuppe essen. Was für ein Quatsch. Meinem Darm fehlte doch nichts, der war absolut aufnahmefähig. Die hätten mir lieber Cola servieren sollen, da hätte ich mich eher zur Flüssigkeitsaufnahme überreden lassen.

Neben mir lag ein Mädchen mit Epilepsie. Als ich nachmittags wieder einmal geschwächt vor mich hin döste, hörte ich, wie der Opa seine Enkelin fragte: »Wos isn dees fia Oane? Is dees ebba a Preißin?« Auf Deutsch: Was ist denn das für eine? Ist das etwa eine Nicht-Bayerin?

Der Opa sprach oberpfälzisch. Mittlerweile lebten wir in Regenstauf bei Regensburg. Doch jetzt bewege ich mich weg vom Thema, denn wenn ich jetzt noch die seelischen und vor allem die auditiven Empfindungen eines Mädchens schildere, das von Rheinland-Pfalz nach Bayern ziehen muss und erst mal nur Bahnhof versteht, ufert das hier aus.

Aber einen Satz wäre ich bei dieser Gelegenheit gern noch losgeworden: Er betrifft die Umzüge, die wir 6 Kinder erlebt haben, weil unser Vater von irgendwelchen Gewinnoptimierungsdumpfbacken mehrmals versetzt wurde. Ich möchte den Verantwortlichen Folgendes mitteilen: Falls ihr im nächsten Leben in einen Nomadenstamm hineingeboren werdet, der immer dann weiterzieht, wenn's gerade anfängt, lustig zu werden, dann ist das der gerechte Ausgleich für mangelnde Empathie und eure unheilbare Heimatgefühlsblindheit für Kinder und Jugendliche in eurem jetzigen Erdendasein.

Auch mein kleiner Bruder Paul, der sich mit 7 Jahren seiner ersten Schönheitsoperation unterziehen musste, hatte ernährungsphysiologisch Pech gehabt. Dieser Umstand führte zu seiner zweiten unfreiwilligen OP: Wir kloppten uns einst um einen Teller Gurkensalat. Den riss ich ihm mit der Rechten aus der Hand und scheuerte ihm mit der Linken eine, das war kein Umstand für mich.

Ich schnell die Treppe runter, er nimmt die Verfolgung auf, ich überrenne die Schwelle vom Flur zum Wohnzimmer und knalle die Tür hinter mir zu. Paul hatte doppelt Pech: Erstens konnte er nicht mehr abbremsen, zweitens war es eine Glastür. Wie Colt Seavers, The Unknown Stuntman aus *Ein Colt für alle Fälle*, flog er mit voller Wucht durch die Scheibe. Das Geräusch werde ich nie vergessen. Ich hörte einen Knall, Glassplittergeprassel – und den dumpfen Aufprall des kleinen Bruderkörpers.

Schockstarre. Es war der entsetzlichste Moment meiner Kindheit. Glas, Blut, Paul. Und die Mörderin stand da mit ihrem Teller Gurkensalat, den sie plötzlich hasste. Paul war jedoch nicht ganz tot. Ich danke dem Himmel, dass er überlebte, und dem Arzt, der ihn wieder zusammenflickte. Die Narben von damals hat er bis heute. Seltsamerweise drückt er mich noch immer ganz herzlich zur Begrüßung und lächelt sein umwerfendes Kleinbruderlächeln, auch jetzt, über 30 Jahre später. Er scheint mir verziehen zu haben, obwohl er vielleicht jedes Mal beim Duschen an seine frühkindliche Begegnung mit dem Mann in Schwarz denken muss. Aber vielleicht nimmt Paul das Ganze lockerer als ich.

Möglicherweise kann er den Ausgang der Geschichte sogar positiv sehen und denkt sich beim Einseifen: Guck an, da sind sie wieder, die Symbole meiner Wiedergeburt mit 8.

Viele Jahre machte ich mir Vorwürfe deswegen. Bis ich merkte, dass ich einen Schuldigen brauche, um dieses Erlebnis ertragen zu können. Der Buhmann ließ sich finden: Es war nicht ich, sondern das Gurkensalatdressing. Es bestand aus Sauerrahm, Apfelessig, Distelöl, Dill, Fondor und Maggi. Doppelt glutamathaltige Dressings sind evil, da braucht man sich nicht zu wundern, wenn aus kleinen Kindern Monster werden und Unfälle passieren.

Schnaps auf dem Dachboden

Zurück zu unseren Eltern. »De Vadder« verdiente nicht viel als Pharmareferent. »Die Mudder« war damit ausgelastet, 6 Kinder im Zaum zu halten, ohne dass einer klauen geht oder nachts ausbüxt und ein Schaf reißt. Als wir noch klein waren, konnte sie gerade mal eine Putzstelle in der Nachbarschaft annehmen. Die Devise war: Sparensparensparen. Urlaub gab es nicht, kein einziges Mal.

Einmal im Jahr gingen unsere Eltern zum Essen – am 12. Mai, ihrem Hochzeitstag. Wir Kinder durften nicht mit, das wäre unbezahlbar gewesen.

Das war uns aber recht, und mir ganz besonders. An solchen Abenden durfte ich vom Asbach kosten, den mein 15-jähriger Bruder auf dem Dachboden hortete. Ein perfektes Versteck. Hätten unsere Eltern die 3-Liter-Pulle entdeckt, wäre unsere Antwort gewesen: »Nö, wir trinken niemals nicht keinen Alkohol, der muss vom Vormieter liegen geblieben sein!«

Den Geist des Weines schlürften wir dann eisekalt on the rocks, und meine 3 größeren Geschwister fanden es lustig, wenn die Kleinen taumelten und schielend in die Knie sanken.

Folgte auf diese Nächte ein Werktag, mussten die von uns, die zu weit gegangen waren, in der Schule entschuldigt werden. Das war uns einen Asbach Uralt wert. Unsere Eltern sagten dann: »Schau mal einer an, die haben wieder zu lange TV geglotzt. Na ja, einmal im Jahr kann man das durchgehen lassen, gell Schatz?« Sie schauten sich an, dann wieder uns – und lächelten milde.

Gerochen haben sie den Weinbranddunst nie. Das wundert mich auch nicht, denn nach ihrer Rückkehr vom Griechen wurde das Haus ausreichend von Knoblauch- und Ouzowolken erfüllt.

Nervenbündel Nervenbündel Nervenbündel

Auch an Malstiften wurde gespart – sehr zu meinem Leidwesen. Ich musste mit Billigsets aus dem 99-Pfennig-Paradies klarkommen. Den ersten Job bekam ich ja erst mit 8. Vorher musste ich mir, wie auch meine Geschwister, genau überlegen, was ich mir zum Geburtstag oder zu Weihnachten wünsche. Einmal war es ein Jahresvertrag für wöchentlichen Orgelunterricht, den ich haben wollte, ein andermal eine Musikkassette, und im Sommer darauf ein rosa Rüschenkleidchen, weil ich auch mal was anderes tragen wollte als immer nur die durchgescheuerten Althosen meiner Brüder. Auch ich wollte mal eine Prinzessin sein.

Sowohl der Orgelunterricht als auch das schmucke Kleidchen waren eigentlich außerhalb der finanziellen Machbarkeiten unserer Eltern. Dennoch wurden mir beide Wünsche erfüllt, aber es wurde anschließend eine Weile weniger exzessiv gegrillt. Da konnte ich mir nicht noch teure Stifte wünschen, sonst hätten meine Geschwister mir den Kopf rasiert, und als Kojak herumzulaufen wäre noch schlimmer gewesen als mit Mireille-Mathieu-Matte.

In der Schule saß Gina neben mir. Sie lebte in einer Villa am Feldrand, war blass und durfte keinen Besuch empfangen, jedenfalls nicht von Kindern wie mir. Sie hatte nur einen Bruder. Der war dick und wurde aufs katholische Internat in Dahn geschickt, so reich waren die Eltern.

Die gängigsten Füller waren damals von Pelikan und Geha. Wer einen anderen hatte, wurde gemieden und durfte beim Gummihüpfen in der Pause höchstens zuschauen. Ich hatte den mit dem Pelikan drauf, vom Ranking her so was wie die Silbermedaille unter den Füllfederhaltern. Die Goldmedaille Geha kauften meine Eltern nicht, das musste erstens nicht sein und war zweitens zu teuer und damit basta.

Gina hatte mehrere rosa Kleidchen und sogar passende Haarschleifchen dazu und überhaupt von allem nur das Beste. Auch edelste Füller und Stifte – vom Schreib- und Malutensilien-Spitzenreiter Geha. Die Filzer hatte sie in allen Farben und Dicken, und voller Sehnsucht schielte ich immer wieder in ihr pralles Mäppchen rüber.

Manchmal ließ sie die Stifte meiner Begierde gedankenlos offen liegen, und dann machte ich schnell die Kappe drauf, damit sie nicht austrockneten. Unsere Kunstlehrerin fand, dass wir beide gleich schön malten. Besonders Landschaftsbilder. Aber wenn ich auch so eine tolle Ausrüstung gehabt hätte, wäre ich besser gewesen. Manchmal hatte Gina einen guten Tag, und dann durfte ich ihre Filzer auch mal benutzen. Drückte ich vor Leidenschaft und Begeisterung zu fest auf, quietschten sie auf dem Papier, und Gina riss sie mir wieder aus der Hand. Dann saß ich da und durfte den Stifteschatz wieder nur aus der Ferne anschauen. Dabei kam ich mir vor wie Rapunzel, die vom Turm aus nach dem Endiviensalat lechzt.

Kurz vor meinem 8. Geburtstag fragte mich mein Vater, was ich mir denn wünsche.

»Willst du wieder eine Richard-Clayderman-Cassette?«, wollte er wissen. Wahrscheinlich hoffte er, dass ich den teuren Orgelunterricht nicht verlängert haben wollte.

»Nein, die alte ist noch länger schön. Ich will lieber Geha-Stifte.«

»Geha-Stifte? In Ordnung. Dick oder dünn?«

Puh. Das war schwierig. Jetzt musste ich mich entscheiden.

»Kann ich drüber schlafen und es dir morgen sagen?«

»Hajoh!« Das ist pfälzisch und heißt: Aber ja doch!

Ich grübelte fast die ganze Nacht. Gefasst teilte ich am nächsten Morgen meinem Vater meine Entscheidung mit: »Lieber die dicken.

Meine dünnen Filzer reichen für den Rand, und zum Ausmalen wünsche ich mir gute Stifte.«

»Die Dicken. Kapito.«

Meinen 8. Geburtstag vergesse ich nie. Ich habe beide Sets bekommen. Dicke *und* dünne Geha-Stifte. Was für ein grandioser Tag! Von nun an konnte ich die allerschönsten Teiche der Welt malen, und da konnte meine große Läster-Schwester lästern, wie sie wollte, nichts konnte mich noch aufhalten.

Ich pustete meine 8 Kerzen aus, die auf dem Haselnusskuchen feierlich vor sich hin flackerten, und wünschte mir, dass diese Farbenkostbarkeiten tintenmäßig bis Weihnachten durchhalten würden.

Jetzt wünsche ich mir nur noch Filzstifte, 2 Mal im Jahr, bis ich einmal groß bin und selbst Geld verdienen kann, dachte ich fest entschlossen.

Mit meiner Idee schlug ich 2 Fliegen mit einer Klappe: Zum einen hatte ich nun Traumstifte für meine Traumbilder, zum anderen waren meine Eltern erleichtert, dass sie sich pro Jahr nur noch 10 Geschenke – pro Kind eines an Weihnachten und zum Geburtstag – ausdenken mussten statt wie vorher 12. Überglücklich strahlte ich übers ganze Malerinnengesicht.

Es war ein kleiner Geniestreich einer 8-Jährigen. Ich wollte mir nie wieder irgendetwas anderes wünschen. Wenn ich gute Stifte hatte, hatte ich alles!

Bald begann ich, Porträts zu malen, an die ich mich zaghaft herantastete. Meine Lieblingssendung war *Heidi*. Die war angeblich einer der Vorreiter für spätere Manga-Comics, das habe ich in einer Frauenzeitschrift gelesen. Den Titelsong zur Zeichentrickserie sangen Gitti & Erika. Ich malte die Gesichter der Hauptdarsteller: Heidi, Klara, den Ziegenpeter, den Alm-Öhi und das Fräulein Rottenmeier. 2 Bilder habe ich noch heute: Klara mit gelbem Haar und Fräulein Rottenmeier mit braunem Dutt, genauso wie im Fernsehen. Über den Dutt habe ich in verschiedenen Farben, Größen und Schräglagen das Wort »Nervenbündel« geschrieben.

Nervenbündel Nervenbündel Nervenbündel …
Ziemlich creepy, oder?

Der Stinkebus

Der übelste Umzug fand statt, als ich 13 war: Wir zogen von Regenstauf in den Ortsteil Medersbach. Dieser bestand aus 2 Bauernhöfen und 12 Einfamilienhäusern. Sonst gab es *n i c h t s*, nicht mal einen Briefkasten.

Der Bus, der die 7 Schulkinder morgens aufgabelte und am Nachmittag wieder ausspuckte, war ein Kleintransporter, der innen in einer unvorstellbaren Schärfe nach Kuhmist roch. Der Stinkebus fuhr noch andere Käffer ab, eins trostloser als das andere. Jeden Morgen verfluchte ich diejenigen unter uns, die am Vortag durch Gülle oder Ähnliches gelatscht waren und zum Schulbesuch die gleichen Schuhe anzogen wie beim Stallausmisten.

Die Medersbacher Haltestelle befand sich direkt vorm größten Bauernhof der Gegend. Wenn wir Schüler dort standen, dampfte direkt hinter uns der riesige Misthaufen. Das und der olfaktorisch grauenvolle Zustand im Kleinbus führten zu einem Geruch der Haare und der Kleidung, der uns Wartenden den ganzen Tag anhaftete.

Somit müffelte ich 3 lange Schuljahre wie ein Bauer, der gerade vom Melken kam. Freunde hatte ich damals keine. Dafür aber die treuesten Mobber, die man sich vorstellen kann: Die fanden es irre lustig, in einer neu erfundenen Muh-und-mäh-Tiersprache mit mir zu kommunizieren oder sich von hinten an mich heranzuschleichen, an meinem Haar zu riechen, um sich sofort wieder grölend und voller Abscheu abzuwenden.

Ich liebte unser neues Zuhause, das wunderbar große Haus und den märchenhaften Garten. Endlich hatte ich ein eigenes Zimmer. Aber ich hasste das Dorf, in dem wir wohnten und das für uns

Kinder am Ende der Welt lag. Von der Außenwelt waren wir regelrecht abgeschnitten. Nicht nur das – es hatte uns zu Einzelgängern gemacht, die niemand *riechen* konnte.

Als ich in der Abschlussklasse war, hatte meine Mutter die Idee, ich könnte eine Ausbildung zur Bürokauffrau in der nahe gelegenen Glaserei machen. Die befand sich am Ortsausgang des nächsten Dorfes in nördlicher Richtung und war mit dem Rad in etwa 15 Minuten zu erreichen.

Unsere Nachbarin Andrea Kümmel, die mit ihrem Freund Ben Schweller in der Einliegerwohnung unter uns wohnte, arbeitete dort und wäre meine Betreuerin gewesen. Andrea roch streng nach einer Mischung aus gebratener Blutwurst, Fleischsud, Espresso und Schweiß. Die Vorstellung, den ganzen Tag diesen Müff ertragen zu müssen, empfand ich als blanken Horror. Stattdessen wollte ich lieber Stadtluft schnuppern und eine Ausbildung in Regensburg machen. Die tägliche Busfahrt von fast 2 Stunden hätte ich gern dafür in Kauf genommen. Es kam aber anders, denn Henning kreuzte meinen Weg.

Stefans Birnenkompott

Im Alter von 15, also ein Jahr, bevor ich Henning kennenlernte, war mein Klassenkamerad Stefan Frieser in mich verliebt – und das trotz meines abstoßenden Körpergeruchs. Den Dunst an mir kriegte ich einfach nicht los, da ich täglich aufs Neue vorm Misthaufen geräuchert wurde, wenn ich auf den Schulbus wartete. Vielleicht litt Stefan unter chronischer Verkrustung der Nasennebenhöhlen und der dort ansässigen Wahrnehmungssynapsen.

Einmal waren ein paar aus unserer Klasse zusammen beim Baden, und nachdem alle zur Mitte des Sees geschwommen waren, mit einer Luftmatratze im Schlepptau, waren Stefan und ich plötzlich allein. Die anderen waren entweder zurückgekrault oder ertrunken, das peilte ich nicht. Jedenfalls konnte ich gar nicht so schnell gucken, und ich saß auf der Luftmatratze, paddelte ungelenk zurück Richtung Ufer, und Stefan schwamm zu meiner Rechten. Ganz Gentleman, schob er mich dabei an, damit ich mich nicht so verausgaben musste. Als das Geplauder zwischen uns verebbte, sagte er ernst: »Ich muss dich jetzt mal was fragen. Willst du mit mir geh'n?« Er fragte auf Bairisch, und dazwischen holte er tief Luft. Er ging nicht unter, atmete weiter und blieb am Leben.

»Das geht nicht, ich hab schon einen Freund«, sagte ich.

Auch meine Antwort überlebte er. Die nicht einmal eine ehrliche war. Die Wahrheit wäre gewesen: »Stefan, ich finde dich oberschnucklig und sauhübsch, aber ich stinke und schäme mich entsetzlich dafür, und außerdem habe ich nicht die leiseste Ahnung, wie das geht, wenn man miteinander geht. Oder wie man küsst, wenn man sich küsst, und dann müsste ich mich noch mehr schämen, und ich würde mich zu Tode schämen, wenn ich dich falsch küsste oder mich beim Miteinandergehen sonst wie dämlich anstelle.«

Aber für die Wahrheit war ich zu feige, also erzählte ich ihm von einem imaginären Freund und war kurz davor, ihn Harvey zu nennen, doch Stefan sollte keinen Verdacht schöpfen. So nannte ich seinen Nebenbuhler, der nur in meinem Kopf existierte, Sven.

Stefan und ich kamen unversehrt an, legten uns »tropfert nass« auf unsere Strohmatten und ließen die Wasserperlen auf unseren Rücken in der Nachmittagssonne verdampfen.

Etwa 2 Jahrzehnte später verliebte ich mich zurück, also ich in ihn, aber da war es schon zu spät. Mittlerweile hatte ich küssen gelernt, wenigstens halbwegs, aber damit konnte ich bei ihm nicht punkten. Er mochte Frauen, die jünger waren als er und blonder, und mit keinem der beiden Attribute konnte ich dienen. Jedoch wurden wir gute Freunde, und das sind wir bis heute.

Wenn ich mit 15 gewusst hätte, wie poetisch er schreibt und denkt, hätte ich mir einen Ruck gegeben und ihn gefragt, ob er sich vorstellen könnte, mir alles beizubringen, damit wir gut miteinander gehen können. Bestimmt konnte er mindestens genauso gut küssen wie schreiben, und wenn ich gelenkig genug wäre, würde ich mir selbst in den Hintern beißen ob dieser verpassten Chance. Ich hätte rechtzeitig nach der Birne greifen sollen, so wie der Erzähler in seiner Geschichte *Birnenkompott.*

Birnenkompott

von Stefan Frieser

Einkaufen ist für mich ein Akt der Entspannung. Ich hänge mich hinter einen Einkaufswagen, grase gemächlich die Regale ab, lasse die angebotenen Waren auf mich wirken und knipse das Gehirn aus. Paul Anka säuselt sein Put your Head on my Shoulder *aus dem Lautsprecher, mein Wagen rauscht durch die Gänge, und ich erhole mich von dem stressigen Tag im Büro. Draußen ist es längst dunkel.*

Beim Obst greift ein in die Jahre gekommener Pantoffelheld nach einer Birne, und seine schweinsköpfige Frau sagt, die Birnen können wir nicht nehmen, die sind weich, und morgen sind sie verfault, und dann taugen sie höchstens noch für Kompott. Aus Trotz nehme ich mir eine aus dem Karton und schiebe weiter, bis ich mich bei den bunten Schachteln mit den Cornflakes und Müslis wiederfinde. Eine Frau in meinem Alter studiert die Packungen. Vermutlich sucht sie nach dem passenden Müsli für ihren Sohn, der vom Sitz des Einkaufswagens aus an ihrem Ärmel zupft und nach dem silbernen Armreif greift. Sie streichelt zärtlich über seine Wange, flüstert ihm beruhigend ins Ohr, und ein paar ihrer schwarzen, glatten Haarsträhnen verdecken mir die Sicht. Irgendwoher kenne ich diese Frau! Der kleine Junge lächelt. Breiter, offen stehender Mund, rundes Mondgesicht, ausdrucksschwacher Blick. Down-Syndrom. Ein Mongoloid, denke ich. Nein, das darf man heute nicht mehr sagen, ermahne ich mich.

Zu einem Schwarzen darf man ja auch nicht mehr Neger sagen, und eine Nervenheilklinik ist kein Irrenhaus mehr.

Ich nehme eine Müslipackung aus dem Regal, lese zum Schein die Aufschrift und sehe verstohlen zu der jungen Mutter neben mir, bis sie den Kopf hebt, kurz auf das Regal blickt und mich direkt ansieht. Das Lächeln, das ihrem Sohn galt, verschwindet aus ihrem Gesicht, ihr Mund schließt sich, sie wendet sich ab. Mein Atem setzt aus. Die dunklen Augen. Die feinen Gesichtszüge. Der schief gewachsene Schneidezahn! Britta! In zwanzig Jahren habe ich sie nie ganz vergessen. Meist waren es die stillen Momente, in denen sich das Bild dieses zerbrechlichen Mädchens in meinen Kopf schlich. Ich werde nervös, möchte sie ansprechen – Britta, wie geht's dir so? –, aber ich flüchte um die Ecke und klammere mich an meinen Einkaufswagen.

Zwei Reihen hinter mir saß sie. Sie war die Kleinste in unserer Klasse. Ihr hellgrünes Kleid, der braune Schulranzen, alles schien zu groß für sie, sie verlor sich in ihrer Kleidung, verlor sich in diesem ausladenden Raum. Das Einzige, was unserem Klassenzimmer etwas von seiner Trostlosigkeit nahm, waren die Büsche und Bäumchen draußen vor den Fenstern, doch da war das Glas dazwischen, und man konnte sie nicht riechen. Man roch nur die alten Bücher und das Bohnerwachs, und vor der Pause die Brote, wenn die Schüler ihre Plastikdosen aufmachten. Die Wände hatten über die Jahre einen graublauen Stich bekommen, und der Boden war aus grauem Linoleum, mit schwarzen Adern durchzogen. Hinter grünen Tischplatten saßen unbarmherzige Vorpubertierende, die ihre Probleme mit sich selbst auf verschiedene Arten zu lösen versuchten. Und mittendrin versteckte Britta sich in ihrem Kleid.

Es war in meinem fünften Schuljahr. Britta war erst seit sechs Monaten in unserer Klasse. Sie kam zu uns als Scheidungskind, als Kind, das von einer Stadt in die andere zieht. Als Schlüsselkind am Wochenende und als Heimkind an anderen Tagen. Wenn die ganze Klasse über irgendeinen Blödsinn lachte, drehte ich mich um und hoffte, sie lacht auch, und manchmal tat sie es sogar. Das waren Momente, in denen ich kurz davor war, ihr etwas Nettes zu sagen. Ich bewunderte ihre Zähne. Einer war schief, was mir besonders gut gefiel, aber das behielt ich streng für mich. Überhaupt behielt ich es für mich, dass ich sie hübsch fand. Vor den anderen missachtete ich sie, denn wer Britta nicht missachtete, machte sich zum Außenseiter.

In den Pausen, wenn wir auf den Schulhof rannten, die Buben sich zum Kartenspielen oder Fußball zusammentaten und die Mädchen zum Gummihüpfen, setzte sich Britta still auf einen schwarzen Heizkörper im Flur. Zwei, drei Rippen genügten ihr. Dabei knabberte sie meistens an einem Apfel oder einer Birne, und ich konnte von draußen durch den verglasten Flur ihren Rücken sehen. Kerzengerade saß sie da wie eine Schaufensterpuppe und aß ihr Obst. Ich hätte gerne gewusst, wo sie hinsieht, ob sie etwas im Busch beobachtet oder ihr Obst, oder ob ihr Geist in eine bessere Welt gleitet, doch ich habe es nie erfahren. Ich brachte nicht einmal den Mut auf, mich neben sie zu setzen, weil ich Angst hatte, mich unbeliebt zu machen. Unbeliebt bei den wichtigen Leuten. Leuten wie Tom.

Tom war der Sohn des Metzgers. Wen er nicht mochte, den kickte er beiseite. In meiner Erinnerung trägt Tom ein gelbes Sweatshirt, auf dem einen in roter Schrift das Wort »Frucade« warnt, jetzt kommt er gleich vorbei, mein Träger, mach schon mal den Weg frei, und man tat es selbstredend, denn vor Tom hatte man Respekt. Wer sein Freund war, fühlte sich stark, und dessen Ansehen in der Klasse steigerte sich, solange er bei Tom was galt. Auch wenn ich diesen Status nicht erreichte, war ich froh, bei ihm geduldet zu sein, stolz, wenn er mich beim Fußball in sein Team wählte, und glücklich, wenn er mich lobte.

Britta versuchte so gut wie möglich, Tom aus dem Weg zu gehen, denn wenn sie ihm begegnete, schrie er vor versammelter Menge: »Leute, schaut her, die Dummliese ist da. Dummliese! Dummliese!«, und alle lachten. Auch ich lachte, biederte mich an wie ein Straßenköter. Nur an mutigeren Tagen blieb ich unbeteiligt in der Ecke stehen.

Du bist so blöd wie ein Kuhfladen, hatte er einmal zu Britta gesagt, die einfachsten Fragen sind zu hoch für dich. Damit meinte er die

Fragen der Lehrerin an Britta, weil sie nie eine Antwort gab, nie eine Antwort geben konnte, einfach nichts herausbrachte, wenn fünfundzwanzig feindselige Mitschüler ungeduldig auf einen Fehler warteten, wie ein Boxer auf die Zehn, wenn der Ringrichter den Gegner auszählt.

Richtig verletzend waren Toms Sprüche über Brittas Mutter. Britta wohnte im Kinderheim, und als die Kinder am Anfang nach ihrer Mutter fragten, gab sie offen darüber Auskunft: Sie arbeitete in München in einem Bekleidungsgeschäft und gehörte wohl zu jenen Frauen, die wegen eines Unfalls namens Kind nicht ihre Jugend gegen eine Erziehungsaufgabe eintauschen wollen. So blieb sie die meiste Zeit in der Weltstadt mit Herz, und ihre Tochter holte sie nur jedes zweite Wochenende zu sich. Tom nannte Britta statt Dummliese oft Kinderheimlerin.

»Und deine Mutter ist 'ne Nutte, drum bist du im Heim!«, sagte Tom, und die anderen nannten sie einen Nuttenbalg.

Ich beschützte sie nur in meinen Gedanken. Stumm sah ich zu, als sie eines Morgens durch die Dummheit von Martin als Diebin beschimpft wurde. Martin war ein gutmütiger Trottel mit Hornbrille, und seit einem Tag vermisste er seinen Geldbeutel. Er weinte wie ein kleines Kind, erzählte es mit gebrochener Stimme der Lehrerin, und Manu aus der letzten Reihe kannte sofort die Schuldige.

»Die Britta ist gestern als Letzte aus dem Klassenzimmer. Wir Mädels sind vor ihr raus.«

Britta war natürlich keines von den »Mädels«, denn die Mädels nannten sich Black Angels, und Manu war ihre Anführerin. Was Tom bei den Jungs war, war Manu bei den Mädchen. Sie setzte Trends. Manu war die Erste in der Klasse, die neonfarbene Schnürsenkel an den Adidas-Boots hatte. Links gelb und rechts rot. Ich hasste sie. Ich hasste, wie sich ihr Gesicht zu einer ausgedrückten Zitrone zusammenzog, wenn ihr etwas nicht passte, ich hasste ihre große Klappe, mit der sie ihre Dummheit übertünchte, und ich hätte sie am liebsten bespuckt, wenn sie Britta eine blöde Strebersau nannte. Aber wenn

Manu schrie: »Britta, reiß bloß dein verblödetes Maul nicht auf«, dann grinste ich Manu an.

Mit ihrer Verdächtigung erntete sie sofort beifällige Kommentare von den Mitschülern. Nicht nur die Schüler konnte Manu überzeugen. Unsere Lehrerin hieß Frau Gabriel. Sie war eine fünfzigjährige, verbitterte Jungfer mit roten Haaren, dünnen Lippen und einer faltigen Haut. Frau Gabriel stieg voll in die Fahndung der Black-Angels-Führerin ein.

»Britta. Wenn du wirklich den Geldbeutel genommen hast, kannst du es uns jetzt sagen. Deine Ehrlichkeit soll nicht bestraft werden«, und beinahe feierlich, als wolle sie die Sache damit abschließen, fragte sie das Mädchen ultimativ, »Britta, jetzt noch einmal: Hast du den Geldbeutel genommen? Jetzt ist der Zeitpunkt, es uns zu sagen.«

»Nein, Frau Gabriel, ich habe wirklich keinen Geldbeutel eingesteckt«, antwortete Britta mit heller, abgebrochener Stimme.

Enttäuscht setzte Frau Gabriel den Unterricht fort und ließ Britta hinterher mit den Anfeindungen von fünfundzwanzig Elfjährigen allein.

Als sie am nächsten Tag auf ihrem warmen Heizkörper saß, blieben kleine Gruppen von Mitschülern vor ihr stehen wie vor einer Mülltonne und brüllten ihr ins Gesicht: »Diebin, Lügnerin, asoziale Schlampe, gib das Geld zurück!« Ich schlurfte an ihr vorbei, als würde sie nicht existieren.

Am nächsten Morgen verkündete der schusselige Martin voller Freude, er habe seinen Geldbeutel in einem Nebenfach des Schulranzens gefunden, und die Welt war für Frau Gabriel und die Klasse wieder in Ordnung. Ein Wort der Entschuldigung hörte Britta weder von Frau Gabriel noch von einem Mitschüler. Dafür konnte sie wieder in Frieden auf ihrem warmen Heizkörper sitzen.

Die Menschlichkeit war später einmal ein großes Thema in Frau Gabriels Unterricht. Sie führte uns einen Film vor, in dem man abgemagerte Juden in einem KZ sehen konnte, die in der nächsten Szene als nackte Leichen auf Lastwagen gestapelt wurden. Die üblichen Albern-

heiten hörten für eine Stunde auf. Es wurde stiller in der Klasse. Nach dem Film hielt Frau Gabriel uns noch einen moralischen Vortrag.

»Das, was damals in Auschwitz passiert ist, kann sich jederzeit wiederholen«, ermahnte sie uns mit nach unten gerichteten Mundwinkeln. »Wir müssen uns ständig prüfen, ob wir Menschen mit anderer Hautfarbe oder Behinderte behandeln wie Unseresgleichen. Das, was ihr da gesehen habt, ist noch nicht einmal vierzig Jahre her. Wir Deutschen dürfen diese Dinge nie vergessen.«

In das stille Klassenzimmer drang Manus selbstgerechte Stimme. »Diese Arschlöcher! Die gehören alle erschossen! Nazischweine!«

Ich drehte mich zu ihr um und sah Hass in ihren Augen. Hass gegen Unbekannt, denn Manu interessierte sich weder für das Dritte Reich noch für Menschenrechte, aber das Anprangern dieser Naziverbrecher war ein gutes Ventil für ihren Weltengroll.

Frau Gabriel sprach weiter: »Keine Sorge. Die Anführer, die nicht Selbstmord begangen haben oder flüchten konnten, sind bei den Nürnberger Prozessen vor einem ordentlichen Gericht angemessen verurteilt worden. Wie ihr wisst, hat Hitler sich selbst …« Sie machte eine Pause und sprach dann zu Britta, die apathisch aus dem Fenster starrte: »Nun, Britta. Dieses Thema interessiert dich wohl nicht. Wir müssen uns nicht wundern, wenn so viele Menschen behaupten, sie hätten damals von all den Verbrechen nichts gewusst. Verantwortung übernehmen für das, was um uns geschieht, Britta, nicht Ignoranz, darauf kommt es an.«

Für diese heuchlerische Predigt hätte ich am liebsten ihr ausgetrocknetes Gesicht zerknüllt und in den Papierkorb gekickt. Ihre Mission zur Bekehrung der Jugend schien für sie vollzogen, und die Früchte davon hingen an den Lippen meiner Mitschüler. Natürlich fing Manu damit an, doch fast die ganze Klasse stimmte in den Chor ein.

»Nazisau! Nazisau! Nazisau!«, schrien sie los, sobald Britta auftauchte. Diese Erniedrigung musste sie zwei Wochen lang durchstehen, bis das Thema Nazis und Juden und Hitler langsam wieder in der Versenkung verschwand.

Mit den Monaten wurde Britta immer stiller. Ihren schiefen Zahn bekam ich nicht mehr zu sehen, denn das Lachen hatte sie verlernt. Ihr einziger Freund war der warme Heizkörper. Ich wollte mich ihr nähern, aber mir fehlte die Courage, und die beste Gelegenheit ließ ich kläglich verstreichen.

Es war nach der Turnstunde. Da ich mein Duschzeug vergessen hatte, kam ich als Erster aus der Umkleide. Für die Mädchen war das Turnen ausgefallen, und als ich durch den verglasten Flur zu unserem Klassenzimmer ging, saß Britta auf ihrem Heizkörper. Wir waren alleine. Sie kramte in ihrer Schultasche, und ich verlangsamte meinen Gang, wollte etwas sagen, wusste aber nicht was.

Als sie mich sah, legte sie die Tasche beiseite und sprach mich an: »Frank?«, begann sie leise und vorsichtig.

Ich nickte.

»Magst du eine Birne?«

»Nein danke«, antwortete ich nüchtern und trottete in das leere Klassenzimmer.

Tagelang dachte ich nach über die verpasste Chance, nahm mir vor, sie etwas zu fragen. Wollen wir zusammen Hausaufgaben machen? Ja, das müsste ich mich trauen, dachte ich mir.

Ich blieb feige.

Den Gipfel der Feigheit erklomm ich an jenem Tag im März. Es war der Tag, an dem ich Britta zum letzten Mal sah.

Der Unterricht war zu Ende, und ich war der Letzte im Klassenzimmer. Zwei Minuten zuvor war Britta gegangen, und kurz vor ihr waren Tom und seine beiden Kumpels in den Flur hinaus. Sie mussten dort auf sie gewartet haben. Als ich aus dem Klassenzimmer kam und an dem verkratzten Eisengriff der Glastür ziehen wollte, hörte ich Toms Stimme aus der Toilette.

»Hey! Runter damit, zieh das aus! Los, du Schlampe!«, rief er, begleitet von dem dümmlichen Gelächter der beiden anderen Jungen. Durch die Knabenstimmen drang leise Brittas Gewimmer. »Nein, nein, nein«, schluchzte sie. Ich muss ihr helfen, dachte ich, aber ich mar-

schierte schnell zum Ausgang, meinen gewohnten Heimweg entlang. Den Hausmeister müsste ich verständigen, dachte ich. Dachte ich. Und dann war ich zu Hause und hoffte, dass in der Schultoilette nichts Schlimmes passiert war. Am nächsten Morgen war Britta nicht da. »Sie ist erkrankt«, sagte Frau Gabriel, und die Woche darauf erwähnte sie beiläufig, Britta habe die Schule gewechselt. Keinen schien es zu interessieren, und sicher hatten die meisten das dunkelhaarige Mädchen in dem viel zu großen Kleid nach wenigen Wochen vergessen.

Mir ging sie nie wieder aus dem Kopf.

Ich schiebe meinen halb vollen Einkaufswagen zur Kasse. Bezahle. Warte. Diesmal werde ich sie ansprechen, ohne die Hemmungen, die ich als Kind noch hatte. Eine Freundschaft mit ihr könnte ich mir gut vorstellen. Eigentlich könnte ich mir alles mit ihr vorstellen. Ich beobachte, wie sie ihren Sohn die Einkäufe auf das Fließband legen lässt, ohne ihn zu drängen, und wie sie die Kassiererin dabei anlächelt mit ihrem schiefen Zahn, und ich weiß jetzt, dass aus dem Mädchen, in das ich als Junge verknallt war, eine tolle Frau geworden ist.

»Entschuldigung«, sage ich, als sie mit dem Einkaufswagen an mir vorübergeht. »Wir kennen uns.«

Sie mustert mich.

»Kann sein.«

»Frank Mantler. Wir sind ein Jahr lang in dieselbe Klasse gegangen. In die Fünfte. Britta, richtig?«

»Stimmt. Ich kann mich dunkel erinnern.«

»Du siehst toll aus. Wie geht es dir?«

»Gut, danke. Ich habe als Krankenschwester gearbeitet, bis vor zwei Jahren der Kleine zur Welt kam.«

Sie streichelt über den Kopf ihres Sohnes, der rhythmisch in seinem Sitz herumwetzt.

»Wenn du Lust hast, könnten wir uns mal zu einer Tasse Kaffee treffen.«

»Tut mir leid«, sagt Britta, »aber ich hänge nicht sehr an der Vergangenheit. Ich wünsche dir alles Gute, Frank.«

So stehe ich noch eine Weile da und starre auf die Scheibe, in der ich mich mit meinem Einkaufswagen spiegele, während sie den ihren samt Kind zum Parkplatz schiebt.

Mein Audi rauscht durch die beleuchteten Straßen der Stadt. Auf dem Beifahrersitz liegt die Einkaufstasche, und ich taste mit der Hand nach der Birne, die ich im Supermarkt gekauft habe. Als ich sie finde, halte ich sie unentschlossen in meiner Hand. Eigentlich habe ich gar keinen Hunger. Ich denke an Britta heute, an Britta damals, an den Jungen, der ich war, der genau wusste, was recht und unrecht ist, aber den Charakter eines Herdenschafes hatte. Ich möchte den Jungen zum Teufel jagen. Und ich frage mich, ob mein Charakter heute besser ist, oder ob sich nur andere Herausforderungen stellen als damals. Andere Gelegenheiten, die ich genauso verpasse, ohne es zu merken.

Ich beiße in die Birne. Morgen wäre sie vielleicht verfault.

Danke, mein lieber Stefan. Du Held.

Gelegenheiten verstreichen, neue ergeben sich. Was wäre gewesen, wenn ich damals Ja gesagt hätte in der Mitte des Sees? Wären Stefan und ich ein richtiges Paar geworden? Meine Manschetten vorm Küssen machten uns den Strich durch die Rechnung. Meinen ersten Freund Henning, den Gandhi-Doppelgänger, hätte ich ein Jahr später nicht mal mit der Kehrseite angeguckt, wenn ich mit Stefan gegangen wäre. In Solozeiten bin ich kein Kind von Traurigkeit, aber in einer Beziehung treu wie ein Araweibchen (außer, mir kommt einer blöd, dann kann es schon mal passieren, dass ich mich revanchiere).

12

Ein Philosophie- & Punk-Kapitel

Entstehungspegel circa 2 Promille

An einem Manuskript zu schreiben ist die Hölle. Dranzubleiben erst recht. »Dranbleiben, du musst dranbleiben!«, sagt Meister Joe, mein Vorbild. »12 Mal anfangen und wieder aufhören kann jeder, aber dranbleiben, dazu gehört Beständigkeit.«

Wie recht er hat. Aber wenn ich darüber nachdenke, welchen Verschleiß ich schon allein hinsichtlich Jobs, Wohnungen und auch Männern hatte, wird mir schlecht. Joe sagt, singt und schreibt viele kluge Dinge, aber man muss aufpassen bei ihm. Nicht alles, was er von sich gibt, nehme ich für bare Münze. Beispielsweise behauptete er einst auf der Bühne: »Jeder kann singen« oder »Wenn eine Frau gern kocht, kriege ich einen Fluchtreflex«.

Zu beiden Themen habe ich eine konträre Meinung. Es kann gut sein, dass jeder singen kann – jeder bis auf mich. Das können alle bestätigen, die mir schon mal dabei zugehört haben. Und wenn jemand gut kocht, würde ich weder fliehen noch flüchten, sondern ihm so lange auf der Pelle hängen, bis ich satt bin, und das kann Monate dauern.

Mein Popstar steht mit seiner Phobie nicht allein da. Ich kenne Männer, die vor guten Köchinnen regelrecht Reißaus nehmen. Mit

Kochkunst assoziieren sie Schürze tragende Heimchen, die mit Trockenhaube und Puschen am Herd stehen und mit stockfleckigen Holzlöffeln Maggi ins Matschgemüse rühren. Oder glutamathaltige Würzbrühe. Das machen übrigens auch fast alle asiatischen Köche, doch darüber regt sich keiner auf.

Oder sie denken dabei an ein Geruchspotpourri aus weiblichem Arbeitsschweiß, Bratfett und Zwiebelmettwurst. Beim Kochen könnte ja der Sex-Appeal flöten gehen oder gar die Intelligenz. Nee, dann lieber 'ne Tiefkühlpizza auftauen oder zur Dönerbude um die Ecke pilgern.

Wir Frauen eiern da nicht so rum. Alle meine Freundinnen finden es toll, wenn sie sich ein Exemplar der Gattung »Maître de Cuisine« sichern konnten. Ist doch klasse, wenn man an freien Tagen noch im Bett liegen kann, während der Liebste schon mal den Vorteig für frische Hefenudeln anrührt und Muskatspäne in vorgewärmte Kakaotassen hobelt. Man wäre doch nicht ganz klar im Kopf, wenn man sich gegen diesen Luxus wehrte.

Wehrte. Klingt lehrerhaft. Aber ich mag den Konjunktiv ohne »würde« und »hätte«, jedoch nur beim Schreiben. Verwendete man ihn beim Reden, so stöße man bei seinen Mitmenschen auf Ablehnung. Oder stieße, da müsste ich nachschlagen. Vielleicht geht auch beides: stöße und stieße. Aber »stäße« stimmt nicht, da bin ich mir ziemlich sicher.

Die wichtigsten Dinge lassen sich am schwersten sagen

Ich sitze gerade in einem Steinbruch, schreibe ins Abendrot und beiße ins Abendbrot. Prost! Doch hier ist kein Wörterbuch zu finden, deshalb kann ich mich nicht schlaulesen. Also lieber auf Nummer sicher gehen: Wenn man den Konjunktiv ohne »würde« beim Reden verwenden würde, würde man auf Ablehnung stoßen.

Über die Schriftstellerei sagt Joe: »Wer schreibt und dranbleibt, taucht immer weiter in die Geschichte ein und kommt in einen Tunnel, und bald ist man so weit drin, dass man kein Licht mehr sieht, egal, in welche Richtung man schaut. Dann muss man weitergehen, weiter nach vorn und bloß nicht zurück, sonst gehst du in 12 Tunnel rein und gleich wieder raus und erfährst nie, wie es am anderen Ende aussieht und wie hell das Licht dort funkelt.«

Gute Metapher. Er hat es drauf, Lethargikern wie mir in den Arsch zu treten. Ich fragte ihn, ob er mit den 12 Tunneln, in die ich schon reingekrochen bin, meine unvollendeten Manuskripte meint. Er sagte nichts, sondern schnäuzte sich lieber trompetend die Nase.

An dieser Tunnelstelle bin ich nun zum 13. Mal angelangt. 12 Mal habe ich mich umgedreht und gedacht: Den Schrott will keiner lesen.

Diesmal mache ich weiter. Wie sieht das Licht am Ausgang aus? Ich will es wissen. Funkelt es oder erwartet mich diffuses Nebelgeschwader wie im Land der Traurigkeit in der *Unendlichen Geschichte*, in das Atréju mit Fuchur reist, um die Kindliche Kaiserin zu retten?

Wer so wie ich gelegentlich im übermüdeten oder alkoholisierten Zustand schreibt, muss sich am Tag darauf die Ergüsse noch mal durchlesen, ohne Wenn und Aber. Da muss man durch. Manchmal ist es hart und wie eine Bestrafung.

Dann schlägt ein Schreiberling die Hände über dem ausgerauschten Kopf zusammen und rennt schreiend aus dem Tunnel raus. Dabei stolpert er nicht selten über die eigenen Füße.

Wie macht Stephen King das nur? An dieser Stelle ein paar Worte an alle Falschschreiber und Namensverhunzer: Der Meister schreibt sich mit »ph«, nicht mit »v«, und heißt somit Stephen und nicht Steven.

Stephen schafft im Jahr mehr als 3 Millionen Anschläge, also im Durchschnitt 8.200 täglich. Um das hinzukriegen, müsste ich 37 Stunden pro Tag schreiben. Das wäre nur auf einem Planeten möglich, an dem ein Tag mindestens 50 Stunden hat, denn man muss ja auch irgendwann schlafen, duschen, Blumen gießen, Internet-Petitionen unterzeichnen, die Steuererklärung machen und so weiter. Das wäre nur auf Merkur und Venus möglich. Da sind die Tage lang genug, und außerdem geht auf dem Merkur die Sonne 3 Mal auf, auch noch an verschiedenen Stellen, das wäre doch mal was.

Übrigens war ich schon auf dem Mars, aber leider nur im Traum, und ich würde gern wieder hin. Vor allem an Tagen, wenn es mir hier unten zu blöd wird. Falls das ein außerirdisches Wesen liest, kann es mich gern kidnappen und in andere Sphären verschleppen. Ich bin offen für Veränderungen, und wer es nicht glaubt, darf meinen Lebenslauf anfordern und kriegt ihn – die wahrhaftige und ungekürzte Fassung, ungeschnitten, sozusagen den Director's Cut.

Aber ich geh nur dorthin, wo es wärmer ist und wo es einen Sandstrand gibt und eine Brandung und ordentliche Wellen, in die man reinspringen kann, damit das schon mal klar ist.

Ansonsten brauche ich nichts, nur Wärme und das Meer. Sonst nichts. Übrigens habe ich von meiner Nichte mal ein »Freundebuch« bekommen, damit ich einen Eintrag darin vornehme. Ein Freundebuch ist so was Ähnliches wie ein Poesiealbum, nur soll man kein blumiges Gedichtsgebabbel reinschreiben, auch nichts reinmalen oder -kleben, sondern nur knapp die vorgegebenen Fragen beantworten. Die, auf die ich die Antwort sofort wusste, war: »Über was kannst du dich so richtig ärgern?«, und ich schrieb: »Wenn man extra ans Meer fährt, und dann ist das Wasser zu kalt.« Das würde ich heute, 10 Jahre später, wieder schreiben. Ist mir einmal passiert. Kroatien, August 2004. Brrrr.

Wie handhabt also Stephen King die Korrekturen? Muss der alles, was er schreibt, noch mal durchlesen? Das wäre ja furchtbar. Aber vielleicht gibt es Autoren, die es genießen, sich ihr eigenes Zeug reinzuziehen und den ganzen Kram noch mal durchzukauen, bevor man ihn an die unschuldige Leserschaft abgibt.

Stephen King verehre ich, seit ich 16 war. Damals verschlang ich einen beachtlichen Teil seines Werkes, unter anderem den Jahreszeiten-Sammelband, der mich flashte wie noch nie ein Buch zuvor. Die Einleitung der Herbstgeschichte versetzte mich wochenlang in einen Rauschzustand. Stephen hatte es kapiert. Auf nicht mal einer Buchseite brachte er das auf den Punkt, was mich gegen Pubertätsende extrem schlauchte.

Diese Stelle möchte ich hier einfügen, ein Zitat aus der Einleitung zur *Herbstsonate* von Stephen King:

»Die wichtigsten Dinge lassen sich am schwersten sagen. Es sind die Dinge, deren man sich schämt. Sie lassen sich so schwer sagen, weil Worte sie kleiner machen. Sind sie einmal ausgesprochen, lassen Worte die Dinge, die dir in deinem Kopf grenzenlos vorkamen, zu ihrer wahren Bedeutung schrumpfen. (…)

Ich finde, das ist das Schlimmste: wenn man ein Geheimnis für sich behalten muss, nicht weil man es nicht erzählt, sondern weil niemand es versteht.

Dem ist nichts hinzuzufügen. Angesichts dieser Weisheit, dieses literarischen Feuerwerks und der Wucht, die dahintersteckt, frage ich mich, ob ich wirklich »dranbleiben« soll. Wer braucht die Memoiren einer Büronomadin, wenn es Schriftstellergottheiten wie Stephen King gibt?

Ist Aprikosenmarmelade wichtiger als eine Liebeserklärung?

Jetzt koche ich erst mal Pfefferminztee. Mittlerweile bin ich nicht mehr im Steinbruch, weil eine Nacht vergangen ist, die mal wieder schlaflos war. Jetzt bin ich zu Hause, und Wasserkocher, Portionsbeuteltee und Süßstofftabletten sind nicht fern. Eine Aspirin liegt auch noch irgendwo rum. Oder, wenn's gar nicht mehr anders geht, ein flitscheflutsche Paracetamolzäpfchen.

Es gibt viele Erlebnisse, die das oben Beschriebene von Stephen King widerspiegeln, das kennt bestimmt jeder. Mir fällt dazu ein Gespräch mit einem Mann ein. Was heißt ein Mann, er war nicht einfach nur ein Mann, nicht irgendeiner. Ich will nicht um den heißen Brei reden. Also der Typ war die Liebe meines Lebens. Noch nie zuvor und nie wieder danach hat es mich liebesmäßig so heftig erwischt.

Einmal saß ich mit ihm beim Frühstücken in einem Bistro. Heute soll er es erfahren, dachte ich, und nach ewigem Rumgedruckse erzählte ich ihm vom wertvollsten Schatz, den ich besitze: meiner inneren Galerie. Das ist eine imaginäre Sammlung unzähliger Schnappschüsse, die ich vor meinem geistigen Auge abgespeichert habe und auf ewig in mir trage. Absolut brand- und diebstahlsicher, auch im Kriegsfall. Als Kind habe ich angefangen zu jagen und zu sammeln, und bis heute sind mehr Kunstwerke darin gehortet als in der Neuen und Alten Pinakothek in München zusammen.

Das kam so: Besondere Momente halte ich fotografisch in meinem Herzen fest und speichere sie ab – genau dort. Manchmal ist es ein Fluch, weil auch unschöne Bilder darin landen. Ich versuche dann, diese ins Kellergeschoss zu verdammen, dorthin, wo man nur selten hingeht.

Es ist düster da unten und beängstigend. Aber das Umhängen klappt nicht immer. Grässliche Bilder bekommen manchmal Füße, besonders nachts, und dann schleichen sie sich rauf und stellen sich vor die bunten Lieblingsexemplare. Die verschwinden dann im Schatten der Dämonensilhouetten, und hässliche Schauergnome glotzen einen an im Dunkel der Nacht, grinsen breit und verteilen dabei den Müff ihrer halbgrünen Zahnstümpfe.

Jedenfalls hatte ich von dem von mir Angehimmelten gefühlt 100.000 Fotografien in mir aufgehängt, eine schöner als die andere. Das schafft man nur, wenn man wie Sting zum Stalker wird, sobald man verknallt ist. Man verfolgt sein Opfer, ist ihm visuell auf den Fersen. Nach dem Motto: *Every breath you take, every move you make, every step you take, every smile you fake: I'll be watching you.*

Verlass dich drauf, I'll be watching you, und da kannst du dich verkleiden und verstecken, wie du willst, hilft nix, I'll be watching you. Und wenn du weg bist, träume ich deinen Namen und seh dich im Schlaf, und ich schau umher, entdecke aber niemanden, der dich ersetzen kann, und ich friere und hab Sehnsucht nach deiner Umarmung und heule und heule und kann überhaupt nicht mehr damit aufhören.

Und dann singt er noch viele Zeilen, der Sting, und jede stimmt.

Ich beobachte dich, auch wenn du mal ungeduscht bist oder mit Pekingsuppe besudelt oder ein hässliches Hemd mit Speckkragen trägst, das schon lang in die Altkleidersammlung gehört (diesen Satz hat Sting nicht getextet, der ist von mir).

So läuft das, und deshalb kann die innere Galerie entstehen und wachsen.

Na ja, ich habe versucht, dem Typen das so unpoetisch wie möglich zu sagen, weil es mir so wichtig war. Aber er hat den Blickkontakt unterbrochen und am Foliendeckel seiner Halbfettmargarine rumgenestelt. Als ich Sting zitieren wollte, ist er aufgestanden mit den Worten: »Tschulljung, ich hol mir nur eben eine Aprikosenmarmelade vom Buffet.« Als er zurückkam und fragte, was ich gerade erzählen wollte, sagte ich, ich hab's vergessen, und nahm einen Schluck frisch gepressten Grapefruitsaft. Der war bitter. Und kalt.

Am liebsten hätte ich das sofort Stephen King gemailt, um ihm mitzuteilen: Sieh doch, du hattest recht, schon wieder ist es passiert – ich muss was für mich behalten, weil ich's nicht hinkriege, die Großartigkeit unstotternd in Worte zu packen. Wenn jemand aus Liebe und Verzaubertheit zu stottern anfängt, sind 20-Gramm-Aprikosenmarmelade-Aluschälchen interessanter und die Lätta erst recht, das sehe ich ein.

Übrigens hat der besagte Jahreszeiten-Sammelband 624 Seiten, und beim Aufschlagen eben hatte ich sofort und ohne Blättern die richtige Stelle, nämlich Seite 353, und es gab kein Eselsohr, kein Lesezeichen, nichts und niemanden als Hinweis. Ich weiß, es ist unglaublich, und das glaubt mir sowieso keiner. Aber der Himmel war dabei, und der ist Zeuge: Es stimmt. Mich soll der Blitz treffen, wenn ich gerade gelogen habe.

Socken überm Zoffi

Dass ich meinem Idol Stephen King so nah sein kann, zumindest namensmäßig, finde ich toll. Stephanie mit ph, ganz ohne f und erst recht ohne v. Finde ich gut. Meine Eltern gaben mir einen auffallend gewöhnlichen Namen, und dafür bin ich den beiden, die leider viel zu früh und für immer ins Land der Engel ziehen mussten, von ganzem Herzen dankbar. Auch nicht Chantal, Daphne oder Principessa.

In unserem Justin-Marvin-Corvin-Zeitalter sind Namen wie Rüdiger, Ludwig und Markus eine Labsal, oder? Markus ist für mich der schönste Name überhaupt. Klingt so knutschig. Wenn ich mal ein paar Söhne adoptiere, nenne ich alle Markus. Auch mein nächstes Haustier wird so heißen, egal, welche Gattung oder Geschlecht. Eine Goldfischfrau namens Markus, das wäre drollig.

In einem Fastfoodrestaurant saß am Nebentisch einst eine Mutter mit ihren 3 Kindern, die sie ganz stolz mehrmals beim Namen rief: Kedisha, Jay-Z (gesprochen: Tschäi-Sieh mit Betonung auf der zweiten Silbe so wie beim Rapper), und der Dritte im Bunde der Verdammten hieß Geronimo. Möglicherweise waren die Eltern während ihrer Schwangerschaft durch das *Cadillac*-Lied von Modern Talking inspiriert. Seinen älteren Bruder hatten sie nach einem Gangsterrapper benannt – wie muss man da drauf sein? Wieso schiebt da nicht einer vom Standesamt den Riegel vor? Damals in den 80ern hat es ja auch geklappt, als ein Elternpaar in München ihren Sohn Pumuckl nennen wollte. Aber bei Geronimo pennen alle oder gehen Kaffeewasser auffüllen. Dass Jay-Z allerdings wirklich so getauft wurde, kann ich mir nicht vorstellen. Vielleicht heißt die Familie Zaun mit Nachnamen und der Bub Jesus. Jesus Zaun. Das könnte dazu verleiten, mit Jay-Z abzukürzen. Oder Jan Zins. Oder Jens Zinseszins.

Wie die Kids von Heidi Klum heißen, schreibe ich jetzt nicht, sonst vertippe ich mich 10 Mal. Das kann jeder nachgoogeln, den es interessiert. Oder nachbingen. Aber bei denen verstehe ich, wie es dazu kam. Der Vater hat exotische Hintergründe, die Mutter ist ständig aufgekratzt, bestimmt erst recht nach einer Geburt. Nur am Rumhibbeln, die Frau. Diese Mischung führt zwangsläufig zu auffälligen Vornamen, und weil 2 pro Nase nicht reichen, sind es halt 3 oder noch mehr.

Übrigens will ich hier nicht über Heidi Klum schimpfen, wirklich nicht, das tut der Rest der Welt schon. Da halte ich mich raus. Ich mag sie. Irgendwas hat sie an sich, was ich toll finde, und das hat nicht mal was mit ihrem Äußeren zu tun. Vielleicht hängt es damit zusammen, dass sie mal mit Anthony Kiedis zusammen war, dem Frontman der Red Hot Chili Peppers. Den stalkte ich Ende der 80er bis Anfang der 90er quer durch den deutschsprachigen Raum, so verschossen war ich, und ich dachte mir: Super, Heidi, also dass du dir diesen Wahnsinnskerl von Übermann krallst, Respekt!

Irgendein Bandmitglied der Chilis hatte Anfang der 90er die Idee, sich einen weißen Tennissocken über den Zoffi zu ziehen und so aufzutreten, und die anderen machten mit. So gingen sie auf die Bühne, eine ganze Tournee lang. Anthony konnte damals noch nicht so fantastisch gut singen wie heute. Also ehrlich gesagt sang er live grottenschlecht. Das machte mir aber nichts aus, ich ging trotzdem auf jedes Konzert. Ich wollte ihn ja nicht hören, sondern sehen. Die Show war wirklich was fürs Auge: nackte Hinterteile, vorne die Gitarre oder der Bass drüber oder das Schlagzeug davor. Anthony hatte nichts, hinter dem er sich verstecken konnte, er stand einfach nur da, grölte ins Mikro, tobte wie ein Urtier – und der Strumpf verrutschte kein Stück. Bestimmt hatte er ihn angeklebt oder den Zwirn am Saum mit dem Schamhaar verflochten.

Das machte mich völlig fertig. So ein Hammertyp, und dann nur mit einem Tennissocken und einem Baseballkäppi bekleidet. Tilt! Ja, ich glaube, das ist der Grund für mein Fanverhalten gegenüber Heidi Klum. Bei ihrer ausgeprägten Wandelbarkeit hinsichtlich ihres Geschmacks fürs andere Geschlecht, und zwar für die unterschiedlichsten Gestalten, kann man über die Namen ihrer Kinder locker hinwegsehen. Außerdem habe ich gemerkt: Wenn man sie ein paar Mal durchliest, werden sie immer interessanter. Und lesbarer, hörbarer, aussprechbarer.

»die feisten« besingen in *Ranjid* die Unfähigkeit mancher Eltern, ihren Kindern vernünftige Namen mit auf den Lebensweg zu geben. Ein Weg, der eh schon schwer genug ist. Warum machen manche durch fiese Vornamen alles nur noch schlimmer? Das steigert die Burn-out-Gefahr und erhöht die Suizidanfälligkeit. Das muss doch nicht sein. Den Part übernehmen schon Konsolenspiele wie GTA 4, 5, 6 oder aluminiumhaltige Chemtrails, die uns Wetter und Lebenslust madig machen und dem Himmel das Blaue rauben.

Das soll schon der weise Mühlhiasl aus Hunderdorf um 1800 gesagt haben: »Wenn man die echten Kondensstreifen nicht mehr von den unechten unterscheiden kann, dann ist das Ende nicht mehr weit.« Oder so was in der Art.

Für die Rechtschreibung bei »die feisten« kann ich nichts, die schreiben sich freiwillig so, und wenn ich einen der beiden mal treffe, frage ich sie, warum sie doofer tun, als sie sind. Wer solche Lieder schreibt, kann nämlich nicht ernsthaft doof sein, außer, er lässt sie von anderen schreiben oder geht klauen. Textmäßig.

13

Slave to the Rhythm?

Schließt sich der Kreis?

Im Alter von 39 habe ich also den 39. Vorgesetzten an Land gezogen. Dieser numerische Zufall erfüllt mich als Ziffern-Junkie mit Verzückung. Eine höhere Instanz scheint mich hier auf mein vom Himmel vorgeschriebenes Lebensmuster hinzuweisen. Ich frage mich nur, was er mir mitteilen will. Also der Himmel. Soll ich im Rhythmus bleiben? Dann müsste ich jedes Jahr an meinem Geburtstag den Arbeitgeber wechseln. Gerade jetzt würde mir das schwerfallen, denn anscheinend habe ich – nach einem Vierteljahrhundert beruflicher Odyssee – den passenden Job gefunden.

Fressen & Saufen plus Zeichnen & Tippen in Frankfurt

Seit Kurzem bin ich Sachbearbeiterin in einem renommierten Architekturbüro in Frankfurt. Renommiert, was für ein Schwachsinnswort. Wieso schreibe ich das? Rühr ich hier umsonst die Werbetrommel oder wie? Also noch mal: Seit Kurzem bin ich Sachbearbeiterin in einem mittelerfolgreichen Normalo-Architekturbüro in Frankfurt.

Wir sind ein perfekt eingespieltes Team: Unser Chef zieht Aufträge an Land, die Zeichner zeichnen, die Tippsen tippen. Die Piesackerei unter den Kollegen ist verschwindend gering und außerdem so subtil, dass keiner sie bewusst wahrnimmt. Das ist auszuhalten.

In manchen Firmen muss das arbeitende Volk Unsitten hinnehmen, die über Mobbing oder sonstige Intrigen hinausgehen. Eine Büronomadin muss im Laufe der Jahre mit allen möglichen psychischen Entartungen klarkommen: mit exhibitionistischen, sadistischen und vorm PC onanierenden Geschäftsführern beispielsweise, mit paranoiden Messies oder mit Öko-Tanten, bei denen man sich weder satt essen noch ordentlich kacken darf.

Wer solche Dinge überlebt, den schockiert es nicht, wenn die Kollegen einem aus Langeweile den Lieblingsstift verstecken oder Salz in den Kaffee kippen. Sogar die Sache mit dem Furzkissen habe ich schon verdaut. Schwamm drüber.

Ich sage es nicht gern, aber anscheinend profitieren die Angestellten hier von der zerrütteten Ehe unseres Arbeitgebers Bruno Kadel-Zanker. Er scheint seine Mannschaft als Ersatzfamilie zu sehen, in der er gerne mal den Kuschelpapa gibt. Jeder wird zur Begrüßung und zum Abschied geherzt und gedrückt, sogar Kunden und der Briefträger – da kennt Bruno keine Gnade.

Regelmäßig wird der Kühlschrank in der voll ausgestatteten Büroküche (wir haben sogar eine elektrische Salatschleuder!) mit Leckereien aufgefüllt. Champagner, Ramazotti und einer der teuersten regionalen Weißweine stehen immer in ausreichender Menge zur Verfügung – sogar Tequila Silber und Tequila Gold, und die passenden Zitrusfrüchte liegen in einer Obstschale auf dem Tisch. Salz und Zimt für den Handrücken findet man im Gewürzregal. Salute!

So viel Alkohol wie hier habe ich während der Arbeitszeit bisher nirgendwo getrunken. Das ist zwar nicht gerade damenhaft, aber noch komme ich damit klar. Bislang ist die Sache überschaubar. Aber spätestens dann, wenn ich morgens vor lauter Verkaterung nicht mehr aus dem Bett komme, werde ich auf Softdrinks umsteigen müssen. Grüne Smoothies beispielsweise oder milchsauer vergorene Gemüsesäfte.

Mindestens einmal im Monat wird gekocht – vom Boss persönlich. Dann gibt es irisches Steak von glücklichen Rindern, Riesengarnelen, Lachsfilets oder Venusmuscheln für alle, und dazu frisches Baguette und knackigen Salat vom Markt. Den Einkauf dafür erledigt unser Bruno mit Hingabe.

Nicht einmal die gluten- und laktosebehinderten Mitarbeiter vergisst er: Die kriegen Reisbrot und Hafersahne automatisch, ohne ihn vorher daran erinnern zu müssen, und die Veganer unter uns bekommen ihr Seitanschnitzel als Extrawurst in einer Extrapfanne gebrutzelt, und zwar oberkross.

Es könnte nicht schöner sein. Und doch gibt es hier eine Sache, die mich nervt: Bruno sammelt Erotic-Comics.

Ja, Comics. Vorher wusste ich nicht, dass es so was gibt. Pornohefte ja, Bildbände auch, aber Comics? Das sind sozusagen gezeichnete Pornos. Einmal habe ich reingeguckt, als ich allein im Büro war. Die Schmodderhefte enthalten die gleichen Bilder wie normale Pornohefte, nur ist es bei den Comics so, dass die Penisse immer vor sich hin tropfen. Ständig läuft die Soße raus und sudelt überall hin: auf den Teppich, auf das Bettzeug, auf die Frauen. Wo der Unbekleidete geht und steht, wird alles vollgekleckert. Im normalen Leben würde das nicht mal einem mit Viagra Gedopten passieren. Glaube ich jedenfalls. Das wäre ja wie Ausbluten.

Bruno will aber, dass wir alle wissen, wie *stilvoll* er die Heftchen sammelt. Er kauft nämlich nicht irgendwelche Comics, sondern nur solche, in denen die Frauen, wie er sagt, »laziv und femin« dargestellt werden. Aber niemand kann ihm deswegen böse sein. Wenn ein sexistischer Quälgeist sein Lieblingsvokabular so derartig verhunzt, sind Mitleid und Gnade angebracht, finde ich.

Überhaupt ist Sex sein ungeschlagenes Lieblingsthema. Wann immer sich die Gelegenheit ergibt, wird es ausgeschlachtet. Wenn sich beispielsweise beim Scampipulen jemand die Finger ableckt, wird das Thema Oralsex aufgegriffen. Bruno scheint geradezu darauf zu lauern, dass jemand die Zunge beim Essen aus dem Mund schiebt. Das ist dann wie der Startschuss für eine Verbalattacke in Richtung Lendengegend. Zartbesaitete stehen dann am besten gleich auf, um den frischen Knoblauch und das teure Meeresgetier, immerhin aus des Chefs Brieftasche finanziert, auf den Büroklosetts nicht gleich wieder schwallartig von sich geben zu müssen.

Über seinen Drang, schon frühmorgens vor allen Angestellten Pornoclips jeglichen Genres zu konsumieren, sehen die Kollegen meist schulterzuckend hinweg. Wie lange mir das noch gelingt, weiß ich nicht. Bei der Begrüßung drückt er jedenfalls unsere Körper zu lange und zu fest aneinander, und manchmal schiebt er sogar sein Becken dabei nach vorn. Das nervt. Ich bin nicht prüde, aber wenn mein Arbeitgeber ungebeten seine Geschlechtsutensilien an meine presst, ist Schicht im Schacht.

Es bleibt abzuwarten, wer sich hier bald an wen anpassen muss. Ich möchte Bruno noch etwas Zeit zur Gesundung gewähren. Wenn diese ausbleibt, wird die Nomadin weiterziehen: in ein windgeschütztes Tal einer unbekannten Steppe – der Steppe Nummer 40.

14

Bewerbungsgespräch: Authentizität oder Gestelztheit?

Fruchtbarkeitstanz bei gestörten Stammesoberhäuptern

Authentizität wünscht sich ein Firmenchef, der klug ist, und der sich seiner Führungsposition und seiner Verantwortung bewusst ist. Er weiß, dass er ohne eine Topbelegschaft nur ein kleines Würstchen wäre. Respekt und Achtung gegenüber seinen Angestellten ist ein Gebot, das er nicht wagen würde zu brechen. Er ist intelligent, einfühlsam und hat auch das Zwischenmenschliche im Blick – nicht nur die Umsatzzahlen.

Es gibt ihn: den Arbeitgeber, der es kapiert hat.

In menschlicher Hinsicht hat er was auf dem Kasten. Er erkennt, dass es zwischen ihm und seinem Team ein Geben und Nehmen ist – und immer sein wird. So jemand führt sich nicht auf wie ein diktatorischer Herrscher, der nach seinen Untergebenen tritt wie nach einem herrenlosen Tier.

Ein solcher schaltet seinen Verstand ein, wenn er sich auf die Suche nach Angestellten begibt. Er vertraut seiner Intuition und Menschenkenntnis. Er wünscht sich, seine Mannschaft um eine weitere nette Seele zu bereichern, und fahndet mit weiser Beständigkeit nach Arbeitssuchenden, die den Eindruck hinterlassen, dass sie ihr Zeug ordentlich erledigen und man 8 Stunden des Tages gut mit ihnen auskommen kann.

Hierfür muss er wachsam sein. Er will gute Leute um sich haben. Er ist gerecht – und bereit, den Einsatz seiner Mitarbeiter anerkennend zu honorieren.

Solche jedoch, die ewig lang in der Teeküche stehen, rumklönen und Kollegen chronisch und nervtötend mit ödem Privat-Blabla von der Arbeit abhalten, braucht wirklich niemand, nicht mal der gutmütigste Arbeitgeber.

Ich kam bislang ein einziges Mal in den Genuss eines solchen Vorzeige-Chefs. Es war Herr Kugel, der mit den verschimmelten Weihnachtskrippen. Mein jetziger ist auch okay, abgesehen von seiner sexistischen Gestörtheit, die wirklich tierisch nervt. Was soll der Schwachsinn, Herr Kadel-Zanker?

Das Wort »Chef« mochte Herr Kugel nicht. Stattdessen gab er 'ne Runde Rosinenbrot aus und sagte freundlich: »Leute, wir sitzen in einem Boot. Niemand ist oben oder unten. Lasst uns gemeinsam darauf achten, dass der Kahn nicht untergeht.«

Ich neige mein Haupt in Demut angesichts dieser Erkenntnis. Standing Ovations.

Aussiebungsverfahren nach Katalog statt nach Menschlichkeit

Gekünstelte Bewerbungsgespräche sind ein Übel, das dieser Planet nie gebraucht hat und niemals brauchen wird. An dieser Stelle möchte ich solche Verabredungen »Statistenscreening« nennen. Bestimmt kennt jeder, der schon ein paar solcher Einladungen überstanden hat, dieses 08/15-Schlaumeiergequäke von übereifrigen Personalleitern. Wenn sie in dieser Manier loslegen, wünscht man sich nach wenigen Minuten schon, man wäre morgens mit einem Migräneanfall aufgewacht und im Bett geblieben.

Vor einem Statistenscanning notiert sich der Einladende aus einem Arbeitgeber-Schwachsinnskatalog irgendwelche lebensfremden Fragen, mit denen er den Jobsuchenden quält. Diese ersetzen zwar peinliche Gesprächspausen, doch über den Menschen, der aufgeregt vor einem sitzt und sich ernsthaft damit auseinandersetzt, wie er in Zukunft seine Lebensgrundlage sichern möchte, sagen sie rein gar nichts aus. Eine ernst zu nehmende Konversation kommt bei einem derart krampfigen Treffen nicht zustande.

Es gibt immer noch Firmeninhaber, die das nicht geschnallt haben. Ich finde, viele der »Wie finde ich den passenden Angestellten«-Ratgeber sind für die Katz. Reine Geldmacherei von irgendwelchen Theorietrotteln, die nichts Gescheites gelernt haben. Dampfplauderer mit 2 linken Händen und Gehirnhälften: mit einem alkoholfreien Coconut-Kiss flacken sie in der Hängematte, um das erste Brainstorming zu ihrer Seminar-Idee niederzuschreiben – Titel: »Effektives Bewerber-Aussiebungsverfahren«.

Was mich betrifft: Bei diesem Theater mache ich nicht mehr mit. Habe ich Schauspielerei studiert, oder wie? Wenn ich mich bewerbe und der Chef mich einlädt, gehe ich davon aus, dass er mich *kennenlernen* will.

Soll ich mir im Vorfeld abgedrehte Psychotests reinziehen und »richtige« Antworten auswendig lernen, damit ich ja nichts Falsches ankreuze, sage oder male?

Wenn ich gefragt werde: »Was sind Ihre Stärken und Schwächen?«, bekommt der Interviewer eine ehrliche Antwort: »Eine meiner Stärken ist, bei Fangfragen wie dieser entspannt zu bleiben, und eine meiner Schwächen ist der Drang, Ihnen das ehrlich mitteilen zu müssen. Eine weitere Stärke: Ich habe Karate bis zum 3. Kyu gemacht, und das hat mich so stark gemacht, dass ich alleine einen Kasten Apfelschorle in den 3. Stock tragen kann, und zwar Glasflaschen. Und schwach werde ich jedes Mal, wenn ich Kumquats sehe, die muss ich einfach kaufen, egal, wie teuer die Dinger sind. Und oberschwach werde ich beim Anblick putziger Knuddel-Möpse, da gehe ich vor Verzückung in die Knie, wenn die mich mit goldigen Speckröllchen und Kulleraugen anröcheln.«

Gespräche dieser Art hatte ich mehrere. 3 davon verliefen bemerkenswert. Damals nannte ich andere Beispiele als Apfelschorle oder Möpse, doch die Grundidee, »Diese Frage können Sie sich in die Haare schmieren«, kam bei allen Fragenden an.

Bei einem stellte ich mich als Empfangsdame bei einem Software-Hersteller vor. Dieser Job sollte stehend an einem Pult ausgeführt werden, so ähnlich wie bei den Leuten vom ADAC, die in Fußgängerzonen an gelben Ständen stehen und Fähnchen verteilen.

Was erwartet so einer als Antwort? Eine Empfangsdame, die 8 Stunden am Tag stehen muss, sollte in erster Linie eine aufrechte Haltung haben und gute Schuhe. Außerdem darf sie keine feuchte Aussprache haben und nicht allzu viele Warzen an den Fingern, weil ihr die Besucher beim Tippen auf die Finger schauen können (das gilt auch für Arzthelferinnen).

Ein anderer war ein Hotelbesitzer, der ein Zimmermädchen suchte. Was soll hier bitte schön die Frage »Wo liegen Ihre Stärken und Schwächen?«?

Zimmerperlen brauchen ein starkes Kreuz, das muss ihre allerstärkste Stärke sein. Sie beziehen Hunderte von Betten pro Woche, da können sie sich keine Rückenwehwehchen erlauben. Außerdem müssen sie dazu in der Lage sein, innerhalb von 15 Minuten ein verwüstetes Zimmer plus Bad zu sanieren – so, dass der nächste Gast denkt, sein Erscheinen wäre der Erstbezug des Domizils.

Eine kurze Zusammenfassung der 3 Gespräche, die mir gut in Erinnerung geblieben sind:

Der Erste war verärgert und warf mich raus. Der Zweite war irritiert und bat mich zu gehen. Der Dritte gab mir recht.

»Tja … öh …«, überlegte er, »dann sollten wir uns jetzt wohl wie normale Menschen unterhalten.«

Damit war ich einverstanden. Ich erzählte ihm, warum ich den Job haben wollte und warum ich mich dafür geeignet hielt. Er taute auf und erzählte von dem Druck, der auf ihm lastete. Das Verantwortungsgefühl für sein Team sei so groß, dass es ihn teilweise bis in den Schlaf verfolgte.

Ich versuchte einen Rat: »Machen Sie Ihren Angestellten klar, dass alle das Gedeihen der Firma beeinflussen. Es muss jedem klar sein: Wenn ich mir einen Lenz mache, kann es eng werden. Es handelt sich um einen Tausch: Gehalt gegen Leistung, nicht Gehalt gegen Präsenz.«

Müde lächelnd hörte er zu und sagte: »Ich weiß. Solche Gespräche habe ich bereits geführt.«

Ich schämte mich, weil ich ihm erklärt hatte, welche Form ein Kreis hat. Doch die Chemie zwischen uns stimmte. Es fand so etwas wie eine Redoxreaktion statt. Hier reagierten Kupfer und Schwefel – jeder hat was davon. Beide Ausgangsstoffe schnallen: Hey, mit dem hier will ich mich zusammentun, da könnte was Zischendes bei rauskommen.

Und so geschah es: Er war ein Polizist, der seine Beamtenstelle auf Lebenszeit gekündigt hatte. Zuerst eröffnete er ein Reisebüro, dann parallel dazu eine Hausverwaltungsgesellschaft. Es lief eine Zeit lang gut zwischen uns, doch dann begann er, mehreren Leuten gegenüber die Dinge, die er über mein Privatleben erfahren hatte, auszuplaudern.

Tratsch ist wie eine Flutwelle. In rasender Schnelligkeit breitet sie sich aus – und zieht auf dem Rückweg ins schier Unendliche alles mit, was sie erwischen kann. Fast jeder, der das Gerücht aufnimmt, dichtet was dazu, das kennen wir alle.

»Oh, die ist aber empfindlich, da muss man doch drüberstehen!«, mag da manch einer denken. Das stimmt. Man könnte weitermachen wie bisher. Muss man aber nicht.

40 Mindeststunden pro Woche für ein Tratschmaul zu arbeiten ist absolut machbar. Das kriegt man hin. Man kann aber auch sein Gemüt runterfahren, dann seinen PC – und dann der Kiste den Rücken kehren. Pumps aus, Wanderstiefel an. *Zieh weiter, Stern der*

Ordnung, woanders weiß jemand, was du wert bist, und diese Kostbarkeit setzt man nicht mit übler Nachrede aufs Spiel.

Zurück zum Thema »Lästige Ausquetscherei der Bewerber seitens des Personalchefs«: Meiner Meinung nach sollte jemand, der einem Unternehmen sein Wissen und seine Erfahrung anbietet, sich seiner Qualität bewusst sein. Peinliche Küchenpsychologie, die ihm aufgedrückt wird, sollte er erkennen und streng zurückweisen.

In diesem Punkt bin ich abgebrüht. Ich soll mich auf ein staksiges Wortgefecht einlassen? Mir dabei schlagfertige, kluge Antworten einfallen lassen und mich verstellen, damit ein Arbeitgeber mich toll findet und gnädigerweise einstellt? Ich glaube, es hackt. Die können froh sein, wenn sie gute Leute finden. Sie sollten sich die Besten rauspicken und dabei die Augen aufmachen – und ihr Herz.

Man sollte sich beim ersten Treffen nicht verstellen. Wenn man sich sympathisch findet, gut miteinander reden kann und die Stimmung bis zum Ende hin angenehm bleibt, dann könnte die richtige Arbeitsstelle gefunden sein (sofern das Team nicht an Mobbingwahn erkrankt oder von parasitären Individuen befallen ist). Der Boss kann froh und dankbar sein, wenn ihm ein Glücksgriff gelingt.

Dass das nicht immer so ablaufen kann, ist klar. Es ist traurig, aber wahr – manchmal muss der Schwächere kuschen, um zu überleben.

Ein Beispiel: Ein Typ namens Otto Normal macht einen vorbildlichen Schulabschluss, absolviert erfolgreich ein Studium und steigt mit Mitte 20 ins Berufsleben ein. Er heiratet, seine Frau schenkt ihm 1,87 deutsche Durchschnittskinder. Ein Haus wird gebaut, und abgesehen von ein paar Tiefschlägen ist die Familie über die Jahre gesehen eine glückliche.

Kurz nach dem 50. Geburtstag des Familienvaters übernimmt eine Riege dynamischer Grünschnäbel mit Wahrnehmungsstörungen die Führung. Sie denken sich eine Expansionsstrategie aus, in der Firmenzugehörigkeit nach Seniorität genauso viel Platz hat wie ein Nashorn in einem überfüllten Fahrstuhl. Otto wird wegrationalisiert, bekommt die gesetzliche Abfindung und darf gerade mal ein Jahr lang Arbeitslosengeld I beziehen – rund 70 Prozent des letzten Nettoverdienstes.

»Ja, und jetzt, Herr Normal? Sind Sie nicht dazu in der Lage, innerhalb von einem Jahr etwas Vergleichbares zu finden?«

»Das ist nicht so einfach. Ich bin über 50. Viele Arbeitgeber denken sich, nee, der lieber nicht, der ist alt und fängt bald an zu schwächeln. Wer weiß, ob der überhaupt noch 15 Jahre lang durchhält. Vielleicht nippelt der uns vorher schon ab. Nein, dann lieber doch was Frisches, Unverbrauchtes! Das kann man noch so schön formen!«

Otto Normal findet keine neue Stelle. Ab dem 13. Monat bekommt er nur noch Arbeitslosengeld II – und tappt in die gefürchtete Hartz-IV-Falle. Möglicherweise müssen das Haus zwangsversteigert und die Ersparnisse für die Kinder bis auf Minimalgrenze aufgebraucht werden.

Herr Normal ist machtlos. Seine Familie gerät in die gläserne Abhängigkeitsmühle: Regelmäßig müssen beim Wiedereinstiegsberater im Jobcenter Kontoauszüge vorgelegt werden – von allen Familienmitgliedern. Es könnte ja jemand seine gebrauchten Schuhe auf eBay verticken oder die Kids ihre Puppen und Matchboxautos.

»Die verrotzten Handaufhalter kann man der Gesellschaft doch nicht antun, oder?«, giftet so mancher Genugverdiener. Oder: »Das faule Asi-Pack liegt der Allgemeinheit auf der Tasche, die sollen gefälligst alles abtreten, wenn die nebenbei was einsacken!«

Solche Sätze konnte ich von raffgierigen Egoisten, die sich noch nie in ihrem Leben einen materiellen Wunsch nicht erfüllen konnten, zur Genüge hören. Das klingt zynisch, doch wer schon mal einer Immobilienmaklerin ausgeliefert war, die eine 5-köpfige obdachlose Familie aus dem Kosovo einst als »widerliches Dreckspack« bezeichnete, trägt Seelennarben mit sich, die nicht abheilen.

Möge allen, die so denken, im nächsten Leben das Gleiche widerfahren.

Wenn sich also ein Herr Otto Normal im 12. Monat seiner Arbeitslosigkeit kurz vor seinem Absturz ins soziale Loch mit Schlotterknien in ein Vorstellungsgespräch schleicht, kann er nicht »All in« pokern. Er wird alles tun, um seine Familie zu retten – und versuchen, sich so zu verhalten, wie es sein prüfendes Gegenüber von ihm erwartet.

Und das ist gut so. In diesem Fall ist es edelmütiger, zu denken: Okay Leute, ich versuche, die nächsten 30 Minuten einen auf Mr Perfect zu machen, damit meine Kids in der Schule nicht mehr wegen ihrer durchgetretenen Schuhe gehänselt werden. Wenn ich den Job bekomme, werde ich mein Bestes geben – alles andere liegt nicht in meiner Hand.

Die Tücken von Hartz IV

Die Hartz-IV-Regelung halte ich für eine beschämende Missgeburt, die in einem Sozialstaat nichts verloren hat. Ein Beispiel: In einer deutschen Kleinstadt lag kurz nach Abschaffung der Sozialhilfe der Mietsatz im Rahmen von Hartz IV, den beispielsweise ein allein erziehender Elternteil mit Kind erhält, bei durchschnittlich 345 Euro Warmmiete – für eine 2-Zimmer-Wohnung von maximal 60 m^2. Die Bleibe durfte weder größer noch teurer sein.

Solche Wohnungen *gibt es auf dem freien Markt nicht.* Punkt.

Die Existenz von solchen ist eine zurechtgebastelte Utopie derer, die sich diese Berechnungsgrundlage ausgedacht haben. Sozialwohnungen sind kaum zu haben, und wenn, müssen die Antragsteller mit einer Wartezeit von mehreren Jahren rechnen. Trotzdem brauchen Arbeitslose ein Dach überm Kopf. Sogar Billig-Absteigen sind teurer als der oben genannte Lächerlichkeitsbetrag, selbst das letzte feuchtkalte Loch.

Was passiert nun? Etwas Hässliches: Wenn der Wohnungssuchende Glück hat, findet er einen gnädigen Vermieter, der mit ihm einen Deal eingeht. Der sieht so aus: Der Mietvertrag, der den Amtsköpfen zur Prüfung vorgelegt werden soll, wird an die rechtlichen Forderungen angepasst. Die Miete wird gesenkt – aber nur auf dem Papier.

Der Haken dabei: Der Vermieter will dennoch seine Kohle. Den vollen Satz. Er lässt sich den Differenzbetrag bar auszahlen. Jetzt kommt der erschütternde »Ausgleich«: Dieses Geld müssen sozial schwach gestellte Personen von der vom Staat festgelegten *Existenzgrundlage abkappen.* Die beträgt für eine erwachsene Person 391 Euro und pro Kind 261. Wer kommt mit weniger als 391 Euro pro Monat in unserer Gesellschaft aus? Dieses Geld muss für alles reichen, was außerhalb des Wohnzuschusses anfällt.

Für *alles*: für den soeben erwähnten finanziellen Ausgleich zur tatsächlichen Miete – und für Lebensmittel, Hygiene, Kleidung, Schuhe, Freizeitgestaltung, Versicherungen, Medien, Medikamente, Reparaturen, Mobilität, Ansparungen für den nächsten Urlaub oder für Geschenke, wenn mal jemand Geburtstag hat oder heiratet.

Friseur- oder Restaurantbesuche sind Luxus. Somit werden Hartz-IV-Empfänger subtil dazu gezwungen, nebenbei zu arbeiten – und sich somit strafbar zu machen.

Ich kenne Frauen, die sich prostituieren, um den tatsächlichen Mietzins für ihre Miniwohnungen aufbringen zu können. Und warum greifen alte oder kranke Menschen, die nicht heimlich arbeiten können, immer wieder in stinkende öffentliche Müllbehälter? Sie fischen an Bahnhöfen oder Bushaltestellen leere Mineralwasserflaschen von uns Gehetzten heraus. Sie müssen ihre Miete bezahlen oder hätten es einfach gern ein bisschen wärmer in der Wohnung. Bei ihrem Griff ins stinkende Dunkel riskieren sie Verletzungen an der Hand durch Glassplitter, Ratten oder glimmende Kippen. Und das für 8 Cent Flaschenpfand oder 25 Cent für Dosen.

Manchmal stecke ich solchen Menschen ein bisschen Kleingeld zu. Manche erschrecken und schicken mich weg – in ihrem Stolz gekränkt. Das kann man ihnen nicht einmal verübeln. Andere freuen sich und klopfen freundlich mit klebrigen Händen auf meinen lächerlichen Businessblazer.

Gibt es eine Möglichkeit, von diesem Elend einen akzeptablen Bogen zu anderen Themen zu spannen? Sollte ich mich schämen, dass ich einen mehrstöckigen Lustbunker von innen sehen wollte? Oder dass ich das Sadomaso-Erlebnis meiner Exkollegin spannend finde? Soll ich mich meines beruflichen Werdegangs schämen? Er ist ein Teil meiner Biografie.

Zu Stellen, an denen meine weiße Weste Flecken bekommen hat, sollte ich stehen. Ich möchte sie nicht verschweigen. Wen es nicht interessiert, soll die Geschichte aus der Hand legen und etwas Sinnvolles tun: beispielsweise bei der nächsten Anti-Hartz-IV-Kundgebung mitschreiten oder der kranken Nachbarin ein Stück Kuchen vorbeibringen. Oder ein Stück Obst aus dem Garten.

15

Pia, was zählt am Ende?

Gebt acht aufeinander …

Pia ist eine frühere Kollegin, mit der ich mich während unserer gemeinsamen Büro-Epoche angenehm verbunden fühlte. Sie berichtete einst in der Frühstückspause von einer Geburtstagsparty bei ihrem Ex Andi. Dieser hatte ein Jahr zuvor nach 12 Ehejahren und der Anschaffung von Eigenheim, Zwillingen, einem Afghanenrüden, Landrover, Heimkino und einer eigenen Sauna erkannt, dass er sich zu Männern hingezogen fühlt. Kurz vor Ostern bezog der neuschwule Gatte mit seinem Liebsten eine Penthouse-Wohnung 2 Straßen weiter. Seiner Frau überließ er alles.

Das herbe Los der Alleinerziehenden

Pia kam mit der Trennung halbwegs zurecht. Für die Kinder war es nicht so locker. Die waren noch klein und mit der Vorstellung »der Papa lebt jetzt mit einem Mann zusammen« überfordert.

Andi versuchte alles, um den Schock, den die Familie erleiden musste, zu minimieren: war da, wenn man ihn brauchte, und half, wo er konnte. In diesem Punkt hatte Pia einen verlässlicheren Mann an ihrer Seite stehen als so manche Ehefrau, wenn auch nicht mehr räumlich.

Den Unterhalt zahlte Andi auch. In voller Höhe, pünktlich und ohne Meckern. Das ist viel wert. Die Quote, die an dieser Stelle zu schludern anfängt, ist erschreckend hoch. Das ist mein persönlicher Eindruck, wenn ich an Gespräche mit alleinerziehenden Müttern zurückdenke.

»Geh arbeiten, ich tu's doch auch!«, sagt manch einer, dem die Geliebte genau den Hirnlappen rausgevögelt hat, der für Anstand und Achtung der Menschenwürde zuständig ist.

Dass eine allein erziehende Mutter in unserer Gesellschaft kaum mehr als 20 Stunden pro Woche arbeiten gehen kann, vergessen sie. Mit einem Kind, das schon älter ist, funktioniert ein 30- oder 40-Stunden-Job vielleicht. Bei jüngeren Sprösslingen wird's schwierig, bei Pubertierenden auch. Wenn ein Kind schlimmstenfalls chronisch krank ist oder Lernschwierigkeiten hat, braucht es seine Mutter dauerhaft auch nachmittags. Oder eine persönliche Betreuung, und die kostet Geld.

Hier ein Appell an alle an dieser Stelle unempathischen Arbeitgeber: Ihr solltet euch endlich das Wort »Flexibilität« an den Hut stecken, wenn ihr eine alleinerziehende Person im Vorstellungsgespräch sitzen habt. Sie *kann* nicht flexibel sein, und ihr solltet aufhören, sie damit zu quälen. Das schürt Zukunftsängste noch mehr. Stattdessen solltet ihr von ihrem Heißhunger auf Abwechslung profitieren, wenn sie halbtags bei euch andere Aufgaben zu bewältigen hat als daheim. Solche Angestellten sind oft motivierter als ein Vollzeitarbeiter, dem der Job seit Jahren zum Hals raushängt.

Wie schwierig die Situation von Alleinerziehenden – auch bei männlichen – ist, kann nur jemand verstehen, der ihre Situation hautnah miterlebt hat. Sie müssen alles stemmen. Alles.

Die Person, bei der die Kinder leben, wird zum Psychologen, Koch, Nachhilfelehrer, Handwerker, Taxifahrer, Animateur, Geldverdiener, Einkäufer, Aufräumer, Lehrerbesucher und zur Krankenschwester.

Wenn Mann und Frau zusammenleben, werden diese Aufgaben geteilt. Bei Getrenntlebenden übernimmt ein Elternteil das Bespaßungsprogramm am Wochenende, und der andere ist fürs kräftezehrende Jonglieren des Alltags zuständig. Wenn dann der Wochenendgestalter, der den lockersten Part übernommen hat, sagt: »Geh arbeiten, ich tu's auch«, ist das ein Schlag ins Gesicht jeder Person, die auf Abruf 24 Stunden am Tag für die Kinder da ist und alles tut, damit sie ihre Lieben und sich selbst über Wasser halten kann – auch psychisch.

Ich verneige mein Haupt vor Menschen, die diesen Weg gehen und ihre Sache gut machen. Wer das ein paar Jahre ohne Burn-out durchhält und den Kindern eine gute Basis ermöglicht, ohne dass Herzlichkeit und Zuversicht dabei verloren gehen, ist ein Held.

Der schwule Exmann meiner Kollegin hat das gerafft. Die Schwierigkeiten, die seiner Familie bevorstehen, erahnte er. Den Anfeindungen seitens der Verwandten, Nachbarn und aller, die Zeuge der Veränderung wurden und sie verurteilten, stellte er sich genauso wie der Tatsache, dass seine Kinder ihn weiterhin brauchen.

Das nur am Rande. Eigentlich wollte ich von der Party erzählen.

Andis neuer Partner hatte zu fortgeschrittener Stunde die Idee, »Wahrheit oder Pflicht« zu spielen. Das ist so ähnlich wie Flaschendrehen, nur darf der Getroffene sich zwischen einer Frage und einer Pflichtübung entscheiden.

Ha, toll und jippie, alle waren begeistert und spielten mit. Irgendwann zeigte der Flaschenhals auf Pia. Andi hatte gedreht.

»Wahrheit oder Pflicht?«, fragte er sie.

»Wahrheit.«

»Gut! Ähm … lass mal nachdenken. Ah, ich weiß was: Was ist dir im Leben am wichtigsten?«

Pia dachte kurz nach, nahm Andis Hand, sah ihm in die Augen und sagte lächelnd: »Menschlichkeit.«

Das ist fast 7 Jahre her. Mittlerweile hat Andi sich von seinem Gerd getrennt und ist zu Pia zurückgezogen. Schwul ist er immer noch. Sie haben erst gar nicht versucht, wieder ein Liebespaar zu werden. Pia hat inzwischen einen Freund, den sie jedes zweite Wochenende besucht und mit dem sie einmal im Jahr in Urlaub fährt.

»Das reicht mir, so bleibt's spannend«, sagt sie. »Daheim halten wir zusammen, und die Kids freuen sich, dass der Papa wieder da ist.«

Applaus.

»Und dein Freund, Pia? Was sagt der dazu?«

»Der muss es schlucken. Das lasse ich mir von keinem vermiesen.«

Bravo.

Was spricht nach einer Trennung gegen einen solchen Versuch?

»Hey Leute, hört mal zu, wir starten ein Projekt, es heißt: Wir trennen uns und bleiben zusammen. Und damit ihr gleich Bescheid wisst: Behaltet eure Anzweiflungen tunlichst für euch, wir müssen schon selbst herausfinden, ob es in die Hose geht oder nicht.«

Sollte man nicht wenigstens versuchen, aus Liebe zu den Kids eine Wohngemeinschaft zu gestalten? Man muss sich nicht ständig auf der Pelle hängen, jeder hat das Recht auf ein Ablegen der Fußfessel. Und auf Freigang, Rückzugsmöglichkeiten, auf eigene Zahnpflege-Utensilien und Ernährungspläne.

Das funktioniert nicht nur bei sexuell unterschiedlich orientierten Expartnern. Ich kenne auch ein Paar, das sich vor über 10 Jahren getrennt und den Haushalt nie auseinandergerissen hat. Die beiden waren weiterhin so gut befreundet, dass sie abends auf der Straße vorm Haus zusammen Federball spielten – sehr zur Irritation der Nachbarn.

»Duun die zwaa etz vellisch duischdräje? Sin die etz ausenonna oure nit?« Das ist Odenwälder Platt und bedeutet so viel wie: »Ticken die noch sauber? Sind die jetzt getrennt oder nicht?«

Beides ist der Fall, bis heute. Sie sind getrennt und ticken sauber. Wo steht geschrieben, dass man den anderen zerfleischen muss, wenn man merkt: Wir begehren uns nicht mehr.

Man kann sich doch weiterhin mögen, achten, füreinander da sein.

Die Geschichte von Pia und Andi berührt mich. Es ist mutig, sich auf einen neuen Pfad zu begeben. Vor allem dann, wenn am Anfang rechts und links der Pulk steht, dich mit düsteren Prophezeiungen angiftet und dir den Weg versperrt.

Auch die Frage vom Spieleabend fand ich interessant. Was ist dir im Leben am wichtigsten?

Darüber habe ich nachgedacht.

16

Wo soll das enden?

Vom Ziel einer Reise

Was ist im Leben am wichtigsten? Meine Antwort auf die Frage habe ich gefunden. Sie lautet: Wärme. Ich brauche Wärme, sonst verrecke ich, und zwar in doppelter Hinsicht: einmal zwischenmenschliche Wärme, und auch die, die aus der Heizung kommt.

»Was, Wärme? Wieso nicht Gesundheit? Gesundheit ist doch das Wichtigste im Leben«, höre ich einen Zweifler rufen.

Gesundheit hat einen unschätzbaren Wert, das wissen wir alle. Checken tut man es erst, wenn sie uns den Rücken kehrt.

Ein großer Wärmefan bin ich deshalb, weil ich mir ein Dasein mit einer Krankheit inmitten von warmherzigen Menschen eher vorstellen kann als ein gesundes Leben unter gefühlskalten Grobschlächtern.

Und auf Wärmflaschen, Heizdecken, Kamine, Lagerfeuer, heißen Tee und solche Sachen fahre ich sowieso schon immer ab. Meine Lebensqualität hat sich vervielfacht, als ich vor ein paar Jahren meine ersten Armstulpen geschenkt bekommen habe – von einem Expartner.

»Da, probier die mal aus, da unten am Puls ist eine Art Wärmebrücke, das hab ich gelesen, und wenn man Stulpen drüberzieht, ist's dem ganzen Körper warm.«

Ich war skeptisch, nahm sie aber dankend an. Er behielt recht: Seither trage ich Armstulpen, sobald die Temperatur unter 15 Grad fällt – und fühle mich sauwohl dabei. Er hat mein Leben um eine Riesenportion Wärme bereichert. Was für eine Wohltat!

Eine liebe Freundin nähte mir einst einen Muff aus Kunstpelz. Der kommt kurz vorm Gefrierpunkt zum Einsatz. Einmal hat er mich auch daheim vorm Erfrierungstod gerettet, als das Heizöl alle war. Das sind grandiose Geschenke: wohlüberlegt, praktisch und von Herzen.

Wärme.

Ich habe liebe Freunde, das fühlt sich auch wohlig warm an. Sie nehmen es mir nicht krumm, wenn ich einen Pickel auf der Nase habe oder einen Schmuddelpulli an. Oder wenn ich mich wochenlang nicht melde. Sie sind nachsichtig, und wenn sie über mich reden, sagen sie: »Die ist wieder untergetaucht, denk dir nix. Die schreibt an ihrer x-ten Geschichte, so isse halt, irgendwann wirdse schon was fertig kriegen, und dann hattse wieder Zeit für uns!«

Der Zauber des Nomadentums

Im Nomadentum spielt Wärme eine untergeordnete Rolle. Nomaden sind nicht deshalb rastlos, weil sie der Sonne hinterherreiten. Sie ziehen weiter, weil sie auf der Suche sind. Auf der Suche nach besten Bedingungen für ihr Heiligtum: ihre Tiere. Die Herden sichern die Lebensgrundlage der Nomadenstämme.

Ist die Quelle versiegt oder das letzte Gestrüpp abgekaut, wird die Jurte zerlegt, dem Kamel auf den Buckel geschnallt, und ab ins nächste Tal. Ist es gut dort, beschwört der Schamane die Ahnen. Die kommen angeschwirrt, und gemeinsam tanzen die Seelen ums Feuer, ganz egal, ob sie in einer sterblichen Körperhülle stecken oder nicht.

Sobald es öde wird, geht man ein Haus weiter.

An sich ist nichts Verwerfliches daran, wenn man Arbeitgeber wechselt wie die Unterhemden. Peinlich wird's erst dann, wenn der Lebenslauf sich über mehrere Seiten erstreckt und man beim Bewerbungsgespräch gefragt wird: »Sagen Sie mal, haben Sie überhaupt einen festen Wohnsitz?«

Auch mehrere Umzüge im Jahr machen den Nomaden von heute nicht unbedingt zum schlechten Menschen. Sofern er seine Miete bezahlt. Mietnomaden hingegen sind ein großes Übel, mit denen möchte ich nicht in einen Sack gestopft werden. Es ist ein Geben und Nehmen, überall.

»Was, du lebst in meiner Wohnung, machst dich breit, benutzt Klo, Wanne, Balkon, feierst Partys, poppst deine Freundin quer durch die Zimmer, und dann muss ich meiner Miete hinterherlaufen? Ich glaube, du wachst besser mal auf, Hombre. Wenn die Kohle nicht binnen zwei Tagen bei mir einflattert, kipp ich dir 'ne Ladung Gülle aufs Auto, und zwar noch handwarm!«

Ein Vermieter, der so unterwegs ist, hat meine volle Zustimmung. Und hört mir auf mit dem Gesülze von wegen reden reden reden.

»Sprecht miteinander, man kann doch über alles sprechen.«

Nein, kann man nicht. Wenn das Gegenüber *nicht zuhört* oder IQ und EQ die Erfassung des Geforderten nicht zulassen, muss man handeln. Keiner lernt durch Worte, nur durch Taten. Ich plädiere nicht für Schulhofschlägereien, auch nicht für legalen Waffenbesitz. Aber mein Grundschullehrer Herr Knoff hatte recht: »Lasst die Kinder kämpfen! Lasst eure Buben Indianer sein und eure Mädels Räubertöchter! Das macht sie stark und furchtlos!«

Wohnungsnomadismus ist nicht jedermanns Sache. Umzüge kosten Geld und Nerven. Aber wenn man minimalistisch lebt und erst gar nicht so viel Gelumps anhäuft, ist die Sache in ein paar Tagen erledigt, und man selbst um eine Erfahrung reicher, das hat doch was.

Auch einen Telefon- und Internet-Anschluss sehe ich als Ballast. Abmelden, neu anmelden, auf den Techniker warten, badabim badabong. Das dauert doch viel zu lange. Ich nehme Surfsticks und bin entweder mobil erreichbar oder überhaupt nicht. »Festnetzanschluss«. Allein das Wort erweckt Bindungsängste in mir. Klingt nach Antackern oder Festketten.

Echte Nomaden haben keinen festen Anschluss, die haben nicht mal eine feste Adresse. Auch keine festen Essenszeiten. Sie essen, wenn sie Hunger haben. Wenn mir nachts der Magen knurrt, drücke ich mir auch einen Muffin rein, da kenn ich nix.

So weit, so gut. Alles im grünen Bereich. Bis auf meinen Beziehungs-Nomadismus. Der beschäftigt mich seit einiger Zeit mehr als früher. Hier möchte ich nicht ständig weiterziehen müssen.

Lieber bald ankommen und sich zu Hause fühlen.

Ich bin ein Seestern

31. August 2014

Stephanie König öffnet die Augen. Da ist es wieder, dieses Geräusch. Irgendwo da draußen bewegt sich etwas. Zitternd trägt der Nachtwind das leise Klappern an ihr Bett.

Sie richtet sich auf. Lauscht.

Die Schiebetür zum Balkon ist eine Handbreit geöffnet. Wie ein tanzendes Gespenst flattert der weiße Vorhang auf und ab. Sie schält sich aus der Decke, zögert, steht auf. Benommen schlurft sie in die Richtung, aus der das Geklapper kommt.

Wer zum Henker weckt mich um diese Uhrzeit?, denkt sie, niest und schielt zur Wanduhr, die über dem Kamin hängt. 10 vor 5. Der Morgen hat schon begonnen, auch wenn er sich noch nicht an den Horizont wagt. Er schlummert noch eine Weile, haucht seiner noch schlafenden Sonne einen Kuss auf die Stirn und döst, verzaubert von ihrer niemals endenden Fülle und Wärme, an sie drangelöffelt noch mal ein. Der Morgen ist ein Löffler, wer hätte das gedacht.

Stephanie ahnt nichts davon, dass dieses Klappern nicht nur sie geweckt hat, sondern beinahe noch jemanden im Universum.

Sie schiebt die Tür zum Balkon auf, tritt hinaus. Alles schläft noch, sogar die Vögel.

Wer ist der Nervtöter, der hier seit gestern Abend vor sich hin klappert und ihr den Schlaf raubt?

Ihr Blick wandert nach unten. Zuerst auf die Terrasse des Holländers, der mit dem Yorkshireterrier und dem Putzwahn. Dann weiter über die Rhododendronhecke, die Ligusterhecke, die Buchshecke. Koniferen nicht, die mögen es kühler.

Ihre Augen gehen auf dem kleinen Pfad, der ab 7 jeden Morgen wieder freigekehrt wird, spazieren. Nichts.

Dann taucht sie ein ins Reich der Glückseligkeit. Dort, hinter dem Pfad, der jetzt noch von weißem Sand bedeckt ist, beginnt ihre Welt. Das ist ihr Lieblingsplatz. Ihr Blick streift über die Dünen, die im Mondlicht aussehen wie Puderzuckerberge, in denen man sich am liebsten rundum panieren würde. Das Schimmern des Sandes erstreckt sich schier endlos, so weit man blicken kann, bis es sich im Tiefblau der sterbenden Nacht verliert.

Dahinter das Meer, lockend, einzigartig, voller Kraft und so mächtig wie nichts anderes auf diesem Planeten. Stephanie schließt die Augen. Inhaliert den Duft des Südens und tätowiert das Gefühl in ihre Seele, wenn Salzkristalle in ihr spazieren gehen.

Hier möchte ich bleiben, denkt sie.

Dabakdabakdabakdabak.

Aber nur, wenn ich rausfinde, wo dieses verdammte Geräusch herkommt! Ihre Pupille bläht sich auf, wie schön. Jetzt kann Stephanie sich im Dunkeln besser zurechtfinden. Ihre Augen sind geschärft, so, jetzt aber, noch mal von vorn.

Sie wiederholt ihren visuellen Spaziergang, und … entdeckt ein Windrad, das jemand in den Sand gesteckt hat. Ein Windrad. Irgendjemand hat es vergessen. Jetzt steckt es da unten, einsam und allein vor sich hin ratternd.

Schlafen kann Stephanie jetzt nicht mehr. Sie bekommt Lust auf einen Kaffee. Wie man auch als Nicht-Spanier einen Café con Leche richtig zubereitet, hat sie gelernt. Im alten Küchenbuffet des Apartments steht die Emailledose, die das fast schwarz geröstete Pulver enthält. Vor dem Gasherd fürchtet sie sich auch nicht mehr. Das Frühstück ist im Nu zubereitet: Ein Glas Café, ein Schuss warme Leche drauf, ein Hauch Kakaopulver – und ein paar Butterkekse dazu. Das ofenfrische Brot vom Bäcker nebenan wäre ihr lieber gewesen, doch der öffnet erst halb 8.

Ihr knappes Mahl nimmt sie auf der Loggia im Liegestuhl ein, lange bevor sich die Sonne dort hinten von der Unendlichkeit löst und majestätisch aus dem Wasser steigen wird. Brodelnd vor Feuer und Kraft – der Stern des Lebens.

Stephanie ist erfüllt vom Zauber der letzten 2 Wochen. Nur alle paar Jahre kann sie sich die Fahrt hierher leisten. Das ist die beste Zeit im Leben. Unvergesslich.

Jetzt sehnt sie sich nach einem Gutenmorgenbad, also packt sie die Strandtasche, hinterlässt einen Zettel auf dem Küchentisch und schleicht in den Hausflur hinaus. Vorsichtig zieht sie die Tür hinter sich zu, die leise ins Schloss gleitet.

Ein paar Fischerboote sind schon auf dem Weg zurück nach Hause, begleitet vom Geschrei der Möwen, die den neuen Tag begrüßen. Stephanie breitet die Decke aus, streift ihr Kleid ab und ergibt sich der Anziehungskraft, die die Königswellen auf sie ausüben.

Im letzten Leben war ich ein Seestern, denkt sie erfüllt und taucht unter. Der Tanz im salzigen Nass ist unbeschreiblich schön.

Erst über eine Stunde später schafft sie es, sich von ihrem Element zu lösen. Eingewickelt in ein Strandtuch, legt sie sich bäuchlings auf die Decke und fällt in einen tiefen Schlaf. Im Traum begegnet sie dem Menschen, den sie so gern hier hätte.

»Warum kommst du nicht zu mir?«, fragt sie ihn leise.

»Ich kann nicht«, flüstert er und küsst ihre kalten Fingerspitzen.

Er dreht sich um und geht weg. Bevor er im Nichts verschwindet, erscheint neben ihm die schemenhafte Gestalt einer Frau, die einen hauchdünnen Stoff um seine und ihre Schultern legt. Das dunkelrote

Tuch, unter dem sich die Silhouetten des Paares abzeichnen, verblasst mehr und mehr, bis es eins wird mit dem Nebel, der ihren Liebsten von ihr fortträgt.

»Vergiss mich nicht«, flüstert sie, doch sie weiß, dass er schon zu weit weg ist, um ihre Worte zu verstehen.

Jemand tippt auf Stephanies Schulter, holt sie aus Fantasia zurück auf die Erde.

»Wer klopft denn da?«, fragt sie verschlafen, obwohl sie die Antwort kennt.

»Hier ist die Strandpolizei! Räumen Sie sofort Ihre falsch geparkte Sonnenmilch aus dem Weg!«

Lachend dreht sie sich um. Zuerst sieht sie das frische Weißbrot, das Leon ihr direkt unter die Nase hält. Es duftet köstlich. Sie schnappt danach, doch er ist schneller und zieht es weg. Jetzt blickt Stephanie in sein braun gebranntes Gesicht. Das Strahleblau seiner Augen durchflutet sie bis auf den Grund ihrer Seele. Mein Gott, bist du schön.

»Hast du den Zettel gelesen?«, fragt sie.

»Klar! Oder meinst du, ich geh freiwillig zum Bäcker?« Ein freches Grinsen flattert über sein Gesicht. »Womit hab ich das eigentlich verdient – eine Frühaufsteherin als Mutter?«

»Du hast noch viel mehr verdient, hier!« Stephanie reicht ihrem Sohn die Tüte mit den Feigen. An der Sonne gereift, köstlich.

»Mmmmh, lecker! Die bei uns aus dem Supermarkt sind nicht so süß! Warum eigentlich?«

»Weil sie unreif geerntet werden.«

»Ach so, dann weht also bei Südfrüchten auf dem Schiff die Frische raus«, sagt Leon nachdenklich und beginnt, sein Brot mit Oliven zu verzieren.

Es ist ihr letzter Tag am Meer. Morgen früh würden sie die erste Etappe ihrer Heimreise antreten, zurück in Richtung Normalität. Sie wissen es, doch sie sprechen nicht darüber. Lieber wollen sie die verbleibenden Stunden zu einem Fest machen.

Es wird ein perfekter Tag. Alles ist da, sie vermissen nichts: Sonne, Sand, Meer. Und Sonnenmilch, Früchte, Quellwasser aus den Pyrenäen in Plastikflaschen.

Später sitzen sie bei einem letzten Abendessen in einem der Restaurants am Strand. Glücklich blicken sie aufs Meer hinaus. Der Tag geht.

»Hey, ich weiß was! Auf dem Rückweg springen wir noch mal rein!«

»Leon, du unterbrichst meine Melancholie«, antwortet Stephanie heiser und nippt am Wein.

»Ach komm, melancholisch kannst du sein, wenn ich schlafe! Auf geht's!«

»Aber wir haben keine Badesachen dabei.«

»Na und? Dann geh'n wir mit Klamotten rein!«

Das überzeugt Stephanie. Sie bezahlt und folgt ihrem Sohn, der in Richtung Strand davonspringt.

Stürmisch rauschen ihnen die Wellen entgegen, nehmen sie gefangen. Sofort dringt das Wasser durch den Stoff ihrer Kleider. Stephanie ist ein Taucher, Leon ein Springer. Selig verwandelt sie sich in einen Tintenfisch, sinkt auf den Grund, schlängelt genüsslich mit Armen und Beinen durchs tiefschwarze Nass.

»Du kannst nicht ewig hier unten bleiben«, raunt ein unsichtbarer Stein ihr aus der Dunkelheit zu, »hoch mit dir, auf ins Leben, hol Luft!«

Sie gehorcht, schießt hoch. Tausende von winzigen Tröpfchen schleudert die Fontäne dem Vollmond entgegen. Leon, rund 10 Meter vom Ufer entfernt, duckt sich, nimmt Anlauf zum ultimativen Sprung. Vor dem letzten Streifen Abendrot zeichnet sich seine Silhouette ab. Leon, der Löwe. Wie ein Raubtier geht er in Deckung, wartet, bewegt sich nicht. Da! Die Beute naht! Vielleicht ist es die letzte Königswelle, in die er sich stürzen kann, bevor er von seinem Lieblingsplatz Abschied nehmen muss für eine lange, viel zu lange Zeit. Schreiend rennt er los, springt, die Beine hochgezogen und umklammert, mit einem Riesensatz in die Fluten.

Leon taucht unter. Versinkt. Verschwindet.

Nur das Tosen der Wellen ist noch zu hören und in der Ferne die Musik der Strandbar.

Wo bist du?

Komm rauf, ich mag das nicht, das weißt du doch!

Sie wartet. Angespannt.

Ich bin zu weit weg, ich kann dich nicht rausziehen! O Gott, was soll das?

Als Stephanie loskraulen will, schießt ihr Sohn aus dem Wasser, wird wiedergeboren.

»Arschbombenalaaaaaarm!«, ruft er und streckt zum Zeichen seines Sieges den Arm zum Himmel. Sein Zeigefinger berührt den Mond, den er wie einen Fußball auf der Fingerspitze balanciert.

Hier möchte ich bleiben, denkt Stephanie wieder.

Eine Stunde später sitzt sie auf dem Balkon des Apartments und hält ein Glas kühlen Weißwein in den Händen. Leon ist gerade eingeschlafen.

Da ist sie wieder, die Stille des Abends. Sie lauscht. Tief, immer tiefer in sich hinein.

»Ist es das, Steff? Ist es das, was du dir wünschst?«, flüstert sie.

Ja, antwortet die Stimme in ihr. Das ist es. Das wünschst du dir, genau das. Dieses Meer, dieses Apartment, diesen Sohn, dieses Leben. Genau dieses Leben, mit all seinen Herausforderungen und Aufgaben.

Aber da ist doch noch mehr, nicht wahr? Die Stimme lässt sie nicht zufrieden, hellwach vibriert sie in ihrem Bauch.

Ja, da ist noch mehr. Ich wünsche mir noch mehr. Ich wünsche mir, dass unsere feuchtkalte Miniwohnung verpufft, mit all ihren ekligen Schimmelsporen. Eine Staubwolke wünsche ich mir. Eine Zweizimmerwohnungs-Staubwolke, die sich vom Wind forttragen lässt, einfach so, ohne sich querzustellen. Die Schimmelwolke zieht weg, und dorthin, wo sie einst war, wünsche ich mir ein Haus, genau an diese Stelle. Nicht groß, aber warm soll es darin sein. In doppelter Hinsicht.

In unserem Garten wünsche ich mir einen Teich. Er muss nicht so riesig sein, dass ein Hai darin Platz hat, aber zumindest ein Goldfisch-

chen, nein: ein Goldfischpärchen. Der blühende Apfelbaum daneben wird im Frühling zur Herberge, da dürfen alle Tiere einziehen und so lange bleiben, wie sie wollen, auch Kolibris, wenn sie sich mal hierher verirren. Hinter unserem Haus wünsche ich mir Berge, viele Berge, große und kleine. Genauso wie damals auf den Bildern. Schon als Kind habe ich gewusst, was ich mir wünsche, und malte es auf.

Und ich wünsche mir einen riesigen Pflanzentopf mit einem echten Feigenbaum auf der Terrasse. Leon kommt von der Regentonne zurück und gießt ihn. Die satte Ernte kann er kaum abwarten.

Und ich wünsche mir einen Grill auf der Terrasse. Vor dem Grill steht ein Mann, der, auf den ich so lange gewartet habe. In einer Hand hält er eine Holzzange, mit der er die Köstlichkeiten gleich wenden wird, gleichzeitig bepinselt er in meditativer Hingabe unser Abendmahl.

Ich beobachte ihn, das wünsche ich mir. Ich wünsche mir, einen Mann, den Meinen, meinen Einzigen, beim Grillen zu beobachten. Und beim Servieren. Und beim Abräumen. Ich will ihn dabei beobachten, wie er mich beim Spülen beobachtet oder abends beim Abschminken. Bei allem will ich ihn beobachten, genau so, wie Sting es in Every Breath You Take *besingt. Meine Augen verfolgen ihn, egal, was er tut: beim Telefonieren, beim Lesen, beim Schlafen, beim Denken. Beim Küssen. Ja, manchmal öffne ich die Augen dabei. Aber nur bei dir. Weil ich dich beobachten will. Nur dich. Wenn es dich gibt, öffne ich die Augen beim Küssen und schaue dich an, voller Hunger, voller Sattheit. Und wenn du es wirklich bist, schließe ich die Augen für dich.*

Das wünsche ich mir. Noch bist du fort. Gibt es dich? Wann kommst du zu mir? Weißt du – Hicks! – weißt du immer noch nicht, dass wir zusammengehören? Zweifelst du immer noch? Hä?

Zauderer!

Das war ein Glas zu viel. Wie ein Stein fällt Stephanie ins Bett.

Was ist denn das für ein Tagebucheintrag? Du liebe Zeit, da muss ich ganz schön breit gewesen sein!

Der Urlaub ist 8 Wochen her, und noch immer habe ich keinen Grill gekauft. Und wieso schreibe ich eigentlich in der 3. Person? Verstehe einer die Nomadinnen.

Und der Griller? Der ist mir auch noch nicht über den Weg gelaufen.

Na ja, wird schon irgendwann.

Übrigens: Gestern habe ich mich mit meinem Chef verkracht. Also so nicht. Wie schon gesagt: Ich bin ein freundlicher Mensch. Man darf nur nicht den Fehler machen und mir blöd kommen. Dann ziehe ich weiter.

Aber was kommt jetzt?

Vielleicht sollte ich ein Buch über Asperger-Autismus schreiben. Oder zumindest über chronischen Ziffernzwang. Ja, warum nicht? Vielleicht sollte ich 1 Buch mit 222 Seiten in 11 Monaten und 22 Tagen über Ziffernzwang schreiben.

Ich habe Lust auf einen Earl Grey. Jetzt packe ich mich warm ein, ziehe meine Armstulpen über, Mütze auf, und dann tigere ich zu meinem Lieblingscafé. Dort hängen 3 aktuelle Tageszeitungen an der Wand, jede ordentlich zwischen 2 blau lasierten Holzstäben abgeheftet. Praktisch. So zerfleddern sie nicht, und am Tisch kann man sie bequem durchblättern. Die Stellenanzeigen kann man so in Ruhe durchlesen. Alle hübsch der Reihe nach.

ENDE GELÄNDE

17

Epilog

Für Joe

Diese Geschichte habe ich niedergeschrieben, weil Joe unsere Vereinbarung vom 15.07.2014 eingehalten hat: Nachdem ich ihm die ersten 20 Seiten geschickt hatte, gab er seinen Senf dazu. Dieser stand mir zur Nase, denn Joe sagte: »Mach weiter!«

Ich tat wie befohlen.

Zu jenem Zeitpunkt hatte er selbst schon 2 Bücher geschrieben. Bei ihm zu Hause liegen 2 vollendete und veröffentlichte Manuskripte herum. Ein Wahnsinn. Nicht so wie bei mir 12 unvollendete. Übrigens, wenn ein Hobbyschreiber wie ich sich hinstellt und sagt: »Nein, tut mir leid, ich kann nicht zu deinem Spieleabend kommen, weil ich untergetaucht bin und ein Buch schreibe«, antwortet man am besten: »Jetzt mach mal halblang und die Augen zu, dann siehst du, was du schreibst!«

Ein Buch ist es nämlich erst dann, wenn ein Verlag die unangeforderte Leseprobe nicht durch den Papierwolf dreht, sondern sagt: »In Ordnung, wir drucken Ihre Kopfgeburt, aber wagen Sie es ja nicht, uns noch weiterhin zu belästigen.«

Dann hat man ein Buch geschrieben, und alles andere vor diesem magischen Zeitpunkt ist ein Manuskript und wird es im Pechfall immer bleiben.

Nachdem Joe meinen Skriptbeginn gesichtet hatte, telefonierten wir. In mir brannte es, das kennt jeder Schreiberling. Immer wieder fangen künstlerisch Tätige zwischendurch an zu heulen und werfen theatralisch ihre Entwürfe um sich, sei es in Form von Notenblättern, Textblättern, bemalten Leinwänden, Tonklumpen, Holzblöcken oder was auch immer sie gerade erschaffen wollen.

Mit Joe habe ich eine Anklingel-Vereinbarung getroffen. Der kann ein Telefonat eher bezahlen, denn 2 fertige Bücher verkaufen sich besser als 12 unfertige. Ich klingelte an, und 1 ½ Tage später rief er zurück. Mit dieser Warteschleife muss man bei ihm rechnen, denn als gefragter Künstler hat er jede Menge zu tun, wie beispielsweise Fanpost bearbeiten oder mit der Agentur streiten. Nach läppischen 36 Stunden holte er mich quasi aus der Notfallaufnahme ab.

Ich zitterte, als ich seine Stimme hörte. Vielleicht würde er jetzt mein Geschreibsel in der Luft zerreißen. Die Gesprächseröffnung vollzog ich, und zwar mit einem Redeschwall.

»Wollte mal nachfragen, wie du es findest und was du anders machen würdest und ob du Ratschläge für mich hast, und ich hätte auch mehr geschafft in der Zeit, mehr als nur 20 Seiten, aber ich muss ja tagsüber ins Büro, sonst wäre es mehr geworden, und ich frage mich, und ich frage dich, will wirklich jemand ein ganzes Buch lang dieses Geplapper hören?«

Pause.

Räusper.

»Sag!«, sagte ich. »Will jemand oder will keiner?«

»Hmmm«, begann er bedeutungsschwanger, »ja, das wird schon jemand lesen.«

Hüstel.

»Wirklich?«

»Denk schon. Solche Durchhänger kennt jeder Schaffende. Sogar ich als Vollprofi. Schreib einfach weiter, einfach durchschreiben. Sonst kriegst du nie ein Buch zu Ende.«

Der hat leicht reden. Schließlich lebt er seit einem Vierteljahrhundert von seiner Kunst. Bei mir daheim hingegen liegen die literarischen Puzzleteile von 3 Jahrzehnten rum. Ständig blicken sie mich vorwurfsvoll an, so wie eingefrorene Samenzellen, die mit wilder Entschlossenheit auf ihren Einsatz warten.

»Würdest du was ändern?«, fragte ich.

Lautes Schnäuzen am anderen Ende der Leitung. Durchschnittlich alle 10 Minuten vergisst er meine Hyperakusis und putzt sich trompetend die Nase.

»Würdest du irgendwas verändern?«, hakte ich nach.

»Ändern? Nö. Na ja, obwohl … hm … Also ich würde die einzelnen Jobs vor deiner Büro-Ära nicht so hinnudeln. Der Pizzeria-Teig-äh-Teil kann ruhig 7 Seiten haben, und alle anderen auch.«

»Das geht nicht.«

»Warum nicht?«

»Das wäre Themaverfehlung. Das Buch soll ja *Büronomadin* heißen und nicht *Aushilfsjobnomadin.*«

»Das ist doch wurscht. Da kommt schon nicht der TÜV vorbei und zählt nach, ob du genug Büros erwähnst.«

Das leuchtete mir ein.

»Hol weiter aus, die kannst du alle ausschmücken, jede Geschichte. Dann geht dir der Stoff nicht so schnell aus.«

»Was?«

»Dann geht dir der Stoff nicht so schnell aus.«

Pause.

»Ich hatte 39 Vorgesetzte. Mir geht der Stoff nicht aus.«

»Umso besser. Vertiefe die einzelnen Stationen.«

»Na schön, aber dann kann ich weniger über die Büros schreiben.«

»Nein, tu das nicht! Schreib da genauso viel!«

»Dann lasse ich das Stewardessenkapitel weg.«

»Bloß nicht!«

»Dann den Swingerklub.«

»Auf keinen Fall! Da sind die Leute besonders scharf drauf! Jeder will rein, keiner traut sich, du warst drin und schreibst auf, wie es da so zugeht!«

»Meinst du?«

»Ja. Schreibe ausreichend, aber nicht zu viel, sonst fängst du an zu labern.«

»Aha, gut«, sagte ich, »danke für deinen Rat, ich geb mir Mühe. Ich hab 4 Kilo abgenommen, die Schreiberei ist ein Knochenjob.«

»Wem sagst du das, tz tz tz! Und denk dran: Du musst nicht chronologisch schreiben, spring ruhig hin und her!«

»Gut. Hin und her springen, ja?«

»Genau. Aber lass dich bloß nicht zu einer Aufzählung hinreißen! Die Geschichte darf keine einzige Aufzählung enthalten, hörst du? Das wirkt sofort ermüdend. Und ein letzter Tipp: Wenn du zweifelst und die Dämonen kommen, dann leg dich hin und schlaf!«

»Schlafen? Ich habe Insomnie, seit ich 4 war. Ich schlafe nicht.«

»Dann lies was. Und, ein allerletzter Tipp: Sprich mit niemandem drüber! Ein Buch quatscht man nicht tot, man schreibt es. Bloß nicht drüber reden. Das raubt dir nur Energie. Andere Leute werfen dir nur dein Konzept um.«

Das merkte ich gerade.

»In Ordnung, habe verstanden: schreiben statt zweifeln, lesen statt schlafen, schweigen statt schwafeln.«

»Richtig! Genauso wird's gemacht.«

»Aha!«

»Genau. Mach weiter. Mach weiter, hörst du? Nicht aufhören mit der Geschichte, hörst du? Mach weiter!«

»Danke.«

»Bitte.«

»Auf Wiederhören.«

»Auf Wiederhören.«

Weitermachen sollte ich also und bloß nicht aufhören. Ich habe es getan. 12 Mal hörte ich auf, doch beim 13. Mal klappte es. Ich habe fertig. Nun ist die Geschichte zu Ende.

Was meinen beruflichen Werdegang betrifft: Bis heute empfinde ich mich selbst als verirrten und verlotterten Punk der Arbeitswelt – auch wenn ich arschwackelnd in High Heels, mit bis zum Tittenansatz geöffneter Bluse und engem Wickelrock ins Büro klappere. Zwischendurch musste ich die Stilettos immer wieder abstreifen, gegen Wanderstiefel eintauschen und meine Reise in unbekannte Gefilde fortsetzen. Tief im Innern war ich stets auf der Suche nach einem Traumjob, einem Traumchef, einem Traumteam – und nach dem damit verbundenen Heimatgefühl. Nur brauche ich dafür offensichtlich etwas länger als andere Arbeitnehmer. Wie das Ziel der Reise aussehen wird, weiß ich nicht.

Übrigens enthält diese Erzählung 2 Fehler, und an dieser Stelle möchte ich die Korrekturen dazu loswerden:

1. Ich bin nicht 39. Na ja, irgendwie schon, aber meinen 39. Geburtstag habe ich schon mehrmals gefeiert. Wer nachrechnen will, darf im Autorenporträt im Anhang nachgucken, dort steht die ungeschönte Tatsächlichkeit.

2. Das Zitat von Joe in der Einleitung stimmt so nicht ganz. Der erste Satz, den er zu mir oder vielmehr über mich sagte, war nicht »Hier unten steht Claudia Schiffer und verstimmt meine Gitarre«, sondern: »Do untn steht d'Glaudia Schiffa und vastimmt mei Gidaarn!«

Dazu möchte ich ihm Folgendes sagen: Hey, ich find's gut, dass du nicht nachtragend bist, wenn man dich auf Hochdeutsch zitiert. Und ich find's gut, dass du an die Entstehung dieses Tagebuchs geglaubt hast – und dass du Schnarchern wie mir in den Hintern trittst.

Danke, mein lieber Joe.

SCHWARZKOPF & SCHWARZKOPF

111 GRÜNDE, SEINEN CHEF ZU HASSEN

TYRANNEN, FANATIKER UND SELBSTDARSTELLER –
WENN DER BOSS DICH IN DEN WAHNSINN TREIBT!

111 GRÜNDE, SEINEN CHEF ZU HASSEN
TYRANNEN, FANATIKER UND SELBSTDARSTELLER –
WENN DER BOSS DICH IN DEN WAHNSINN TREIBT!
Von Ralph Stieber
ca. 288 Seiten, Taschenbuch
ISBN 978-3-86265-575-5 | Preis 9,99 €

Der Traumjob wird zum Albtraum, und schuld daran ist der Chef. Warum? Weil Chefs Tyrannen sind. Weil Chefs Dummköpfe sind. Weil Chefs Psychopathen sind. Es gibt tausend gute Gründe, seinen Chef zu hassen.

Autor Ralph Stieber hat in seinem Buch seine 111 wichtigsten Gründe zusammengefasst und enthüllt Schockierendes und Unglaubliches aus der Arbeitswelt. Es gibt Hoffnung für alle, die sich täglich zur Arbeit schleppen und sich fragen: Kann man sich denn überhaupt nicht gegen den Chef zur Wehr setzen? Doch – kann man. Dieses Buch enthält zahlreiche provokante Denkanstöße und erprobte Überlebens-Tipps im Umgang mit dem schlimmsten Feind am Arbeitsplatz: dem Chef.

Diese Buch gibt unterhaltsame und politisch inkorrekte Überlebenstipps im Umgang mit der Chefetage.

WWW.SCHWARZKOPF-SCHWARZKOPF.DE

STEPHANIE KÖNIG, Jahrgang 1971, geboren in Viernheim, schnupperte bereits in zahlreiche Berufssparten. Als viertes von sechs Kindern erlebte sie durch den Beruf ihres Vaters schon in jungen Jahren mehrere Umzüge, die ein Heranwachsen in verschiedenen Bundesländern nach sich zogen. Ihre derzeitige Tätigkeit als Sachbearbeiterin in einem mittelständischen Betrieb übt sie im Frankfurter Großraum aus. Ihr jetziger Arbeitgeber ist ihr Vorgesetzter Nr. 39.

Stephanie König
DIE BÜRONOMADIN
Die Geschichte einer Rastlosen

ISBN 978-3-86265-539-7
 | Lektorat: Ulrike Thams | Coverfoto: © Holger Trettow

KATALOG
Wir senden Ihnen gern kostenlos unseren Katalog.
Schwarzkopf & Schwarzkopf Verlag GmbH
Kastanienallee 32, 10435 Berlin
Telefon: 030 – 44 33 63 00
Fax: 030 – 44 33 63 044

INTERNET | E-MAIL
www.schwarzkopf-schwarzkopf.de
info@schwarzkopf-schwarzkopf.de